Christian Immler
Windows 7 Pannenhilfe

Christian Immler

Windows 7
Pannenhilfe

WLAN · Internet & E-Mail · Fotos & Musik

Mit 264 Abbildungen

Bibliografische Information der Deutschen Bibliothek

Die Deutsche Bibliothek verzeichnet diese Publikation in der Deutschen Nationalbibliografie; detaillierte Daten sind im Internet über http://dnb.ddb.de abrufbar.

© 2011 Franzis Verlag GmbH, 85586 Poing

Herausgeber: Ulrich Dorn
Satz: DTP-Satz A. Kugge, München
art & design: www.ideehoch2.de
Druck: Bercker, 47623 Kevelaer
Printed in Germany

ISBN 978-3-645-60113-9

Inhaltsverzeichnis

1 DSL- und WLAN-Einstellungen

Mit Windows 7 ist das Einrichten des Internetzugangs deutlich einfacher geworden und stellt auch für Technikmuffel kein unüberwindbares Hindernis mehr dar. Dennoch gibt es rund um die wasserdichte Konfiguration des DSL-Routers und insbesondere der WLAN-Einstellungen immer wieder Fragen, die in diesem Kapitel beantwortet werden.

1.1 Grundlegende DSL-Routerkonfiguration

Die einfachste Methode, einen oder mehrere Computer aus einem Heimnetzwerk mit dem Internet zu verbinden, ist die über einen DSL-Router. Bei fast jedem DSL-Anbieter ist ein Standardrouter bereits mit im DSL-Paket enthalten. Der DSL-Router hat die Aufgabe, den bzw. die lokalen Computer im Heimnetzwerk mit dem Internet zu verbinden. Bei älteren Routern trennt ein Splitter, der zwischen dem Router und dem Telefonanschluss hängt, die DSL-Leitung von der Telefonleitung. Bei allen neuen Routern, wie z. B. der aktuellen FRITZ!Box oder dem in diesem Kapitel eingesetzten Netgear-Router, wurde der Splitter bereits in den Router integriert.

Die meisten DSL-Router bieten vier Ethernet-Anschlüsse, über die Sie die lokalen Computer direkt mit dem Router verbinden können. Möchten Sie Ihr Heimnetzwerk vergrößern, können Sie natürlich auch einen Hub mit einem der Ethernet-Anschlüsse verbinden. An diesen Hub können Sie dann weitere Computer anschließen und Ihr Heimnetz bei Bedarf vergrößern. Haben Sie einen DSL-/WLAN-Router, benötigen Sie für den Anschluss der Computer keine Kabel, denn sie verbinden sich drahtlos mit dem Router.

So starten Sie die Routerkonfiguration

Die Konfiguration des Routers ist keine Zauberei mehr, auch die Eingabe von Kommandozeilenbefehlen gehört der Vergangenheit an. Starten Sie einfach Ihren bevorzugten Internetbrowser und geben Sie in die Adresszeile des Browsers die entsprechende Routeradresse ein. Danach startet das Konfigurationsmenü wie eine normale Webseite.

Besitzen Sie eine FRITZ!Box, lautet die Konfigurationsadresse immer *http://fritz.box* bzw. *http://192.168.178.1* – unabhängig vom FRITZ!Box-Modell.

Arbeiten Sie mit dem Telekom Speedport W 920V, lautet die Konfigurationsadresse *http://speedport.ip* oder *http://192.168.2.1.*

Am Beispiel eines aktuellen Modemrouters, des Netgear DGN2000B, zeigen wir die prinzipielle Vorgehensweise. Besitzen Sie einen anderen Router, sehen die Konfigurationsdialoge zwar anders aus, die Funktionen sind jedoch bei allen Routern weitgehend identisch.

Starten Sie das Konfigurationsmenü, indem Sie in einem Browserfenster die IP-Adresse des angeschlossenen Routers eingeben. Diese finden Sie im Handbuch des Routers. Bei einigen Routern stehen die Standardzugangsdaten auch direkt auf einem Aufkleber auf dem Gerät. Die meisten Router haben in der Grundeinstellung im lokalen Netzwerk die Adresse *http://192.168.0.1*, *http://192.168.1.1* oder *http://192.168.2.1.*

Eingabe Ihres Gerätepassworts

Die Konfigurationsseite verlangt einen Benutzernamen und ein Kennwort oder nur die Eingabe eines Gerätepassworts. Diese Daten finden Sie ebenfalls auf dem Geräteaufkleber mit den Werkeinstellungen oder in der beiliegenden Bedienungsanleitung. Nach Eingabe des Gerätepassworts begrüßt Sie dann die Startseite des Konfigurationsmenüs.

Erstkonfiguration mit dem Setup-Assistenten

Für die erste Konfiguration starten Sie am besten den Einrichtungsassistenten. Detaillierte Einstellungen können Sie später immer noch vornehmen. Wählen Sie zuerst Land und Sprache aus. Der erste Schritt des Einrichtungsassistenten sucht auf den meisten Routern automatisch nach der Art des verwendeten Anschlusses und fragt danach die Zugangsdaten ab, die Sie von Ihrem DSL-Anbieter erhalten haben. Nur bei wenigen und älteren Geräten müssen Sie noch alle Verbindungsparameter umständlich selbst eintragen.

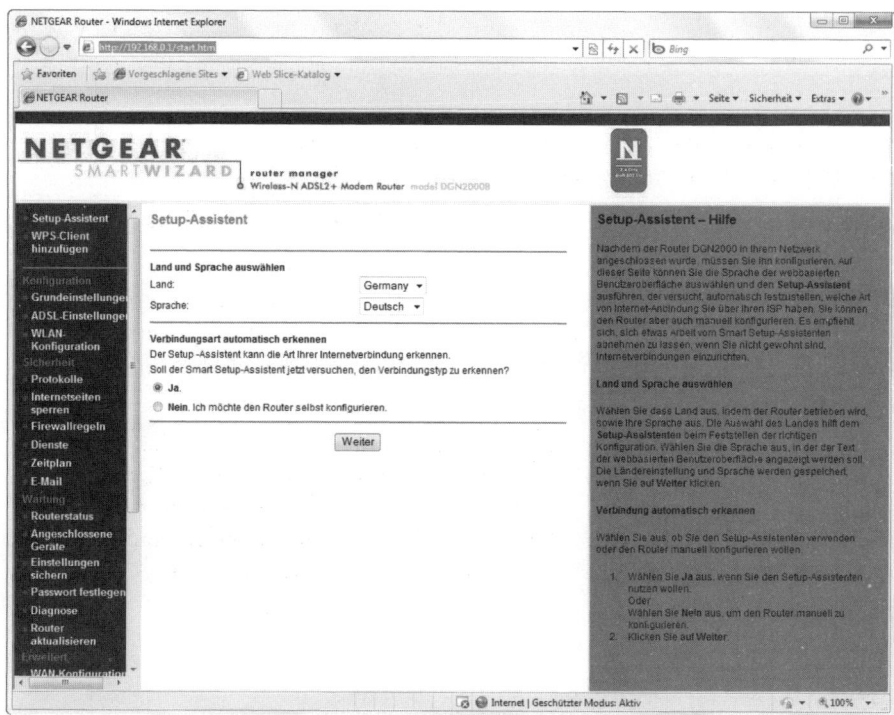

Bild 1.1: Konfiguration mit dem Setup-Assistenten durchführen.

Internetverbindung einrichten und testen

Nach erfolgreicher Eingabe der Daten wird automatisch die Internetverbindung eingerichtet. Der Router führt mit einem Klick einen Verbindungstest durch und bestätigt nach kurzer Zeit die erfolgreiche Konfiguration mit einer sehr ausführlichen Statusanzeige, die alle wichtigen Verbindungsdaten wie IP-Adressen, MAC-Adresse und Verbindungsgeschwindigkeit enthält. Sollte ein Fehler angezeigt werden, geben Sie Ihre Zugangsdaten erneut ein. Jetzt können Sie sofort lossurfen. Trotzdem lohnt sich ein Blick in die weiteren Konfigurationsparameter.

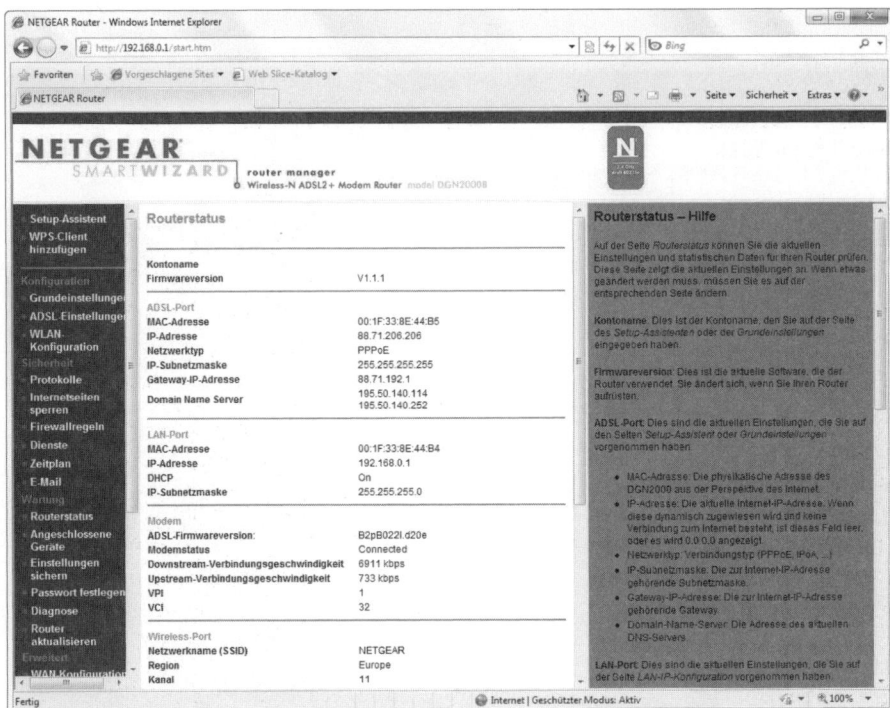

Bild 1.2: Nach einem Verbindungstest bestätigt der Router die erfolgreiche Konfiguration.

Legen Sie ein neues Gerätepasswort fest

Eine der ersten Einstellungen, die Sie auf jedem Router vornehmen sollten, ist die Änderung des Gerätepassworts resp. des Routerkennworts für den Zugang zum Konfigurationsmenü. Damit verhindern Sie, dass irgendjemand ohne Ihr Wissen die Internetverbindungseinstellungen ändert und zum Beispiel anstatt Ihrer günstigen Flatrate einen teuren Zeittarif einstellt.

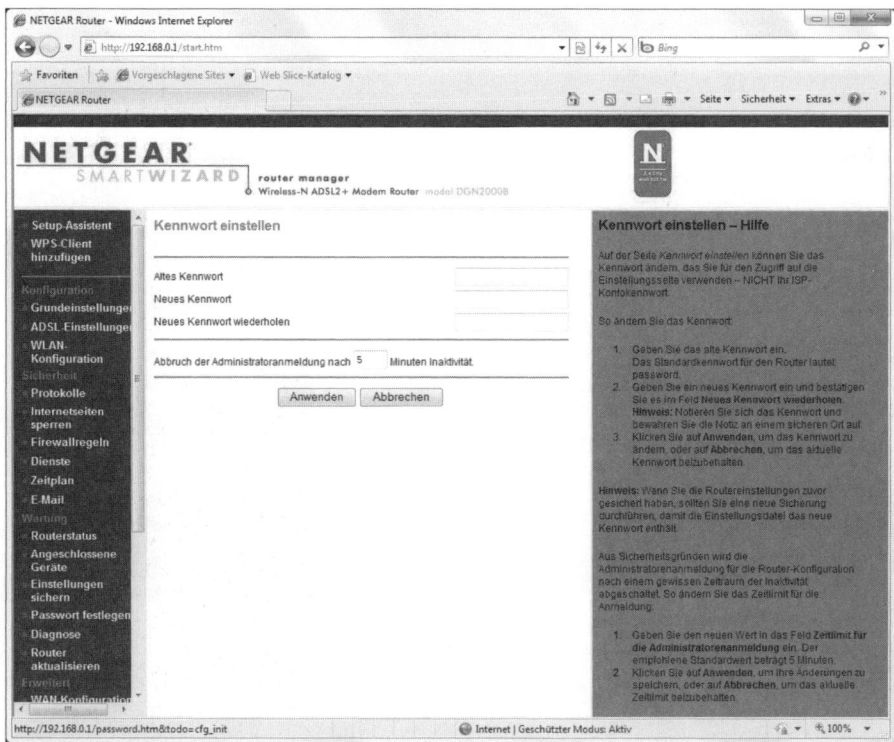

Bild 1.3: Wichtig: Legen Sie nach der Erstkonfiguration ein neues Gerätepasswort fest.

Wenn sich die Benutzerdaten geändert haben

Wurde die Internetverbindung bereits bei der ersten Installation des Routers eingerichtet, brauchen Sie keine weiteren Einstellungen mehr vorzunehmen. Lediglich
wenn sich die Benutzerdaten ändern, weil Sie zum Beispiel den DSL-Anbieter
gewechselt haben, müssen Sie in den Routereinstellungen neue Daten eingeben.
Fast alle großen DSL-Anbieter arbeiten mit dem PPPoE-Protokoll, dynamischen
IP-Adressen und dynamischen DNS-Serveradressen.

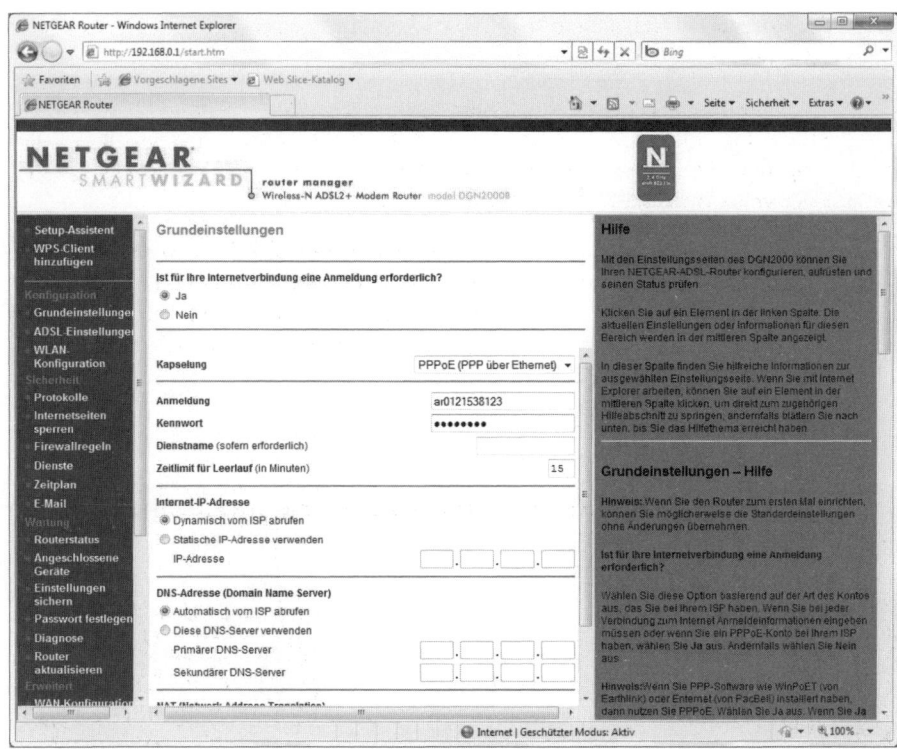

Bild 1.4: Benutzerdaten der Internetverbindung ändern.

Internetverbindung bei Inaktivität trennen

Wenn Sie laut Vertrag eine Flatrate haben, können Sie die Internetverbindung ständig bestehen lassen, bei zeitabhängigen Tarifen sollte der Router die Verbindung bei Inaktivität nach einer bestimmten Zeit automatisch trennen.

Wie Sie den Router als DHCP-Server verwenden

DHCP, das Dynamic Host Control Protocol, bietet die einfachste Konfiguration der lokalen PCs im Netz, weil die IP-Adressen von einem zentralen DHCP-Server automatisch vergeben werden. Man braucht also nicht auf jedem Computer eine eigene IP-Adresse festzulegen und sich auch nicht darum zu sorgen, dass eine Adresse doppelt vorkommen könnte.

Die meisten Router beinhalten einen eigenen DHCP-Server. Er muss lediglich aktiviert werden, Sie müssen nur noch die Adresse des Routers selbst und die Netzmaske eingeben. In kleinen Netzwerken mit weniger als 250 Computern können Sie üblicherweise die Standardeinstellungen bestehen lassen.

Bestimmte Geräte, zum Beispiel Server, brauchen teilweise feste IP-Adressen im Netzwerk. Hier bieten die meisten Router eine Funktion an, die einem Gerät eine bestimmte Adresse reserviert, die durch DHCP nicht mehr verändert wird. Sie müssen wegen einzelner Geräte also nicht auf DHCP im Netzwerk verzichten.

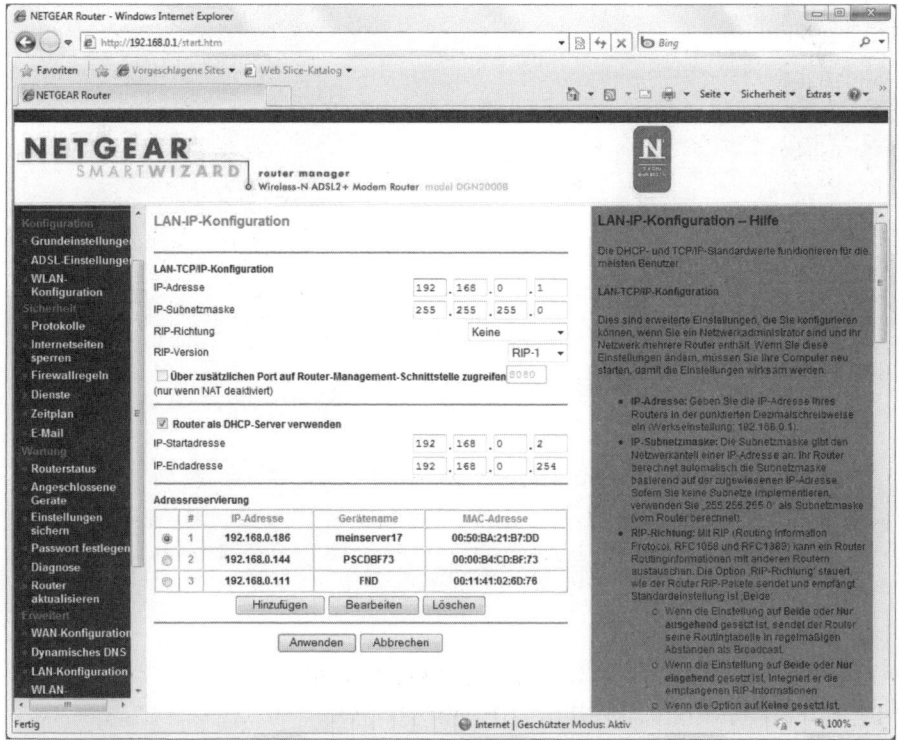

Bild 1.5: Den Router als DHCP-Server konfigurieren.

Zugriff auf gefährliche Webseiten beschränken

Die meisten Router verfügen über Funktionen, um den Zugriff auf technisch oder inhaltlich gefährliche Webseiten zu beschränken oder ganz zu sperren. Dazu tragen Sie im Router Schlüsselwörter oder Domainnamen ein, auf die nicht zugegriffen werden darf. Beim Versuch, eine gesperrte Webseite aufzurufen, bekommen Benutzer lediglich eine entsprechende Meldung im Browser. Der Router stellt keine Verbindung zu der Seite her.

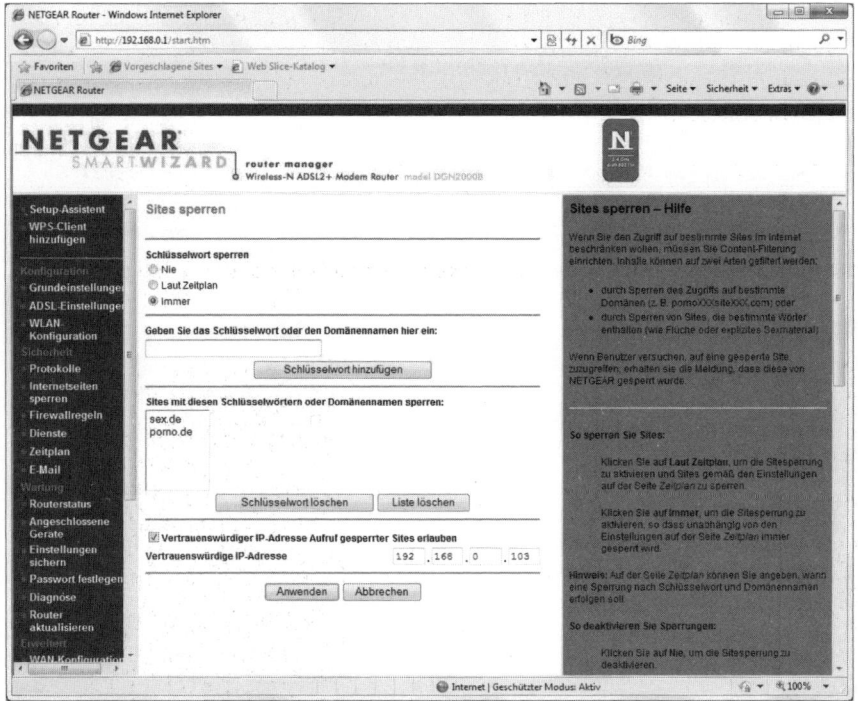

Bild 1.6: Sites oder Domainnamen mit Schlüsselwörtern sperren.

Sperren nach einem Zeitplan ein- und ausschalten

Sperren auf dem Router gelten normalerweise immer für das gesamte Netzwerk. Häufig sperrt man sich auf diese Weise selbst aus und kann die Filter nicht sinnvoll einrichten. Ein Grund dafür, dass viele Anwender auf eigentlich sinnvolle Filter verzichten. Moderne Router ermöglichen es, einen PC im Netzwerk, an dem normalerweise der Administrator arbeitet, als vertrauenswürdig zu definieren. Für diesen gelten die Filter dann nicht. Ein solcher vertrauenswürdiger PC wird im Netzwerk über seine IP-Adresse identifiziert. Er muss deshalb bei DHCP eine fest reservierte Adresse verwenden.

Die Sperren können auf vielen Routern auch nach einem bestimmten Zeitplan automatisch ein- und ausgeschaltet werden. Wenn Sie einen solchen Zeitplan verwenden, ist es wichtig, dass die Uhr im Router richtig läuft. Stellen Sie die korrekte Zeitzone einschließlich Sommerzeitregelung ein. Am einfachsten ist es, den Router automatisch mit einem NTP-Zeitserver (NTP = Network Time Protocol) im Internet zu synchronisieren.

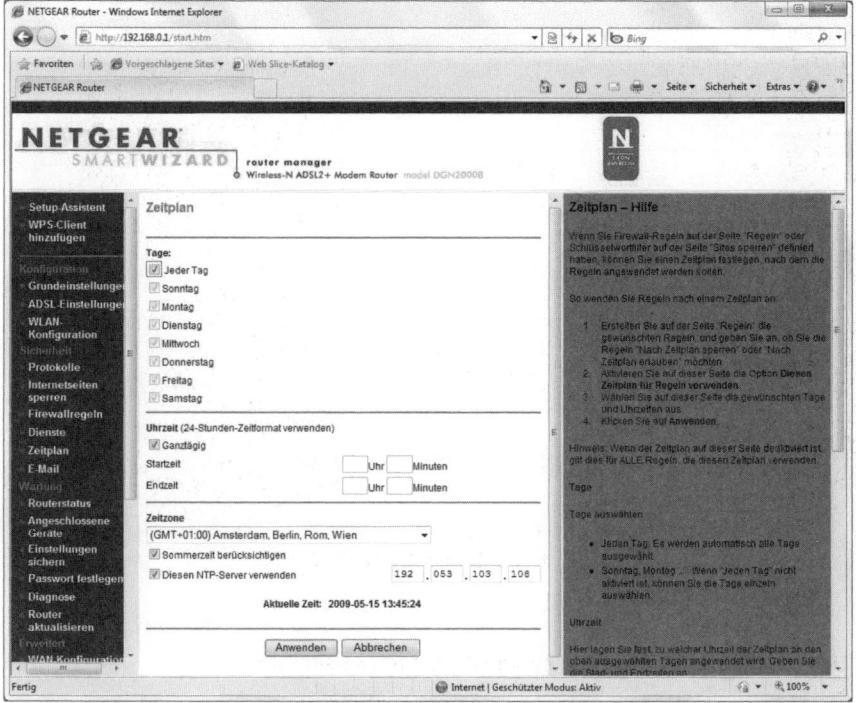

Bild 1.7: Regeln für einen bestimmten Zeitplan festlegen.

Regeln für die Router-Firewall definieren

Eine Firewall im Router ist immer sicherer als eine Softwarelösung auf dem PC. Angreifer kommen gar nicht erst auf den PC an, und Router lassen sich nicht so leicht von außen durch Malware manipulieren. Die Firewall im Router lässt normalerweise standardmäßig allen eingehenden Datenverkehr zu, ausgehender Datenverkehr wird blockiert. Wenn besondere Anwendungen laufen, die zum Beispiel Serverfunktionen zur Verfügung stellen, können Sie in der Router-Firewall entsprechende Regeln definieren, die auch diesen Datenverkehr zulassen. Die Ports für Messenger wie Windows Live Messenger oder ICQ können üblicherweise mit einem Klick, also ohne spezielle Regeln definieren zu müssen, zugelassen werden.

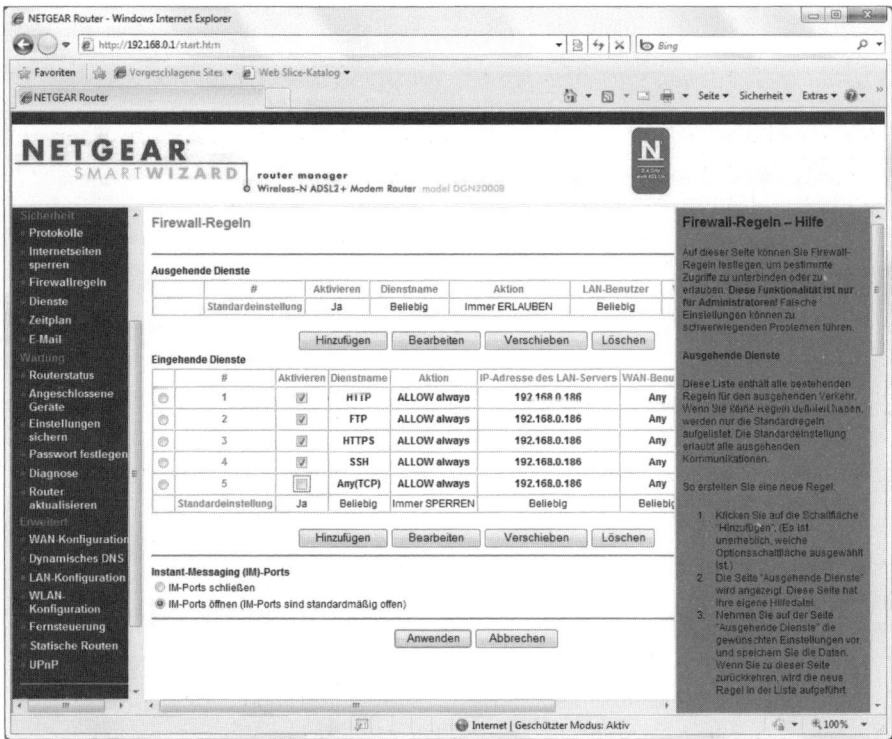

Bild 1.8: Ausgehende und eingehende Dienste aktivieren.

Portweiterleitungen für einen Webserver einrichten

Wenn Sie auf einem Computer im Netzwerk einen Webserver betreiben oder eine Fernsteuerungssoftware wie PcAnywhere oder die Windows Remotedesktopverbindung nutzen wollen, müssen Sie eine Portweiterleitung einrichten. Diese legt im Router fest, an welchen Computer im lokalen Netzwerk eine eingehende Anfrage auf einem bestimmten Port weitergeleitet wird. Tragen Sie die entsprechende lokale IP-Adresse ein und wählen Sie den Dienst aus, der auf diesem Computer laufen soll. Die verwendeten Computer müssen dazu fest reservierte IP-Adressen haben, die nicht per DHCP verändert werden. Möchten Sie einen speziellen Dienst nutzen, der nicht in der Liste steht, können Sie bei den meisten Routern auch einen Portbereich frei definieren.

1.2 WLAN-Einstellungen am Router festlegen

Wer keine Kabel verlegen möchte oder sich zum Beispiel mit einem Notebook frei im Haus bewegen will, kann seine Computer auch drahtlos miteinander vernetzen. Dabei ist Wireless LAN, kurz WLAN, nicht eine Art Internetzugang, wie es die großen Internetdienstanbieter werbewirksam propagieren, sondern einfach nur eine drahtlose Verbindung in ein lokales Netzwerk. Über diese Netzwerkverbindung kann man auch ins Internet gehen, sie kann aber genauso zum Zugriff auf andere Rechner verwendet werden, die über Netzwerkkabel miteinander verbunden sind.

Zentraler Punkt eines WLAN ist der WLAN-Router oder WLAN-Access-Point. Der Router übernimmt die Koordination des lokalen Netzwerks und stellt gleichzeitig einen Internetzugang zur Verfügung. Dabei können an die meisten WLAN-Router vier PCs per Kabel und theoretisch bis zu 250 weitere drahtlos angeschlossen werden. In der Praxis liegt die Zahl anschließbarer WLAN-PCs aufgrund der Bandbreite deutlich darunter.

Geeignete Standorte für Ihren WLAN-Router

Beachten Sie beim Aufbau eines WLAN, dass Betondecken starke Dämpfungen bewirken. Wer also im Hausanschlussraum im Keller seinen DSL-Anschluss hat, sollte nicht auch dort den WLAN-Router aufstellen. Legen Sie lieber ein Kabel vom Anschluss an einen zentralen Punkt im Haus und stellen Sie dort den WLAN-

Router auf. Auch größere Metallteile wie Stahlregale oder die Bewehrung in Stahl-betondecken können die Ausbreitung eines WLAN beeinträchtigen.

Weitere Einflussbereiche sind die Feuchtigkeit der Luft sowie die natürliche Feuchte in den Wänden von Neubauten, die oft erst nach Jahren völlig durchtrock-nen. Probieren Sie am besten verschiedene Stellen für den Router aus, da die tat-sächlichen Ausbreitungsbedingungen schwer abzuschätzen sind. So kann es passie-ren, dass auf der Straße vor dem Haus ein Empfang problemlos möglich ist, während einzelne Räume des Hauses im Funkschatten liegen.

WLAN-Funkmodul am Router einschalten

Bei den meisten WLAN-Routern kann das WLAN-Modul getrennt ein- und aus-geschaltet werden. Bevor sich ein Benutzer per WLAN anmelden kann, muss es also von einem per Kabel angeschlossenen PC eingeschaltet werden. Einige Router besitzen auch selbst eine Taste, um WLAN ein- oder auszuschalten.

Auf den richtigen WLAN-Kanal kommt es an

Mit dem Kanal legen Sie fest, welche Betriebsfrequenz der Router nutzen soll. Beim Funkkanal können Sie die Werkeinstellung meistens beibehalten, es sei denn, es entstehen Störstrahlungen durch einen anderen WLAN-Router in der Umgebung. Das macht sich vor allem durch Schwierigkeiten beim Verbindungsaufbau und in der Geschwindigkeit bemerkbar.

Im Konfigurationsmenü Ihres WLAN-Routers stehen Ihnen 13 Kanäle zur Verfü-gung. Hierbei beträgt der Abstand der Mittenfrequenzen jeweils 5 MHz. Bedingt durch die große Bandbreite jedes einzelnen Funkkanals kommt es zu Überschnei-dungen der Frequenzbänder. Wird Ihr WLAN immer langsamer oder bricht die Verbindung ganz ab, ist das in den meisten Fällen auf eine Überschneidung mehre-rer Funkkanäle zurückzuführen. Für beste Funkqualität sollten daher alle im Umkreis befindlichen WLANs mit einem Abstand von fünf Kanälen betrieben werden. Sendet Ihr Nachbar in seinem WLAN auf Kanal 6, wechseln Sie zu Kanal 1, 11, 12 oder 13, und Ihr WLAN läuft wieder wie geschmiert.

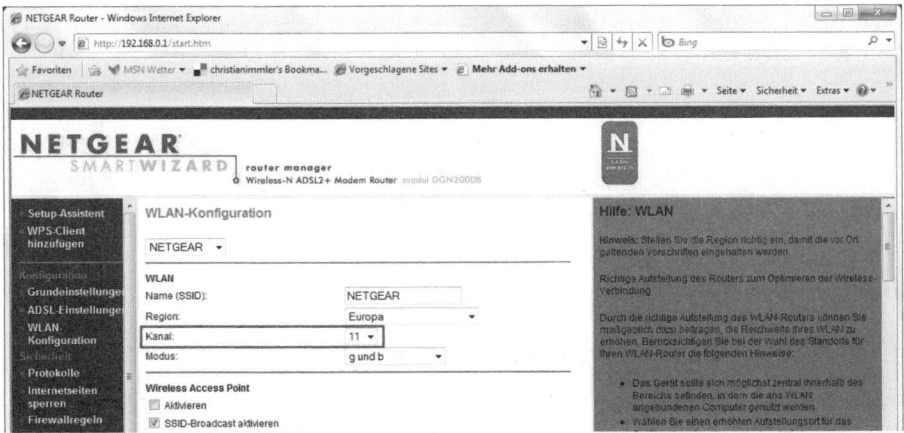

Bild 1.9: Festlegen des Funkkanals.

Wichtige Sicherheitsregeln für Ihr WLAN

Was jahrelang von Fall zu Fall ausgelegt wurde, wurde vom Bundesgerichtshof nun offiziell geregelt: Jedes private WLAN muss »... *durch angemessene Sicherungsmaß-nahmen vor der Gefahr geschützt sein, von unberechtigten Dritten zur Begehung von Urheberrechtsverletzungen missbraucht zu werden.*«

Dazu zählt neben einer Verschlüsselung auch, dass das vom Hersteller vorgegebene Standardpasswort des Routers durch ein eigenes ersetzt wird. Neue Router verwenden kein Standardpasswort mehr, sondern ein individuelles, das bei jedem Gerät anders ist. Dieses finden Sie meist auf einem Aufkleber direkt auf dem Router. Bei diesen Geräten muss der Betreiber des Anschlusses das Passwort nicht mehr ändern. Viele Router bieten auch die Möglichkeit, den Zugang zur Konfigurations-oberfläche auf Kabelverbindungen zu beschränken. Mit dieser Option haben Unbefugte auf der Straße keine Chance mehr, den Router umzukonfigurieren, um Netzwerkschlüssel zu ändern oder andere Einstellungen zu manipulieren.

Neben den dadurch möglichen Betrugsgeschäften mit fremden Bank- oder eBay-Daten ist auch die Gefahr krimineller Aktivitäten nicht zu unterschätzen. Lädt sich jemand über Ihr WLAN zum Beispiel Kinderpornos oder anderes kriminelles Material herunter, wird die IP-Adresse Ihres Internetanschlusses übermittelt. Die Strafverfolgungsbehörden stellen also Sie persönlich zur Rede. Dann wird es schwer, die eigene Unschuld zu beweisen. Abgesehen davon können bei Volumentarifen immense Kosten entstehen, wenn Nachbarn in aller Ruhe über Ihr Netzwerk etliche GByte an Daten saugen.

Das ist zu tun:

- Schalten Sie das WLAN-Modul im Router ab, wenn Sie es längere Zeit nicht benutzen. Das verringert das Risiko eines unbemerkten Angriffs, wenn Sie nicht zu Hause sind.

- Richten Sie den Router nach den lokalen Gegebenheiten aus. Für eine Etagenwohnung ist ein Router mit Zusatzantenne und mehreren hundert Metern Reichweite völlig überdimensioniert und stellt ein hohes Sicherheitsrisiko dar. In großen Büros verwendet man sinnvollerweise mehrere kleine Access-Points anstelle eines großen, um das Netzwerk an die lokalen Ausbreitungsbedingungen besser anpassen zu können.

- Verändern Sie das Standardpasswort zur Routerkonfiguration, damit sich niemand an Ihrem Router zu schaffen machen, sich selbst Zugang verschaffen oder einen anderen (teuren) Internetzugang einrichten kann.

- Bei drahtlosen Netzwerken ist die Verschlüsselung besonders wichtig, da man anders als in einem kabelgebundenen Netzwerk nicht merkt, wenn sich ein fremder Computer unautorisiert mit dem Netzwerk verbindet. Aktivieren Sie, wenn möglich, die WEP- oder WPA-Verschlüsselung. Dazu muss am Router und auf jedem PC einmalig ein Schlüssel eingegeben werden, der auf allen Geräten gleich ist. Geräte ohne diesen Schlüssel haben keinen Zugang zum WLAN.

Die genauen Einstellungsmöglichkeiten sind bei jedem Router etwas anders. Firewalls helfen hier wenig, da sich der Access-Point zum WLAN innerhalb der Firewall befindet und nicht »draußen« im Internet.

Wie Sie Ihr WLAN richtig verschlüsseln

Jeder Router neueren Datums unterstützt neben dem älteren Verschlüsselungsverfahren WEP (Wired Equivalent Privacy) die Verschlüsselungsverfahren WPA-PSK und WPA2-PSK (WiFi Protected Access 2 mit Pre-Shared Key).

● **WEP nur im Notfall**
WEP sollten Sie nur dann einsetzen, wenn kein anderes Verschlüsselungsverfahren eingestellt werden kann, da WEP-Schlüssel mit speziellen Tools leicht zu knacken sind. Immer wieder veröffentlichen Computerzeitschriften Workshops zum Knacken von WEP-Schlüsseln. Das Knacken eines Schlüssels ist aber immer noch deutlich aufwendiger als die unberechtigte Nutzung eines unverschlüsselten WLAN und gilt zudem im Zweifelsfall als rechtswidriges Eindringen in ein Netzwerk.

● **WPA2 oder WPA2-PSK für ein sicheres WLAN**
Nutzen Sie, wann immer es geht, WPA2 oder WPA2-PSK. Dabei kann Ihr Passwort bis zu 63 Zeichen umfassen und sollte sich aus Buchstaben, Ziffern und erlaubten Sonderzeichen zusammensetzen.

Um ein Netzwerk zu verschlüsseln, müssen Sie nur auf dem Router und auf allen Computern im Netzwerk denselben Schlüssel eingeben und die Verschlüsselung aktivieren. Die meisten Router bieten mehrere Felder zur Eingabe von Schlüsseln. Auf diese Weise können Sie zur besonderen Sicherheit für einzelne Computer unterschiedliche Schlüssel verwenden. Auf jedem PC muss dann die Verschlüsselung ebenfalls aktiviert werden. Nur wenn hier ein Schlüssel eingetragen ist, der auch im Router eingegeben wurde, ist eine drahtlose Verbindung möglich.

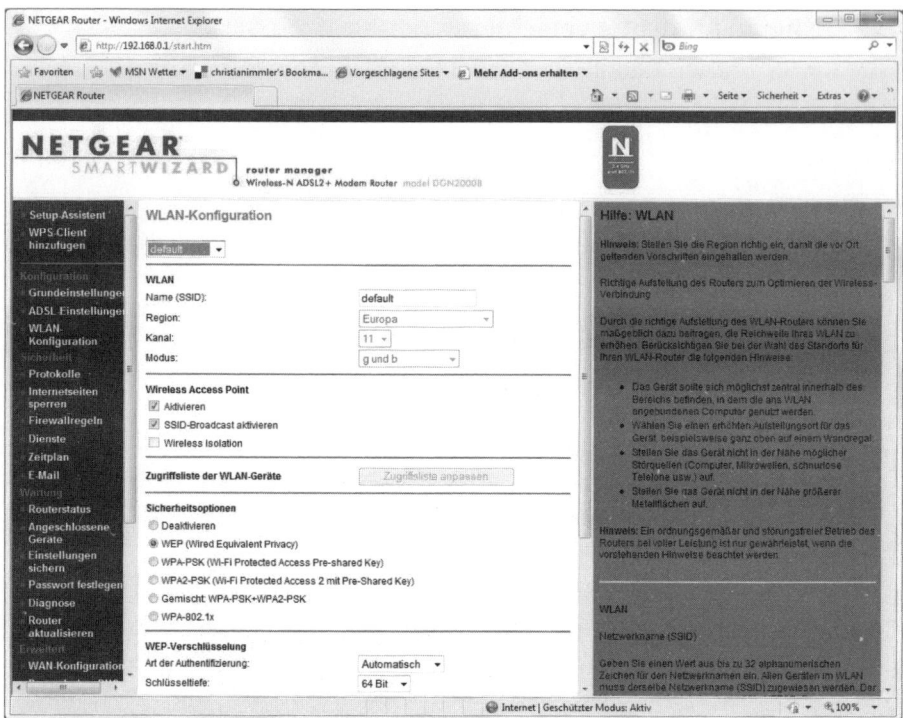

Bild 1.10: Hier ist noch der WEP-Schlüssel eingestellt. Das sollte schleunigst auf WPA2 umgestellt werden.

Nur bestimmte Computer ins WLAN lassen

Einige Router bieten die Möglichkeit, nur bestimmte Geräte überhaupt per WLAN ins Netzwerk zu lassen. Zur Identifikation werden die MAC-Adressen der Geräte herangezogen. Die MAC-Adresse ist eine weltweit eindeutige Kennung jeder Netzwerkkarte. Sie ist bei vielen WLAN-Karten von einem Aufkleber abzulesen.

Die MAC-Adresse der im PC eingebauten Netzwerkkarte sehen Sie auch unter Windows. Klicken Sie im *Netzwerk- und Freigabecenter* auf die aktive Verbindung unterhalb von *Verbindung herstellen oder trennen.*

Klicken Sie im nächsten Dialogfeld auf die Schaltfläche *Details*. Es öffnet sich ein weiteres Fenster. Hier wird in der Zeile *Physikalische Adresse* die MAC-Adresse der eigenen Netzwerkkarte angezeigt.

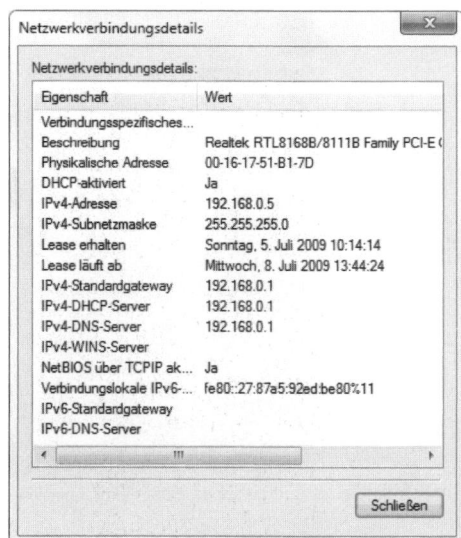

Bild 1.11: Anzeige der Netzwerkverbindungsdetails.

In jedem Fall sollten Sie regelmäßig die Statusanzeige des Routers überprüfen. Darin wird angezeigt, welche Geräte sich am Router angemeldet haben. Tauchen unbekannte Adressen auf, sollten Sie dringend Ihre Sicherheitseinstellungen anpassen.

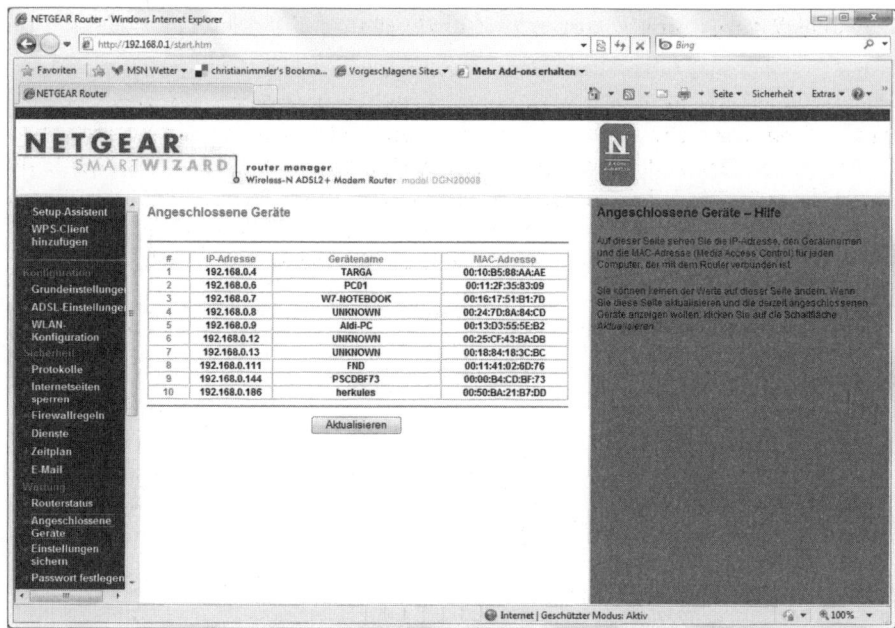

Bild 1.12: Anzeige der angeschlossenen Geräte in der Routerkonfiguration.

1.3   WLAN-Einstellungen in Windows festlegen

WLAN in Notebooks, WLAN-Sticks und WLAN-Karten für PCs werden unter Windows 7 automatisch erkannt. Beim ersten Einstecken der Karte wird man aufgefordert, einen Treiber zu installieren. Neben dem eigentlichen Treiber liefern viele WLAN-Karten eigene Konfigurationstools mit. Wird ein mit der Karte geliefertes Konfigurationstool verwendet, wurde unter Windows XP von der Installationsroutine in den meisten Fällen der Standard-WLAN-Manager von Windows ausgeschaltet, um Konflikte zu vermeiden.

Unter Windows 7 braucht man die eigenen Tools der WLAN-Sticks nur noch in den seltensten Fällen. Die von Windows vorgegebene Steuerung funktioniert sehr zuverlässig.

USB-WLAN-Stick einstecken und WLAN wählen

Schließen Sie nach der Treiberinstallation den USB-WLAN-Stick an. Beim integrierten WLAN in Notebooks entfällt dieser Schritt. Nach einer kurzen Funktionsprüfung wird eine Liste der gefundenen drahtlosen Netzwerke angezeigt. Wählen Sie in der Liste der gefundenen drahtlosen Netzwerke das gewünschte Netzwerk aus und klicken Sie auf *Verbinden*. Sie können auch, wenn Sie dieses Netzwerk öfter verwenden, angeben, dass die Daten gespeichert werden sollen und dass die Verbindung wenn möglich automatisch hergestellt werden soll.

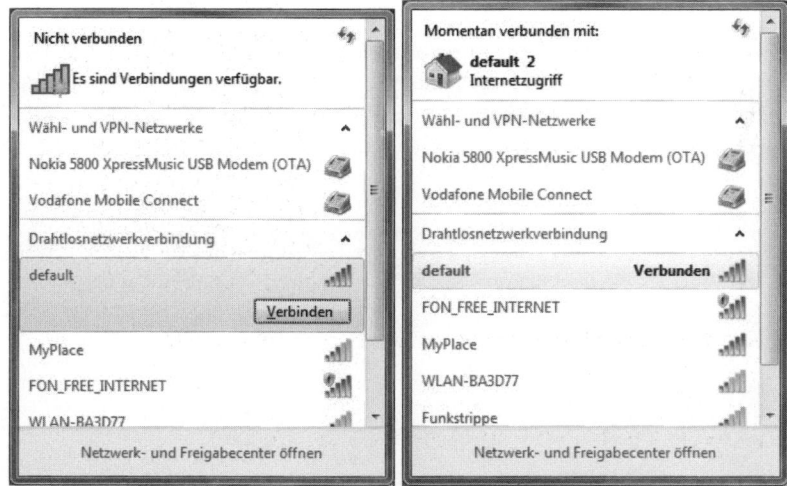

Bild 1.13: Nach dem Anschluss des USB-WLAN-Sticks zeigt Windows verfügbare Verbindungen an.

Geben Sie Ihren Sicherheitsschlüssel ein

Wird das drahtlose Netzwerk mit einem Sicherheitsschlüssel geschützt, geben Sie im nächsten Schritt den gültigen Schlüssel ein.

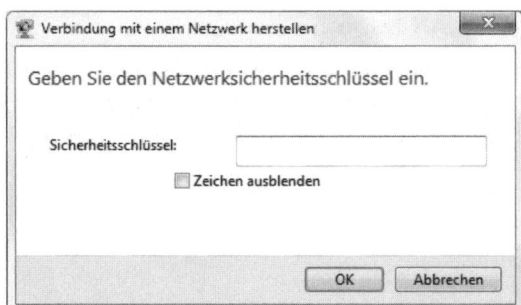

Bild 1.14:
WLAN-Schlüssel eingeben.

WLAN-Verbindungen zum lokalen Router werden im *Netzwerk- und Freigabecenter* ähnlich wie kabelgebundene Netzwerkverbindungen eingetragen. Die drahtlose Verbindung kann auch im Wechsel mit einer Kabelverbindung genutzt werden, wenn man ein Notebook zum Beispiel im Büro am Netzwerk betreibt und unterwegs an WLAN-Hotspots.

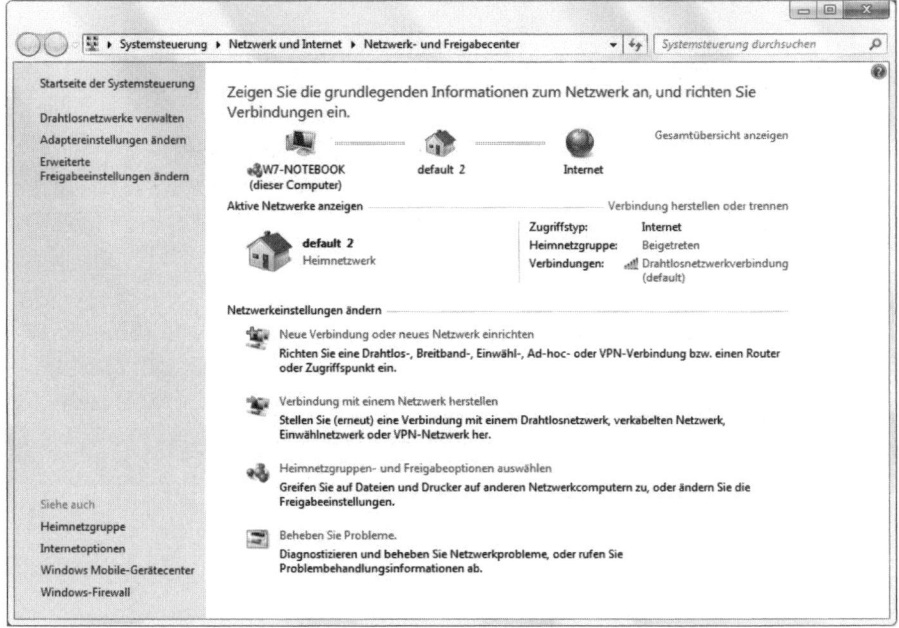

Bild 1.15: Anzeige der grundlegenden Netzwerkinformationen.

Infos zur aktiven Drahtlosnetzwerkverbindung

Windows 7 zeigt Übertragungsrate und Signalqualität bei WLAN direkt in der Statusanzeige der Netzwerkverbindung an. Diese Anzeige erreichen Sie mit einem Klick auf den Namen der Drahtlosnetzwerkverbindung im *Netzwerk- und Freigabecenter.*

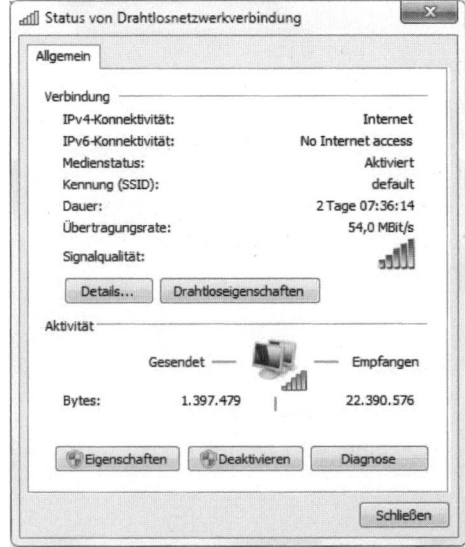

Bild 1.16: Informationen zum Verbindungsstatus Ihrer WLAN-Verbindung.

2 Internet Explorer 9 einrichten

Der Internet Explorer, kurz IE, ist der Standardwebbrowser aller Windows-Versionen und fester Bestandteil des Betriebssystems. Technologisch gehörte er lange Zeit sicher nicht zu den besten Browsern, aber mit dem neuen Internet Explorer 9 soll sich das ändern, und Microsoft hat nicht zu viel versprochen. Hier zunächst ein kurzer Abriss der wichtigsten Neuerungen:

- **Der Internet Explorer 9 ist schnell!** Der neue Microsoft-Browser unterstützt durch Hardwarebeschleunigung auf der Grafikkarte die volle Leistung des Computers. Die neue JavaScript-Engine unterstützt Mehrkern-CPUs.

- **Der Internet Explorer 9 hat eine in allen Belangen verbesserte Benutzeroberfläche.** Sprunglisten, Anheftfunktion, die neue Benachrichtigungsleiste und das kombinierte Adress- und Suchfeld erleichtern die Bedienung enorm.

- **Der Internet Explorer 9 ist endlich kompatibel zu allen modernen Webstandards.** Webentwickler müssen keine eigenen Internet Explorer-Versionen ihrer Webseiten mehr bauen.

- **Der Internet Explorer 9 ist sicher!** Integrierte Schutzfunktionen erhöhen die persönliche Sicherheit beim Surfen.

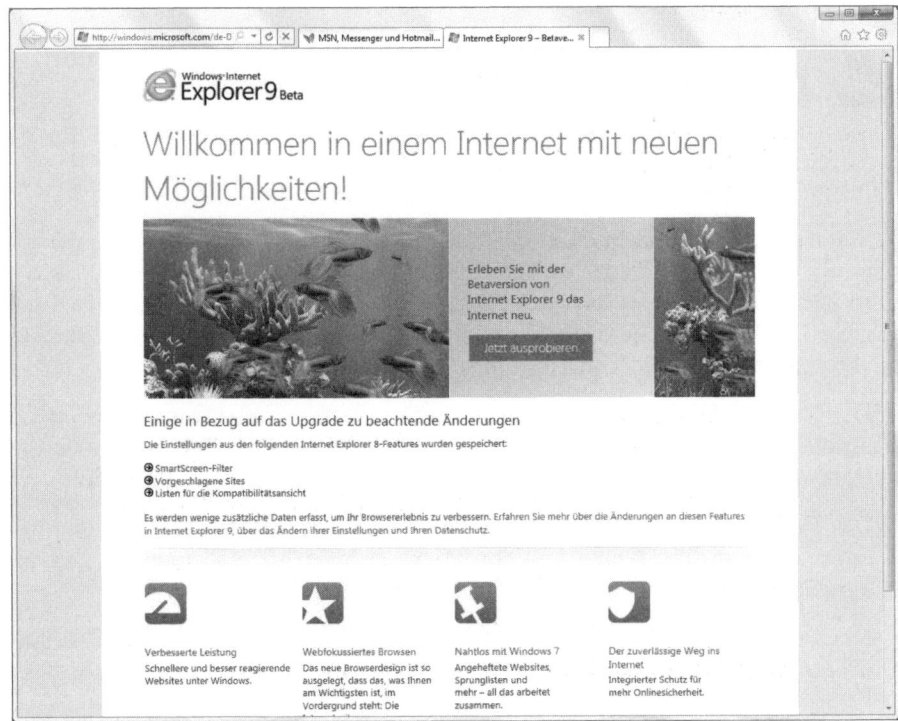

Bild 2.1: Gut – der Internet Explorer 9!

2.1   Startbremsen erkennen und aushebeln

Wenn Sie den Internet Explorer 9 noch nicht per Windows Update bekommen haben, können Sie ihn hier mit Ihrem aktuellen Browser herunterladen und installieren: *www.internet-explorer9.de*

Nach der Installation und einem Neustart übernimmt der Internet Explorer 9 die Add-ons des vorher installierten Internet Explorer. Stellen sich diese als deutliche Bremse beim Start heraus, erscheint eine Meldung, in der Sie einzelne oder alle Add-ons deaktivieren können. Prüfen Sie hier noch einmal genau, welche der installierten Add-ons Sie wirklich benötigen.

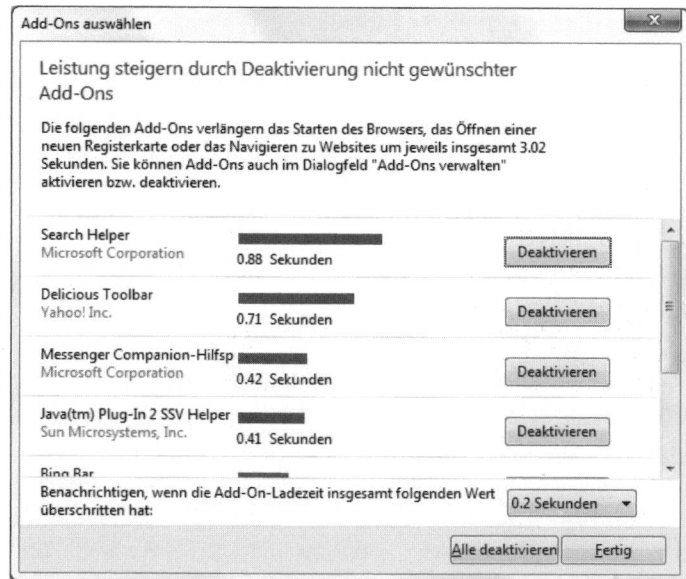

Bild 2.2: Leistungsplus durch das Abschalten alter Add-ons.

2.2   Navigieren im Internet Explorer 9

Um auf eine bestimmte Webseite zu kommen, geben Sie einfach deren Namen in die Adresszeile oben im Browser ein. Ein Klick in die Adresszeile markiert automatisch den dort befindlichen Text, sodass man ihn schnell löschen und durch einen anderen Text ersetzen kann. Auch die F6-Taste markiert automatisch den Text in der Browserzeile und setzt den Cursor dort hinein, sodass Sie auch ohne Maus sehr einfach Adressen eingeben können.

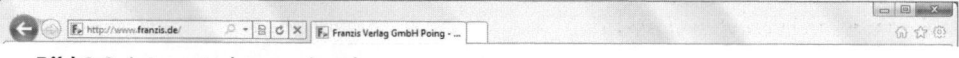

Bild 2.3: Internetadresse eingeben.

Adresszeile und Registerkarten in einer Reihe

Im Internet Explorer 9 erscheinen die Registerkarten, auch Tabs genannt, mit den Titeln der geöffneten Webseiten direkt neben der Adresszeile. Sollte die Adresszeile zu kurz sein, sodass die Eingabe langer Adressen unübersichtlich wird, ziehen Sie einfach mit der Maus die Trennlinie zwischen Adresszeile und erster Registerkarte nach rechts.

Bild 2.4: URLs und Register geöffneter Webseiten in einer Reihe.

URLs bei der Eingabe automatisch ergänzen lassen

Adressen müssen nicht komplett mit *http://* und *www://* eingegeben werden. Die meisten englischsprachigen Internetadressen enden auf *.com*, *.net* oder *.org*. Geben Sie in die Adresszeile einen Begriff ein und drücken dann die Tastenkombination Strg+Enter, ergänzt der Internet Explorer vorn automatisch *http://www.* und hinten *.com*.

In den Einstellungen des Internet Explorer 9 finden Sie auf der Registerkarte *Allgemein* eine Schaltfläche *Sprachen*. Klicken Sie darauf, öffnet sich ein weiteres Dialogfeld. Hier können Sie ganz unten bei *Suffix* eine Endung angeben, zum Beispiel *.de*, die dann automatisch per Tastenkombination Strg+Umschalt+Enter ergänzt wird.

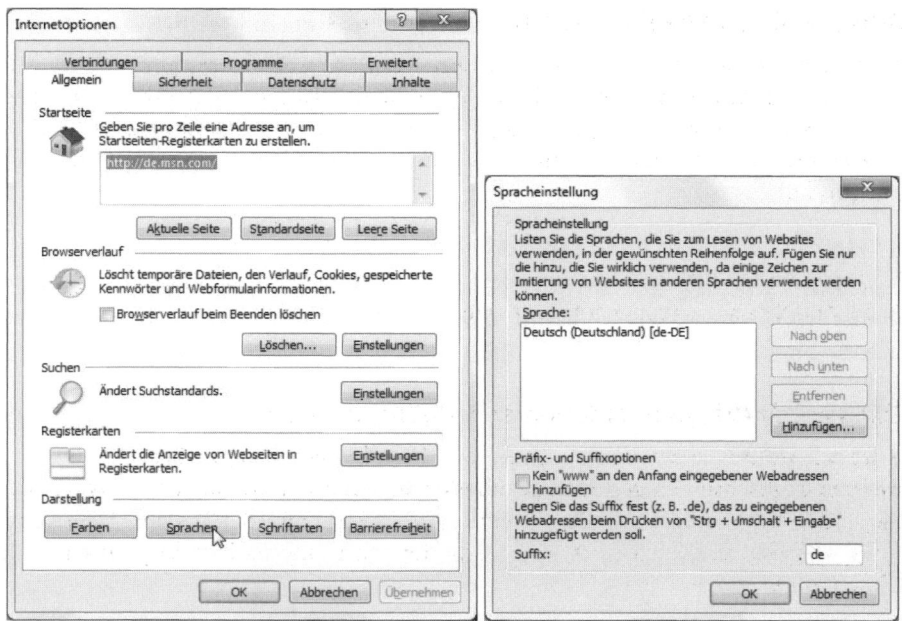

Bild 2.5: Den Dialog *Internetoptionen* rufen Sie über das Zahnradsymbol ganz rechts im Internet Explorer 9 auf. Wählen Sie dort im Menü *Internetoptionen*.

Mit Tastenkürzeln navigieren Sie noch schneller

Mit dem Pfeilsymbol nach links kommen Sie auf die zuletzt aufgerufene Seite, mit dem Pfeilsymbol nach rechts gehen Sie von dort aus wieder eine Seite vorwärts. Schneller navigieren Sie mithilfe von Tasten:

Mit der Tastenkombination ⎡Alt⎤+⎡←⎤ oder der ⎡Rück⎤-Taste springen Sie auf die zuletzt aufgerufene Seite zurück.

Mit der Tastenkombination ⎡Alt⎤+⎡→⎤ springen Sie eine Seite vor.

Mit der Maus zwischen besuchten Seiten blättern

Noch einfacher geht das Blättern zwischen den zuletzt besuchten Seiten mit der Maus. Halten Sie die ⎡Umschalt⎤-Taste gedrückt und drehen Sie das Mausrad. Damit können Sie sehr schnell in beide Richtungen durch die zuletzt besuchten Seiten blättern. Spezielle Internetmäuse haben an den Seiten zwei weitere Tasten, die mit Daumen und Ringfinger bedient werden können. Die Taste auf der linken Seite blättert auf die zuletzt aufgerufene Webseite zurück, die Taste auf der rechten Seite blättert eine Seite vor.

Internetadressen in der Taskleiste ablegen

Besuchen Sie häufig mal schnell bestimmte Webseiten, wollen Sie sicher nicht immer erst mit zusätzlichen Klicks den Browser starten. Für solche Fälle können Sie sich ein Eingabefeld für Internetadressen direkt in die Taskleiste legen.

Klicken Sie mit der rechten Maustaste auf einen leeren Bereich der Taskleiste. Schalten Sie im Kontextmenü die Option *Symbolleisten/Adresse* ein.

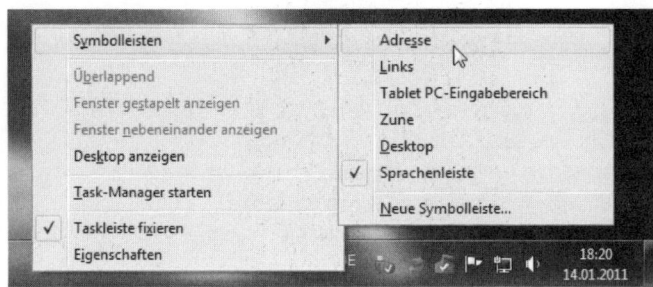

Bild 2.6: Einschalten der Option *Symbolleisten/ Adresse.*

In der Taskleiste erscheint ein Eingabefeld, in das Sie Internetadressen oder auch Namen von Programmen eingeben können. Programme werden direkt gestartet, Internetadressen im aktuell eingestellten Standardbrowser geöffnet.

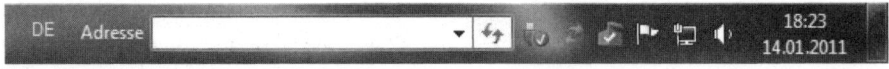

Bild 2.7: URLs in der Taskleiste eingeben.

Ein Klick auf das Dreieck rechts neben dem Eingabefeld blendet eine Liste der letzten Eingaben ein. Die `Enter`-Taste oder ein Klick auf den Doppelpfeil öffnet den Internet Explorer und springt auf die angegebene Seite.

Bild 2.8: Liste der letzten Eingaben einblenden.

Um Platz in der Taskleiste zu sparen, sollten Sie die Bezeichnung *Adresse* ausblenden. Klicken Sie dazu mit der rechten Maustaste auf den Titel der neuen Eingabeleiste – das Wort *Adresse* – und schalten Sie im Kontextmenü die Option *Titel anzeigen* aus. Wenn diese Option nicht angezeigt wird, deaktivieren Sie zuerst das Kontrollkästchen *Taskleiste fixieren*.

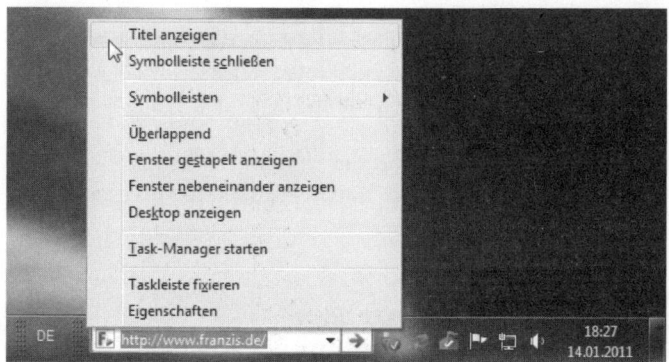

Bild 2.9: Platz in der Taskleiste sparen.

2.3 Mehrere Webseiten in einem Fenster

Beim Recherchieren oder Vergleichen von Angeboten hat man oft mehrere Browserfenster gleichzeitig geöffnet. Dabei geht die Übersicht auf dem Bildschirm sehr schnell verloren, besonders wenn man daneben auch noch andere Programme geöffnet hat. Der Internet Explorer 9 kann deshalb mehrere Webseiten auf verschiedenen Registerkarten, auch als Tabs bezeichnet, innerhalb eines Fensters darstellen. Diese Arbeitstechnik bezeichnet man als Tabbed Browsing.

Neue Registerkarte mit mittlerer Maustaste

Klicken Sie mit der mittleren Maustaste oder durch Druck auf das Mausrad auf einen Link, wird dieser auf einer neuen Registerkarte geöffnet. Das funktioniert unabhängig davon, ob der Link die neue Seite standardmäßig im selben oder in einem neuen Browserfenster öffnen würde. Auf diese Weise stehen Ihnen also immer alle Seiten übersichtlich in einem einzigen Browserfenster zur Verfügung.

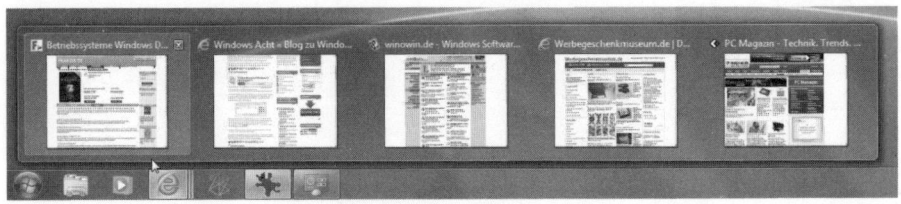

Bild 2.10: Die Taskleiste zeigt die Vorschauen aller geöffneten Registerkarten, wenn man mit der Maus über das Internet Explorer-Symbol fährt.

Ihre Maus hat nur zwei Tasten? Immer wenn von der mittleren Maustaste die Rede ist, können Sie auch die ⌷Strg⌷-Taste gedrückt halten und dann mit der linken Maustaste klicken.

Beliebte Webseiten auf einer neuen Registerkarte

Die Tastenkombination ⌷Strg⌷+⌷T⌷ öffnet eine leere Registerkarte, um dort eine neue Webseite anzuzeigen. Neben der letzten Registerkarte rechts erscheint eine weitere kleine ohne Namen. Klicken Sie darauf und tippen eine Internetadresse ein, wird eine neue Registerkarte erstellt.

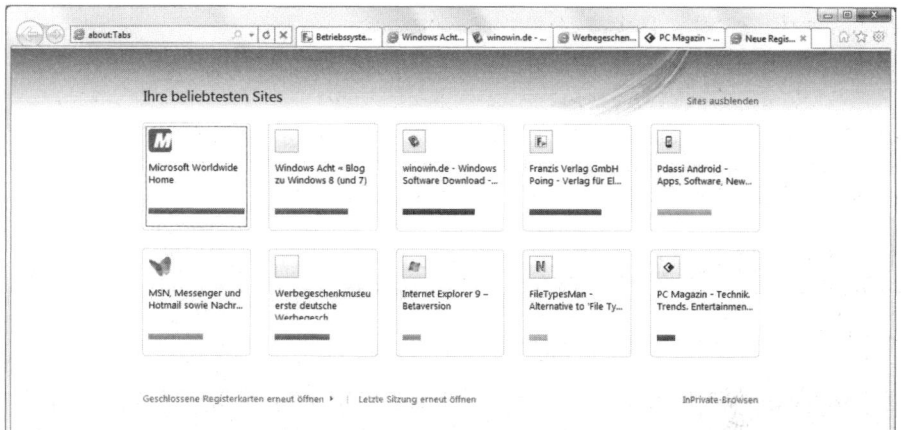

Bild 2.11: Auf der neuen leeren Registerkarte finden Sie Schaltflächen zum Schnellaufruf Ihrer beliebtesten, in letzter Zeit am häufigsten besuchten Webseiten und Links für hilfreiche Aktionen, zum Beispiel um zuletzt geschlossene Registerkarten wiederherzustellen.

Kontextmenü einer Registerkarte öffnen und schließen

Ein Rechtsklick auf den Titel einer Registerkarte öffnet ein Menü, über das Sie die Registerkarte schließen oder neu laden können. Auch hier finden Sie eine Liste der zuletzt geschlossenen Registerkarten.

Zum Schließen können Sie einfach auf das *x*-Symbol auf der aktuellen Registerkarte klicken. Die Reihenfolge der Registerkarten kann per Drag-and-drop verändert werden.

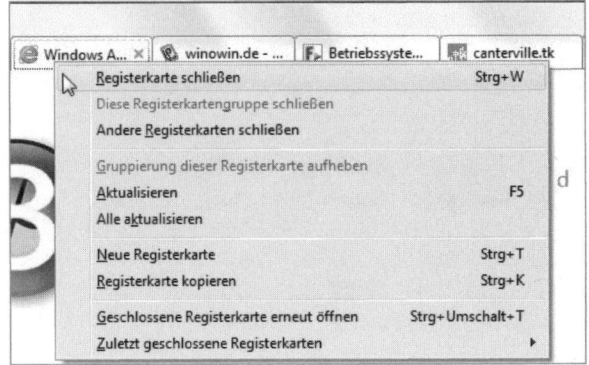

Bild 2.12: Kontextmenü einer Registerkarte.

Verhalten der Registerkarten festlegen

In den *Einstellungen für die Registerkarten* können Sie das Verhalten der Register-karten anpassen. Klicken Sie dazu auf der Registerkarte *Allgemein* auf die Schaltflä-che *Einstellungen* im Bereich *Registerkarten*.

Mithilfe dieser Einstellungen können Sie unter anderem verhindern, dass Pop-ups neue Fenster öffnen. Stattdessen können Links, die standardmäßig neue Fenster öffnen, automatisch neue Registerkarten erzeugen oder immer im selben Fenster wie der Link erscheinen.

Bild 2.13: Einstellungen für die Registerkarten festlegen.

Alle offenen Register in einer Miniaturgalerie anzeigen

Sind viele Registerkarten geöffnet, ist auf jeder nur ein kurzer Teil des Namens der jeweiligen Webseite zu sehen. Damit Sie die Übersicht behalten und schnell zur richtigen Registerkarte wechseln können, bietet der Internet Explorer die Schnellregisterkarten, auch Quick-Tabs-Funktion genannt. Mit der Tastenkombination Strg+Q wird eine Bildergalerie aller geöffneten Registerkarten angezeigt. Ein Klick auf eines der Bilder springt sofort auf die jeweilige Registerkarte.

Sollte diese Funktion nicht zur Verfügung stehen, müssen Sie sie in den *Einstellungen für die Registerkarten* in den *Internetoptionen* erst aktivieren. Danach ist ein Neustart des Internet Explorers erforderlich.

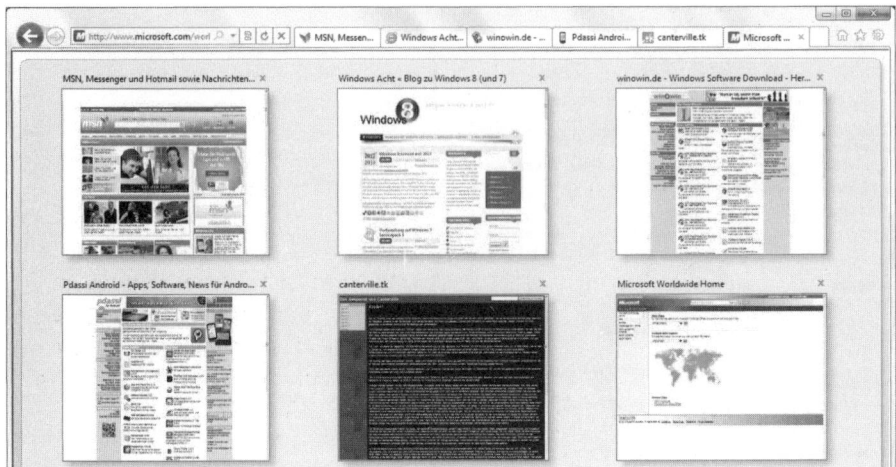

Bild 2.14: Galerie aller offenen Register.

2.4 Sie finden eine Adresse nicht mehr?

Waren Sie eben gerade oder gestern oder auch vergangene Woche auf einer interessanten Seite, kennen aber die Adresse nicht mehr? In solchen Fällen hilft die Verlaufsanzeige oder Chronik im Browser weiter. Alle zuletzt besuchten Internetadressen werden noch einige Tage bis Wochen im Browser gespeichert.

Ein Klick auf das kleine Dreieck neben den Pfeilsymbolen in der Adresszeile blendet eine Liste der zuletzt besuchten Seiten ein. Hier können Sie leicht auf eine früher besuchte Seite zurückspringen. Manche Webseiten verhindern durch spezielle Skripten, dass der Besucher die Seite über die *Zurück*-Schaltfläche verlässt. Auch in diesem Fall hilft die kleine Liste.

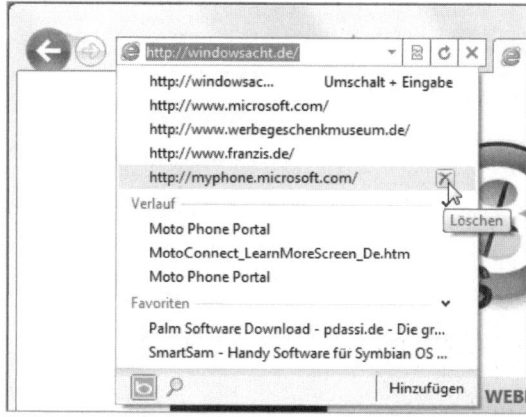

Bild 2.15: Die Verlaufsliste in der Adresszeile. Neben den zuletzt eingetippten Adressen sind weiter unten auch die letzten Einträge der kompletten Verlaufsliste sowie einige Favoriten zu sehen.

Verlauf der besuchten Seiten im Favoritencenter

Ein Klick auf den Stern oben rechts oder die Tastenkombination Strg + H blendet rechts im Browserfenster eine Liste der Webseiten ein, die an bestimmten Tagen besucht wurden. Klicken Sie auf einen Namen, erhalten Sie eine Auflistung aller einzelnen Seiten innerhalb dieser Website. Auf diese Weise kann man sehr leicht wieder zu einer bestimmten Seite surfen, auch wenn man die Adresse nicht mehr im Kopf hat.

Der Internet Explorer bezeichnet die Liste der zuletzt besuchten Webseiten als Verlaufsliste. Da es im aktuellen Internet Explorer 9 kein Menü mehr gibt, wurde die Verlaufsliste in das Favoritencenter eingebaut. Dort finden Sie sie auf der Registerkarte *Verlauf*, auf der Sie die Liste auch nach unterschiedlichen Kriterien sortieren können.

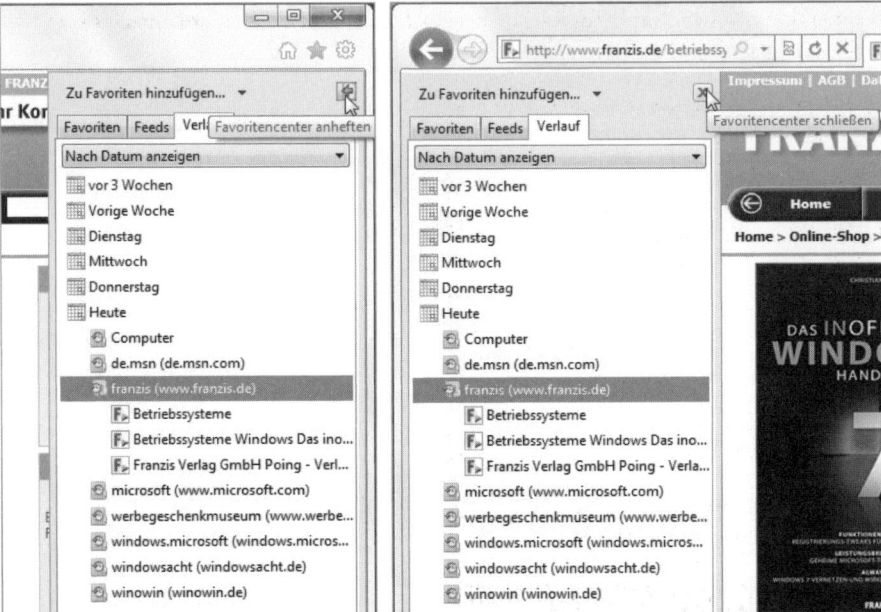

Bild 2.16: Ein Klick auf *Favoritencenter anheften* zeigt das Favoritencenter permanent links vom eigentlichen Browserfenster an, sodass es nach einem Klick auf einen Link nicht mehr ausgeblendet wird und auch nicht mehr Teile der Webseite verdeckt. Ein Klick auf *Favoritencenter schließen* blendet das Favoritencenter wieder aus.

Alte Einträge aus der Verlaufsliste löschen

Manchmal möchte man bestimmte Einträge aus der Liste entfernen, weil man sich vertippt hat oder um gegenüber anderen Benutzern des PCs seine Surfspuren zu verwischen. Fährt man mit der Maus über einen Eintrag in der Liste, erscheint rechts ein rotes Löschsymbol. Ein Klick darauf lässt diesen Eintrag aus der Liste verschwinden.

Häufig besuchte Webseiten in der Sprungliste

Häufig besuchte Webseiten werden automatisch auch in eine Sprungliste eingetragen, die sich per Rechtsklick auf das Internet Explorer 9-Symbol in der Taskleiste öffnet. Hier können Sie direkt auf eine häufig besuchte Seite springen, ohne erst den Browser starten zu müssen.

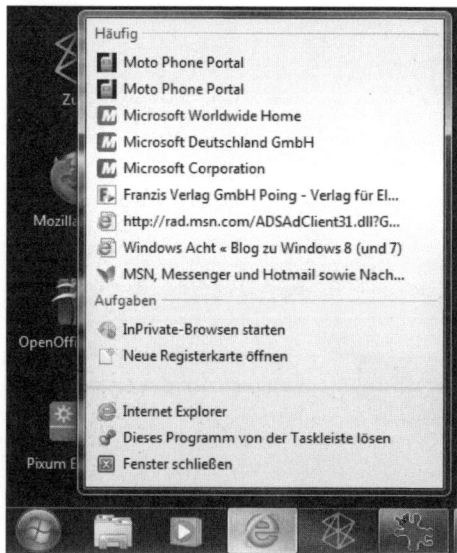

Bild 2.17: Webseiten in der Sprungliste.

2.5 Webseiten lesefreundlich darstellen

Viele Webseiten könnten deutlich mehr Informationen zeigen, wenn eine kleinere Schriftart für die Texte eingestellt wäre. Andere Seiten verwenden so kleine Schriftarten, dass sie nur auf alten, grobpixeligen Monitoren erkennbar sind. Bei den heute üblichen hohen Auflösungen bräuchte man eine Lupe.

Ansicht einer Webseite auf 100 % zoomen

Durch einen Klick auf das Zahnrad oben rechts wird ein Menü eingeblendet, in dem Sie eine Zoomfunktion finden. Klicken Sie auf eine Prozentangabe, wird die Seite im Ganzen gezoomt, einschließlich aller Bilder und Layoutelemente. Ein kleinerer Zoomfaktor bietet einen besseren Überblick über die gesamte Seite, ein größerer Faktor macht auch kleine Elemente deutlich erkennbar.

Noch schneller zoomt man mit den Tastenkombinationen $\boxed{\text{Strg}}$+$\boxed{+}$ und $\boxed{\text{Strg}}$+$\boxed{-}$ oder mit dem Mausrad bei gedrückt gehaltener $\boxed{\text{Strg}}$-Taste.

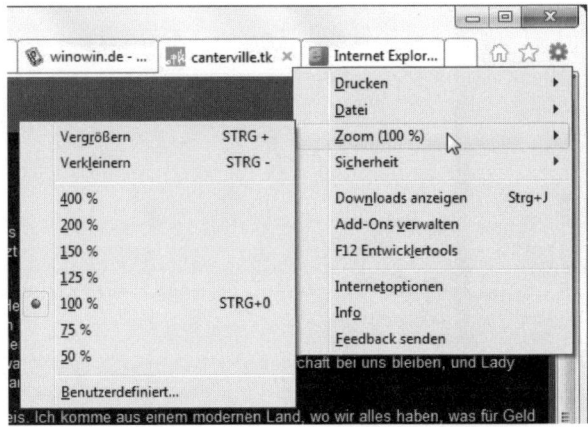

Bild 2.18: Die Tastenkombination $\boxed{\text{Strg}}$+$\boxed{0}$ stellt ganz einfach den Originalzoomfaktor wieder her.

Webseiten bildschirmfüllend anzeigen

Die Fensterränder und Symbolleisten des Internet Explorer 9 fressen bei Weitem nicht mehr so viel Platz auf dem Bildschirm wie in früheren Versionen. Zu Präsentationszwecken oder auf kleinen Bildschirmen können Sie Webseiten im Internet Explorer 9 aber immer noch auch völlig ohne Symbolleisten und Fensterränder bildschirmfüllend anzeigen.

Drücken Sie dazu im Internet Explorer die Funktionstaste $\boxed{\text{F11}}$. Die Webseite wird auf dem ganzen Bildschirm dargestellt, am oberen Rand erscheint eine Symbolleiste mit der Adresszeile, Registerkarten und den wichtigsten Funktionen. Die Symbolleiste verschwindet nach kurzer Zeit und taucht automatisch wieder auf, wenn Sie mit der Maus an den oberen Bildrand fahren.

Bild 2.19: Im Vollbildmodus steht zur Navigation das Kontextmenü über die rechte Maustaste zur Verfügung, das unterschiedliche Menüpunkte zeigt, je nachdem, ob man mit der Maus über der Symbolleiste, über einem leeren Bereich einer Webseite, über einem Link oder über einer Grafik steht.

2.6   Arbeiten mit Favoriten und Lesezeichen

Internetadressen sind oft schwer zu merken, deshalb bieten alle Webbrowser die Möglichkeit an, Adressen als Lesezeichen zu speichern, um sie später mit einem Klick wieder aufrufen zu können. Die Begriffe Lesezeichen, Bookmarks und Favoriten bedeuten übrigens alle dasselbe. Die verschiedenen Browser verwenden nur unterschiedliches Vokabular.

Favoritencenter im Internet Explorer öffnen

Ein Klick auf den Stern oben rechts oder die Tastenkombination $\boxed{\text{Alt}}+\boxed{\text{C}}$ öffnet das Favoritencenter. Dieses kann entweder als eigenständiges Fenster oder als Seitenleiste im aktuellen Browserfenster angezeigt werden. Da dieses Fenster gleich-

zeitig auch für RSS-Feeds und die Verlaufsanzeige verwendet wird, müssen Sie
eventuell erst noch die Registerkarte oben wechseln.

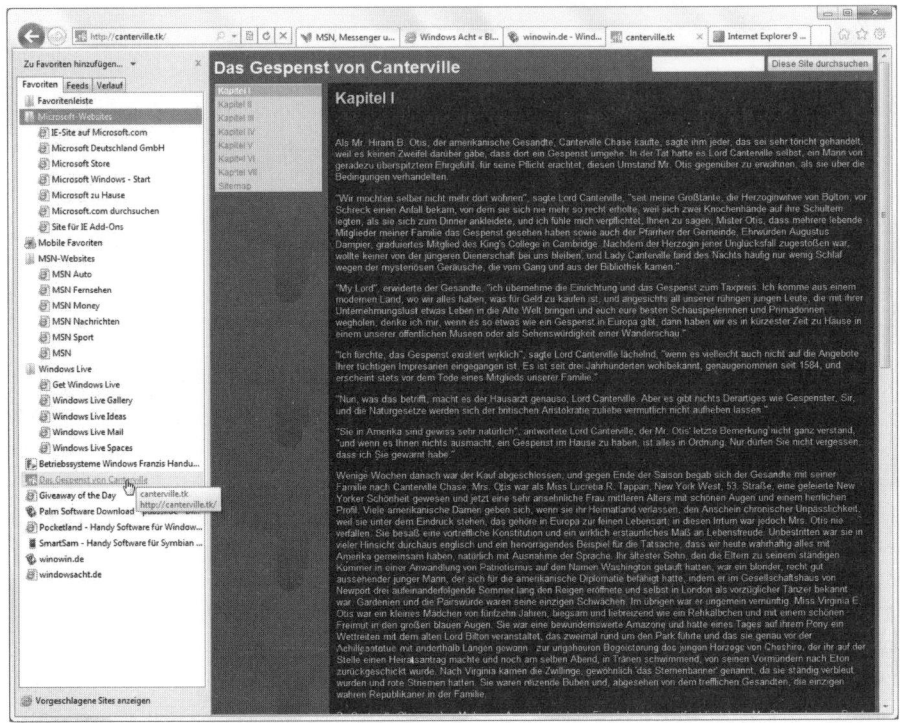

Bild 2.20: Das geöffnete Favoritencenter.

Lesezeichen ablegen, bearbeiten und verwalten

Adressen, die Sie als Lesezeichen ablegen möchten, können Sie direkt aus der
Adresszeile auf die Seitenleiste ziehen. Sie können auch auf die Schaltfläche *Zu
Favoriten hinzufügen* oben im Favoritencenter klicken. Dann haben Sie die Möglichkeit, dem neuen Lesezeichen einen Namen zu geben und gleich den Ordner zu
wählen, in dem es abgelegt werden soll.

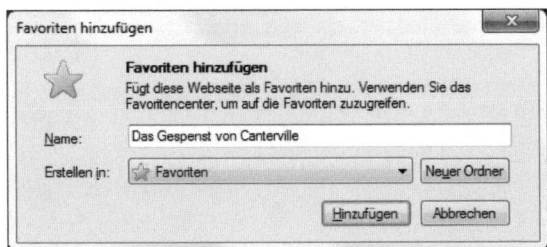

Bild 2.21: Eine Webseite als Favoriten hinzufügen.

Ein Rechtsklick auf ein Lesezeichen blendet einen *Eigenschaften*-Dialog ein, in dem das Lesezeichen bearbeitet werden kann. Hier können Sie eigene Anmerkungen und auch Bewertungssterne vergeben.

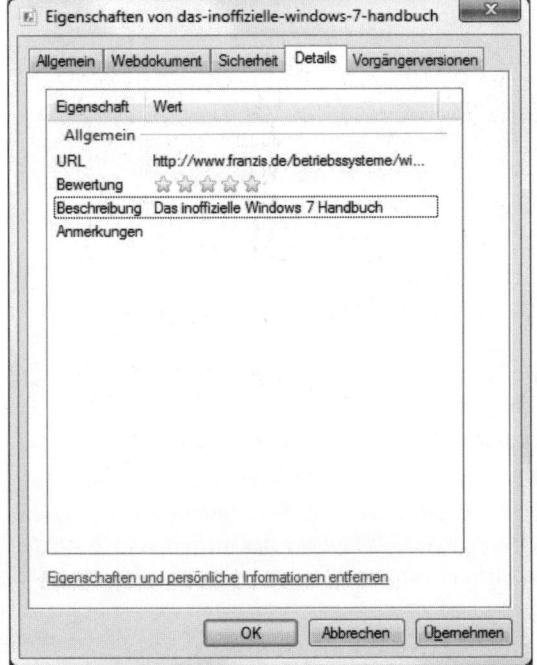

Bild 2.22: Beschreibung einer Internetadresse bearbeiten.

Klicken Sie im Favoritencenter oben auf das kleine Dreieck neben dem Auswahlfeld *Zu Favoriten hinzufügen*, öffnet sich ein Menü. Unter dem Menüpunkt *Favoriten verwalten* oder mit der Tastenkombination Strg + B finden Sie eine sehr einfache

Lesezeichenverwaltung, in der sich neue Ordner anlegen oder Lesezeichen verschieben lassen.

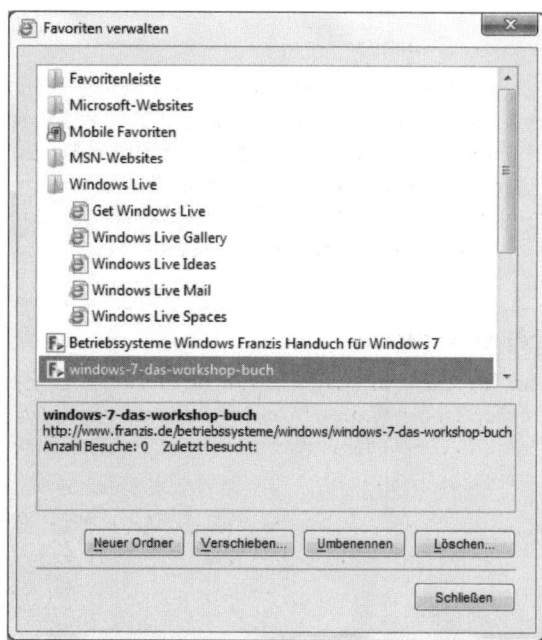

Bild 2.23:
Lesezeichen verwalten.

Persönliche Lesezeichen im schnellen Zugriff

Die Favoritenleiste im Internet Explorer ist ein Bereich, in dem Sie persönliche Lesezeichen zum besonders schnellen Zugriff ablegen können. Diese Favoritenleiste ist standardmäßig im Internet Explorer 9 ausgeblendet, Sie können sie mit einem Rechtsklick auf einen leeren Bereich der Symbolleiste wieder einschalten. Aktivieren Sie im Kontextmenü die Option *Favoritenleiste*.

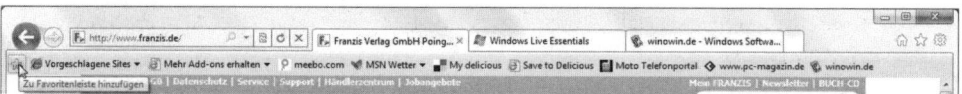

Eine aktuelle Internetadresse können Sie mit einem Klick auf das Symbol mit dem Stern und dem grünen Pfeil direkt in die Favoritenleiste befördern. Mit einem

Rechtsklick auf einen solchen Favoriten können Sie diesen später wieder löschen oder per *Eigenschaften*-Dialog auch ändern.

Mehr Favoriten in der Favoritenleiste unterbringen

Die Anzahl der Favoriten in der Favoritenleiste ist eng begrenzt, da bei jedem Favoriten ein Titel angezeigt wird. Möchten Sie mehr Favoriten auf der Leiste unterbringen, können Sie die Titel abkürzen oder nur die Symbole anzeigen lassen. Klicken Sie dazu mit der rechten Maustaste auf einen Favoriten in der Favoritenleiste und wählen Sie im Menü unter *Anpassen der Titellängen* die gewünschte Option aus. Die Einstellung gilt automatisch immer für alle Favoriten.

Lesezeichen für andere Browser exportieren

Möchten Sie Ihre Favoriten aus dem Internet Explorer im Internet veröffentlichen oder auf einen anderen Computer übertragen, können Sie sie exportieren. Beim Export werden alle Lesezeichen in einer HTML-Datei gespeichert, die veröffentlicht oder in anderen Browsern importiert werden kann.

Klicken Sie dazu im Favoritencenter des Internet Explorer auf das kleine Dreieck neben *Zu Favoriten hinzufügen* und wählen Sie in der Liste *Importieren und Exportieren*.

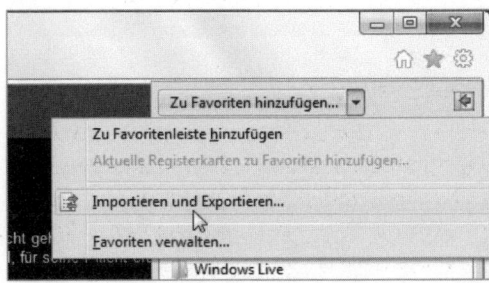

Bild 2.24:
Importieren und Exportieren.

Wählen Sie im nächsten Dialogfeld *Einstellungen für den Import/Export* die Option *In Datei exportieren*.

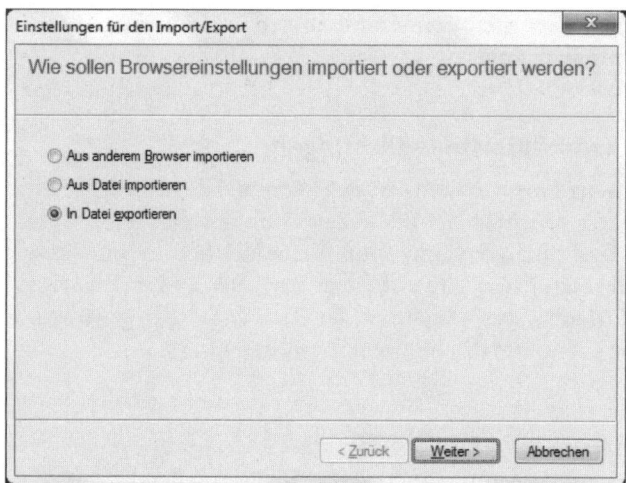

Bild 2.25: Leszeichen in eine Datei exportieren.

Auf der folgenden Seite suchen Sie aus, was exportiert werden soll. Zur Übertragung auf andere Computer lassen sich neben Favoriten auch Feeds und Cookies exportieren.

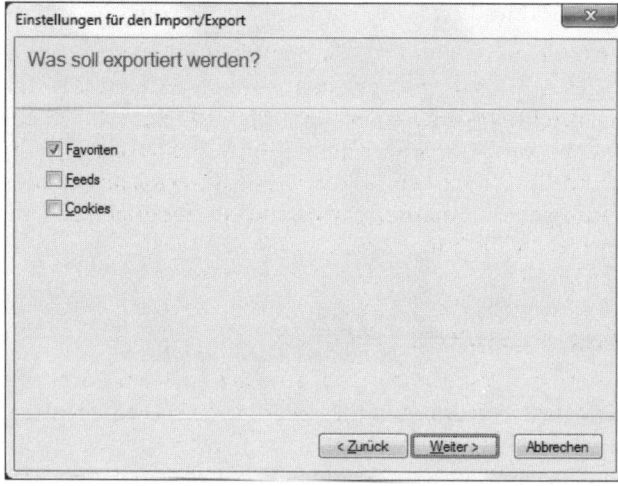

Bild 2.26: Favoriten, Feeds oder Cookies exportieren?

Danach wählen Sie den zu exportierenden Favoritenordner aus. Eine Auswahl mehrerer Ordner, wie man es vom Windows Explorer gewohnt ist, ist hier nicht möglich. Alle untergeordneten Ordner des selektierten Ordners werden automatisch mit exportiert.

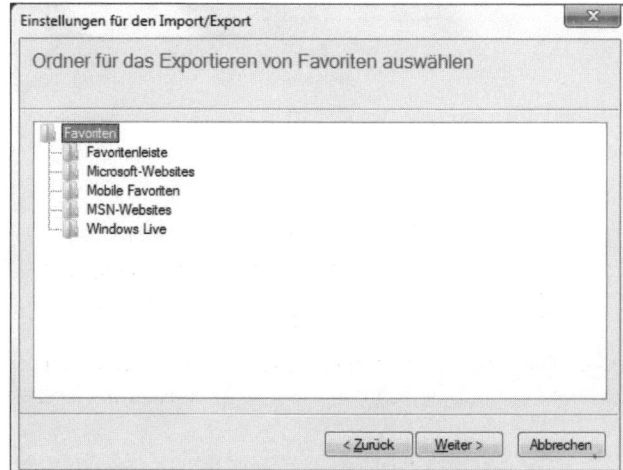

Bild 2.27: Eine Favoriten-Ordner auswählen.

Wählen Sie im nächsten Fenster eine Datei, in die die Favoriten exportiert werden sollen. Diese Datei hat das HTML-Format und kann daher ganz einfach im Internet veröffentlicht und in jedem Browser angezeigt werden. Übernehmen Sie für die Datei den vorgegebenen Namen *bookmark.htm*. Dann können Sie sie bei Firefox und allen auf Mozilla basierenden Browsern einfach in das Profilverzeichnis kopieren, die Favoriten werden automatisch erkannt. Opera und der Internet Explorer können solche HTML-Dateien ebenfalls importieren.

Lesezeichen auch im Windows Explorer verwalten

Der Internet Explorer speichert die Lesezeichen nicht in einer einzigen Datei wie Firefox und andere Browser, sondern jedes in einer eigenen Datei. Diese Struktur macht zwar das Übertragen einer Lesezeichensammlung auf einen anderen Computer schwieriger, dafür können Sie aber den Windows Explorer zur Verwaltung der Lesezeichen verwenden.

Im persönlichen Benutzerverzeichnis finden Sie unter *Favoriten* die Favoritenordner und -dateien, die Sie mit den üblichen Dateiverwaltungsfunktionen verschieben, bearbeiten und in Ordnern ablegen können.

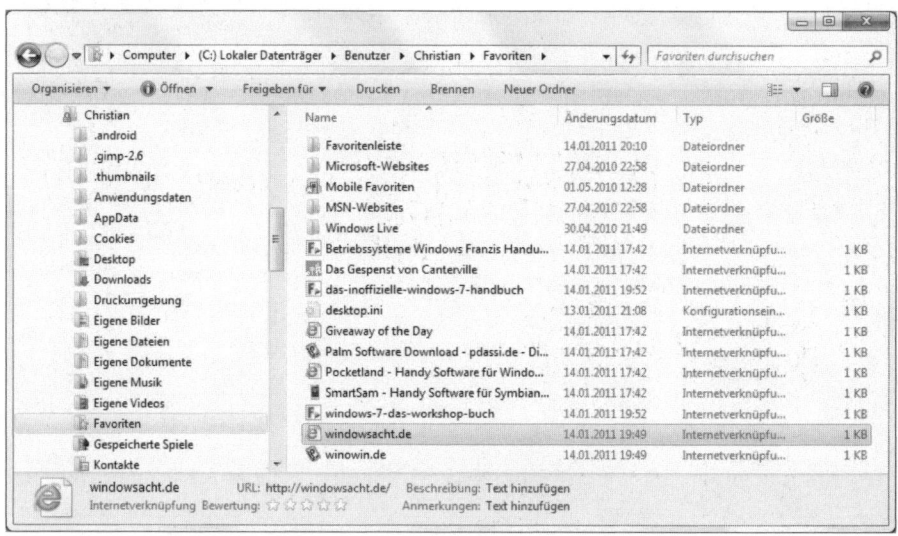

Bild 2.28: Der persönliche Benutzerordner im Windows Explorer.

Eine neue Startseite anlegen oder gleich mehrere?

Eine besondere Art von Lesezeichen ist die Startseite des Browsers, die automatisch beim Start eines neuen Browserfensters angezeigt wird. Hier können Sie die Vorgaben der Browserhersteller ändern und eine Seite anzeigen lassen, die Sie häufig besuchen oder besonders schnell im Zugriff haben wollen. Die Startseite kann außerdem mit einem Klick auf das Haussymbol jederzeit im aktuellen Browserfenster angezeigt werden.

Der Internet Explorer 9 startet standardmäßig mit der Startseite *msn*, die direkten Zugriff auf die Microsoft-Suchmaschine Bing sowie Hotmail, SkyDrive und den Messenger bietet.

Bild 2.29: *de.msn.com* als Startseite.

Im Internet Explorer sind auch mehrere Registerkarten als gleichzeitig aufzurufende Startseiten möglich. Auf der Registerkarte *Allgemein* in den Internetoptionen können Sie mehrere Adressen eingeben, die als Startseiten auf einzelnen Registerkarten geöffnet werden sollen.

Bild 2.30: Die aus früheren Internet Explorer-Versionen bekannte Funktion, einfach die Adresse aus der Adresszeile auf das Haussymbol zu ziehen, funktioniert im Internet Explorer 9 nicht mehr.

In diesem Dialog können Sie in jeder Zeile eine weitere Internetadresse eingeben. Einfacher ist es, alle gewünschten Seiten in einzelnen Registerkarten zu öffnen und dann auf *Aktuelle Seite* zu klicken. Die geöffneten Registerkarten werden automatisch als Startseiten übernommen.

Löschen Sie eine Seite einfach aus der Liste, wird sie nicht mehr als Startseite angezeigt.

Der Internet Explorer kann auch ganz ohne Startseite starten, was zum Beispiel immer dann sinnvoll ist, wenn er auf einem Notebook ohne Internetverbindung gestartet wird. Klicken Sie dazu unten auf die Schaltfläche *Leere Seite*.

Anstatt eine ganz leere Seite zu verwenden, ist es interessanter, die Übersichtsseite der beliebtesten Webseiten als Startseite zu nutzen, die auch auf einer neuen Registerkarte angezeigt wird. Tragen Sie dazu *about:Tabs* als Startseite ein.

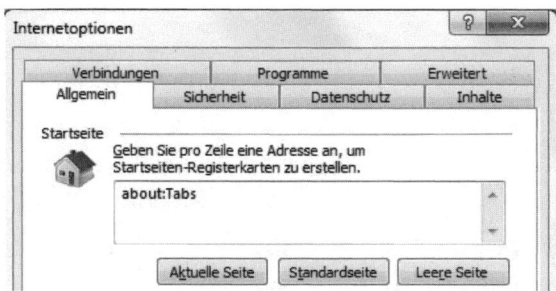

Bild 2.31: Übersichtsseite der beliebtesten Webseiten als Startseite nutzen.

2.7   Suchen und Einbinden neuer Suchanbieter

Für viele führt der Weg zur gewünschten Information im Internet zunächst über eine Suchmaschine. Ganz vorne in der Gunst der deutschen Surfer liegt Google, aber auch die neue Suchmaschine Bing von Microsoft gewinnt besonders dank guter Integration in den Internet Explorer schnell an Beliebtheit.

Der Internet Explorer 9 bietet interessante neue Funktionen zur Suche im Internet. Um im Internet etwas zu suchen, müssen Sie nicht mehr unbedingt erst auf die Webseite einer Suchmaschine gehen. Die Adresszeile dient automatisch gleichzeitig als Suchfeld.

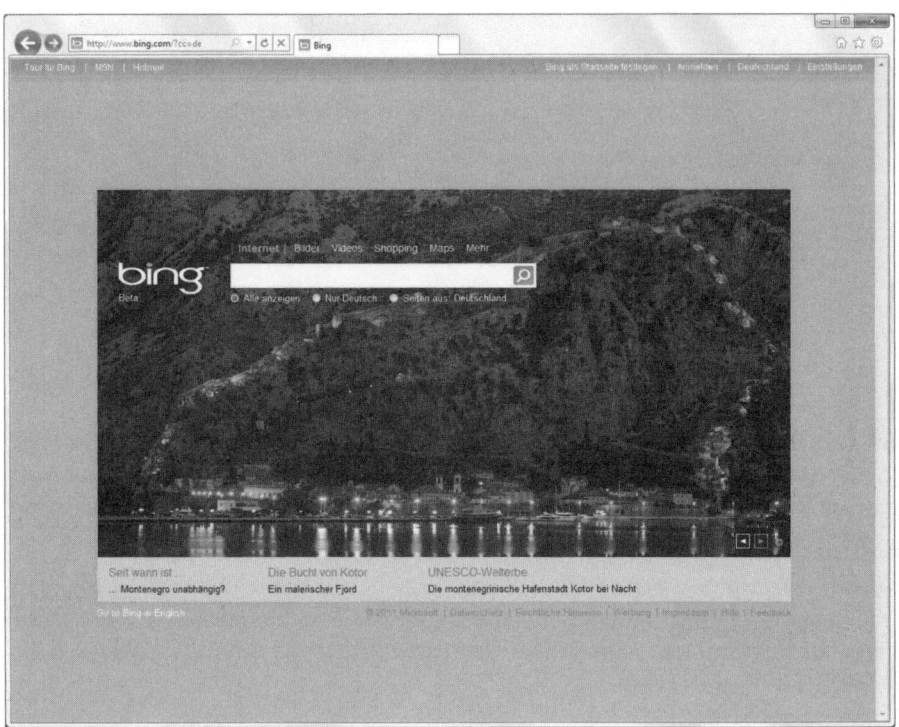

Bild 2.32: Die Suchmaschine Bing

Neue Eigenschaften des Adress- und Suchfelds

Erstmals dient im Internet Explorer 9 die Adresszeile gleichzeitig als Suchfeld, das in der Voreinstellung mit Microsofts Suchmaschine Bing sucht. Hier können Sie einen Suchbegriff eingeben, der dann mit einem Klick auf das Lupensymbol oder durch Drücken der Enter-Taste gesucht wird. Die Suchergebnisse werden im aktuellen Browserfenster angezeigt. Während der Eingabe werden automatisch Seiten aus dem Browserverlauf vorgeschlagen.

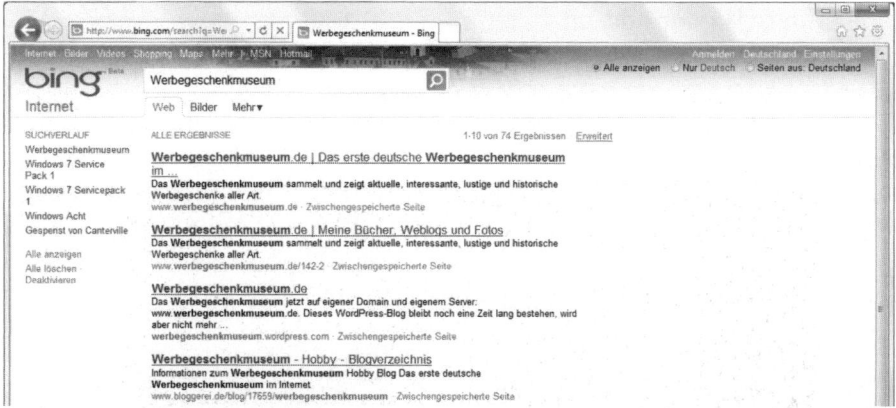

Bild 2.33: Anzeige der Suchergebnisse.

Während der Eingabe können Sie sich auch gleich beliebte Suchbegriffe vorschlagen lassen. Davon können Sie direkt einen auswählen und müssen den Suchbegriff dann nicht vollständig eintippen.

Klicken Sie dazu ganz unten in der während der Eingabe eingeblendeten Liste auf *Suchvorschläge einschalten.*

Bild 2.34: Während der Sucheingabe eingeblendete Liste

Suchanbieter in der Add-on-Galerie

Anstelle von Bing können Sie auch eine andere Suchmaschine für dieses Suchfeld auswählen, zum Beispiel Google. Weitere Suchanbieter lassen sich leicht nach-installieren. Diese können dann über Symbole ganz unten in der Liste der Vor-schläge ausgewählt werden. Microsoft bietet eine Liste mit bekannten Suchmaschi-nen an, die direkt in den Internet Explorer 9 eingetragen werden können. Klicken Sie dazu in der Liste während der Eingabe ganz unten auf *Hinzufügen*. Auf einer speziellen Webseite können Sie jetzt zusätzliche Suchanbieter auswählen.

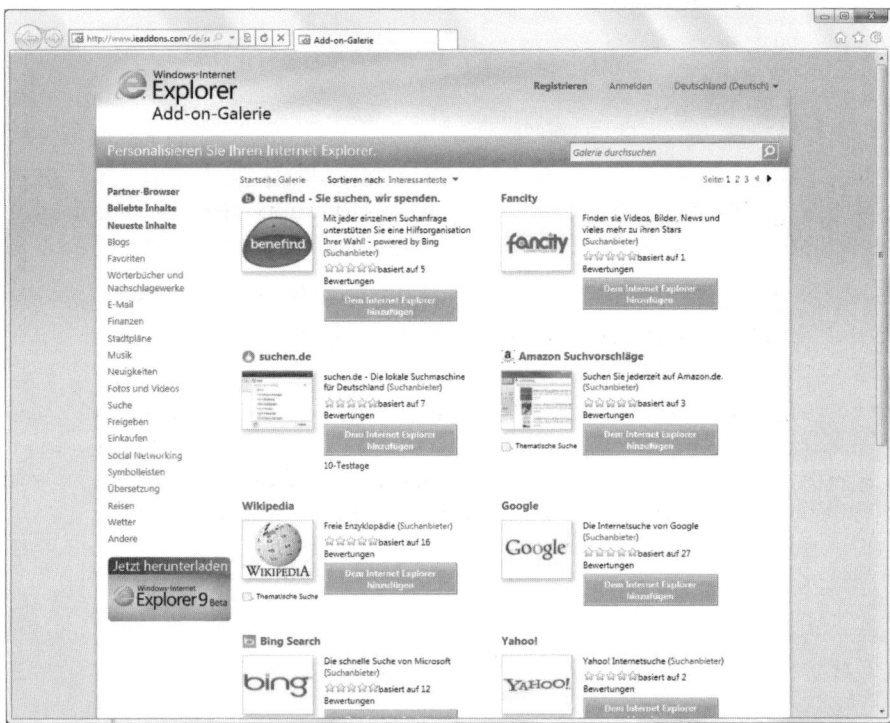

Bild 2.35: Eine Auswahl verschiedener Suchanbieter in der Internet Explorer Add-on-Galerie.

Klicken Sie bei einem Anbieter auf das Feld *Dem Internet Explorer hinzufügen*, erscheint ein kleiner Dialog, in dem Sie nur noch auf *Hinzufügen* klicken müssen. Danach steht der Suchdienst sofort zur Verfügung.

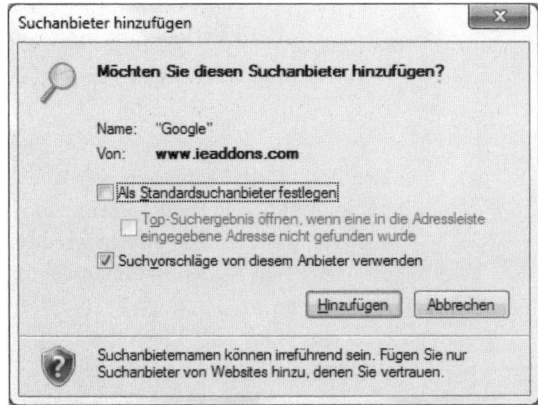

Bild 2.36: Einen passenden Suchanbieter hinzufügen.

Wenn Sie das Kontrollkästchen *Als Standardsuchanbieter festlegen* aktivieren, wird der neu gewählte Suchdienst anstelle von Bing standardmäßig beim Start des Internet Explorer aufgerufen.

Ist das Kontrollkästchen *Suchvorschläge von diesem Anbieter verwenden* eingeschaltet, werden, wenn der Suchanbieter diese Funktion unterstützt, direkt bei der Eingabe im Suchfeld Vorschläge angezeigt. Manche Suchanbieter, wie zum Beispiel Wikipedia, zeigen in den Vorschlägen auch gleich Bilder mit an.

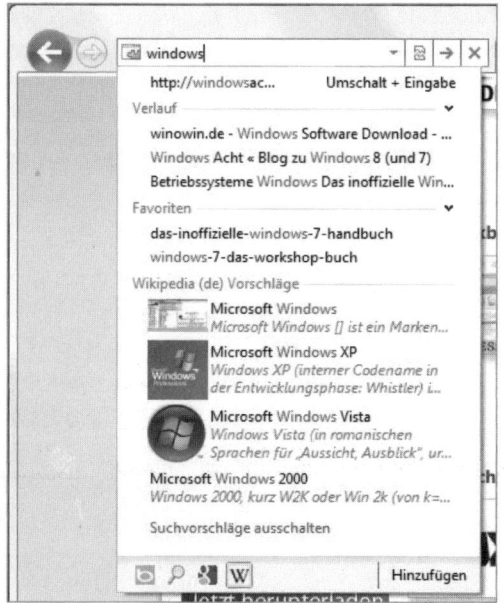

Bild 2.37: Mithilfe der Symbole unten im Suchfeld kann für die Suche ein anderer Anbieter ausgewählt werden, ohne dass die Suchbegriffe erneut eingegeben werden müssen. Ein einfacher Klick auf ein Symbol schaltet die Vorschläge um, ein zweiter Klick springt auf die Seite mit den Suchergebnissen des jeweiligen Suchanbieters.

Verwalten aller installierten Suchanbieter

Mit einem Klick auf das Zahnrad oben rechts und dem Menüpunkt *Add-ons verwalten* können Sie unter allen installierten Suchdiensten den auswählen, der als Standard im Internet Explorer erscheinen soll. Wählen Sie dazu links unter *Add-On-Typen* die Zeile *Suchanbieter*. An dieser Stelle können Sie auch die Reihenfolge der Symbole ändern, Vorschläge aktivieren und einzelne Suchdienste wieder entfernen.

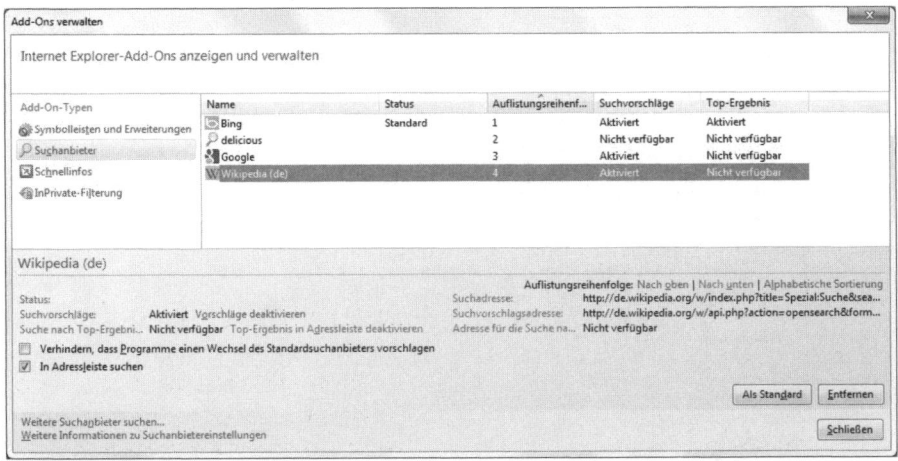

Bild 2.38: Über den Menüpunkt *Add-Ons verwalten* den Standard-Suchdienst auswählen

Suchfunktionen von Portalen und Shops selbst integrieren

Viele Portale, Onlinekataloge und auch Shops bieten eigene Suchfunktionen innerhalb ihres Informationsbestands an. Solche Suchfunktionen können im Internet Explorer 9 direkt im Suchfeld genutzt werden.

Der Internet Explorer 9 bietet eine einfache Möglichkeit, weitere Suchdienste oder auch Shops und Portalseiten mit Suchfunktionen zu integrieren, die nicht in der vorgegebenen Auswahl verfügbar sind. In früheren Internet Explorer-Versionen war hierfür viel Handarbeit in der Systemkonfiguration nötig.

Klicken Sie auf der Webseite der zusätzlichen Suchanbieter ganz unten auf den Link *Erstellen Sie Ihren eigenen Suchanbieter*.

Öffnen Sie dann eine zweite Registerkarte im Internet Explorer, gehen Sie dort auf die Seite mit der gewünschten Suchmaschine und lassen Sie den Begriff »TEST« (großgeschrieben) suchen.

Kopieren Sie die Adresse der Seite mit den Suchergebnissen in das dafür vorgesehene Feld *URL* auf der Seite *Erstellen Sie Ihren eigenen Suchanbieter*. Jetzt brauchen Sie nur noch einen Namen für den neuen Suchdienst festzulegen und auf *Suchanbieter installieren* zu klicken.

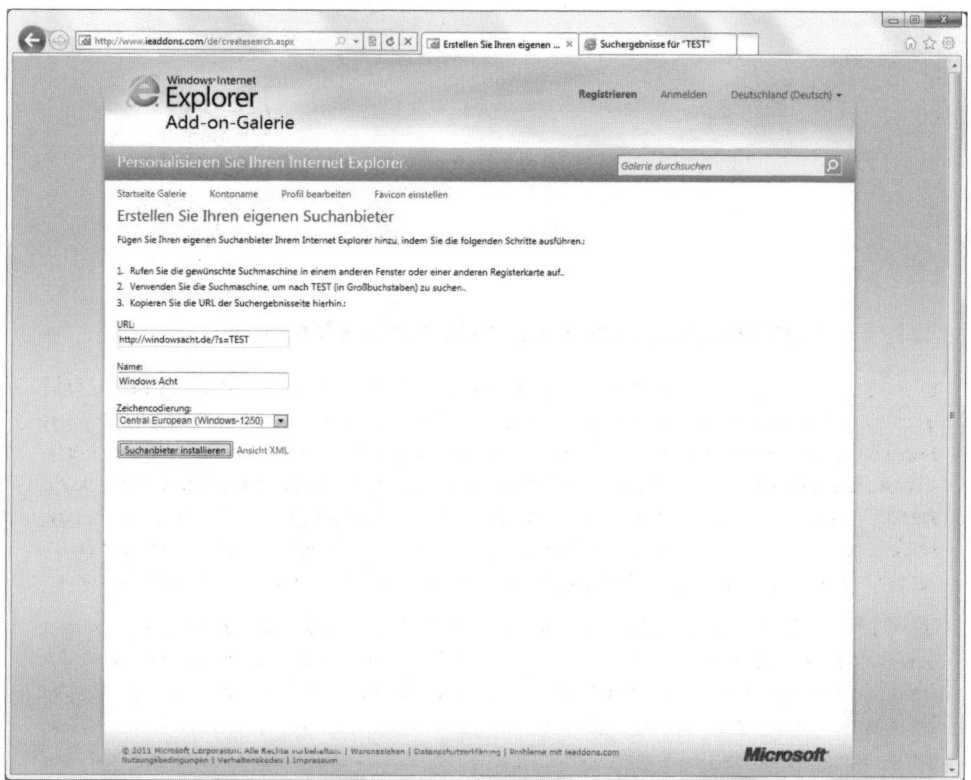

Bild 2.39: Falls eine Fehlermeldung angezeigt wird, probieren Sie eine andere Zeichencodierung. Statt *UTF-8* funktioniert häufig *Central European (Windows-1250)* bei europäischen Webseiten.

Der Internet Explorer ermittelt automatisch anhand der eingetragenen Adresse den richtigen Aufruf für die Suchmaschine und installiert sie zusätzlich im Suchfeld. Der neue Suchanbieter kann anschließend genau so wie die vorgegebenen Suchdienste verwendet werden.

Dieser Mechanismus funktioniert nicht mit allen Suchseiten. Voraussetzung ist, dass nach der Suche in der Adresszeile das Wort TEST auftaucht.

Bild 2.40: Suchergebnisse für den Begriff »servicepack« anzeigen.

2.8 Pop-ups zulassen und andere blockieren

Die Beschreibungssprache der Internetseiten, HTML, bietet die Möglichkeit, Links in neuen Browserfenstern zu öffnen. Per JavaScript können sogar automatisch neue Fenster in beliebiger Größe auf dem Bildschirm eingeblendet werden. Diese Techniken, die eigentlich als nützliche Präsentationsmöglichkeiten entwickelt wurden, werden von Werbetreibenden immer häufiger missbraucht. Aufpoppende Browserfenster nerven mehr, als sie nutzen. Auf einigen Webseiten kann man gar nicht schnell genug klicken, um alle Fenster wieder zu schließen, bevor sich neue öffnen.

Bei früheren Pop-up-Blockern für den Internet Explorer konnte man Pop-ups nur generell ein- und ausschalten, was zum Beispiel bei einigen Downloadservern oder Onlinebildergalerien sehr ungünstig war, da sie standardmäßig Pop-up-Fenster benutzten. Der neue Pop-up-Blocker, der seit dem Internet Explorer 7 verwendet wird, übernimmt das Konzept von Firefox, der eine eigene Liste darüber führt, auf welchen Seiten Pop-ups zugelassen werden.

Meldung in der Statuszeile bei blockierten Pop-ups

Standardmäßig werden alle Pop-ups blockiert, die ein neues Internet Explorer-Fenster öffnen wollen, ohne dass der Benutzer auf einen Link geklickt hat. Das gilt allerdings nicht für Flash-Pop-ups und animierte Werbung, die über den Bildschirm schweben. Immer wenn ein Pop-up blockiert wurde, erscheint eine Meldung im Internet Explorer. Im Gegensatz zu früheren Internet Explorer-Versionen zeigt der Internet Explorer 9 diese Meldungen ganz unten im Browserfenster an.

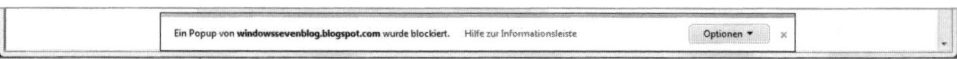

Bild 2.41: Anzeige einer Meldung bei einem blockierten Pop-up.

Ausnahmen über das Menü des Pop-up-Blockers zulassen

Ein Klick auf die Schaltfläche *Optionen* im Meldungsbalken blendet ein kleines Menü ein, in dem Pop-up-Fenster vorübergehend oder dauerhaft für diese Webseite angezeigt werden können.

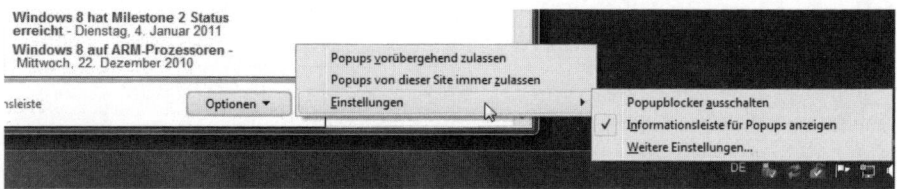

Bild 2.42: Die Informationsleiste für Pop-ups zulassen.

Möchten Sie auf dieser Internetseite Pop-ups generell zulassen, wählen Sie die Option *Popups von dieser Site immer zulassen.* Die aktuelle Webseite wird dann automatisch in die Liste der Seiten mit erlaubten Pop-ups aufgenommen.

Auch diese Einstellung muss nicht endgültig sein. Klicken Sie in den Internetoptionen auf der Registerkarte *Datenschutz* unter *Popupblocker* auf *Einstellungen* haben Sie jederzeit Zugriff auf diese Liste, können neue Seiten aufnehmen oder die Freigabe für bestehende Einträge wieder entfernen, sodass auch diese keine Pop-ups mehr zulassen.

Die Ausnahme, dass ein Pop-up zugelassen wird, gilt auch nur, wenn dieses Pop-up vom selben Server geladen wird wie die eigentliche Webseite. Damit erspart man sich jede Menge überflüssige Werbung, deren Pop-ups von anderen Servern wie *adtech.de* oder *affili.net* geladen werden.

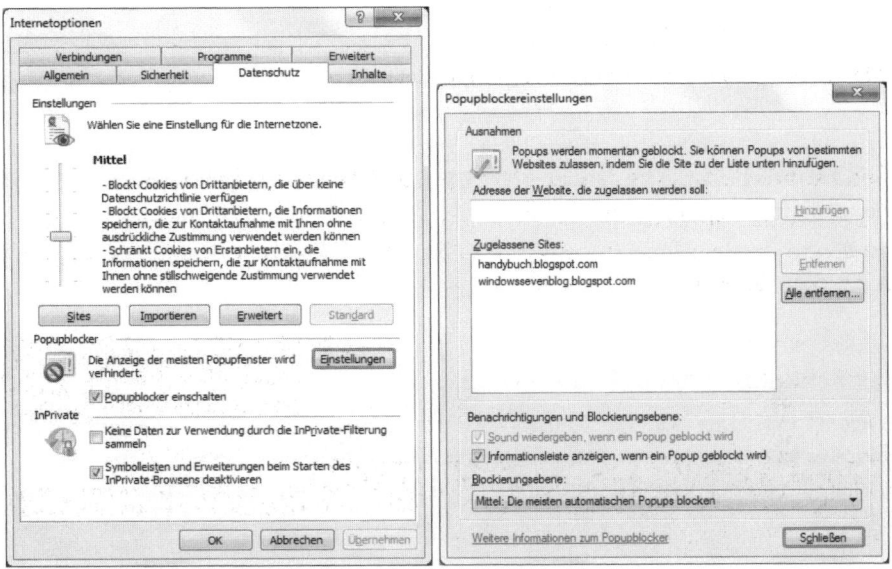

Bild 2.43: Ausnahmen zulassen.

Meldungen des Pop-up-Blockers wieder ausschalten

Wenn Sie nach einer gewissen Gewöhnungsphase der Sound des Pop-up-Blockers und auch die zeitliche Verzögerung, mit der die Meldungszeile eingeblendet wird, nervt, deaktivieren Sie die beiden Schalter in den Pop-up-Blocker-Einstellungen einfach. Pop-ups werden ohne weitere Benachrichtigung blockiert.

So blenden Sie die gewohnte Statusleiste wieder ein

Bis zum Internet Explorer 8 gab es am unteren Fensterrand eine Statusleiste, die blockierte Po-ups dezent anzeigte. Diese ist im Internet Explorer 9 standardmäßig deaktiviert, kann aber über einen Rechtsklick auf die Titelleiste des Fensters wieder eingeblendet werden. Von dieser Statusleiste aus haben Sie immer noch Zugriff auf den Konfigurationsdialog, auch wenn die Informationsleiste des Pop-up-Blockers ausgeschaltet ist. Bei zugelassenen Pop-ups erscheint das Symbol in der Statusleiste mit einem grünen Häkchen.

2.9   Schnellinfos einer Webseite nutzen

Häufig kommt es vor, dass man die Informationen einer Webseite in irgendeiner Weise weiterverwenden möchte. Um ein Wort zu übersetzen oder eine Textpassage per E-Mail zu verschicken, waren bisher immer diverse Schritte nötig – Text in die Zwischenablage kopieren, anderes Programm starten oder Webseite öffnen, Text wieder einfügen und weiterverarbeiten.

Die Schnellinfos im Internet Explorer 9 vereinfachen solche Routinearbeiten und bieten auch weitere interessante Zusatzfunktionen.

Das Schnellinfosymbol im Browser

Markiert man mit der Maus einen Text im Browser, erscheint ein quadratisches blaues Symbol mit einem Pfeil. Klickt man darauf, öffnet sich ein Menü mit den verschiedenen Schnellinfofunktionen, die sich mit einem Klick aufrufen lassen. Der markierte Text wird dabei direkt in eine Mail, einen Blogeintrag oder ein Suchformular übernommen.

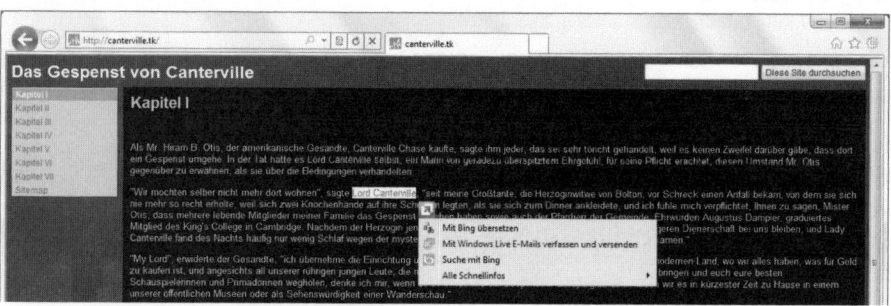

Bild 2.44: Zugriff auf Schnellinfofunktionen.

Schnellinfos aus der Internet Explorer Add-on-Galerie

Neben den standardmäßig installierten Schnellinfos werden noch zahlreiche weitere angeboten. Wählen Sie dazu über den Menüpunkt *Alle Schnellinfos* die Option *Weitere Schnellinfos suchen*. Der Internet Explorer öffnet eine Webseite bei Microsoft, von der aus Sie weitere Schnellinfos direkt installieren können.

Bild 2.45: Internet Explorer personalisieren.

Sehr interessant ist die Schnellinfo *Bing Maps*. Damit können Sie auf einer Webseite eine Adresse markieren und diese direkt in *Bing Maps* auf einer neuen Registerkarte anzeigen lassen.

Über den Menüpunkt *Alle Schnellinfos/Schnellinfos verwalten* können Sie jederzeit einzelne Schnellinfos ändern oder deaktivieren.

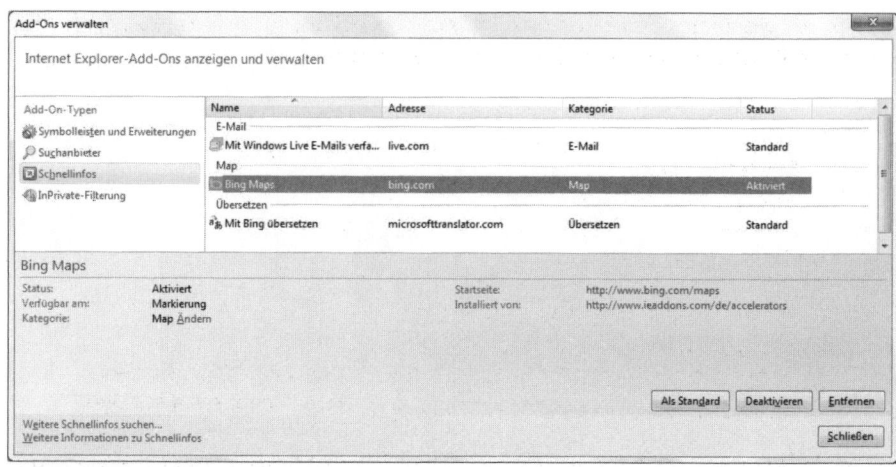

Bild 2.46: Add-ons anzeigen und verwalten.

Aktuelle Web Slices auf dem Bildschirm einblenden

Rufen Sie oft den aktuellen Wetterbericht auf, schauen nach eBay-Angeboten oder Aktienkursen? Bisher musste man dazu immer auf eine bestimmte Internetseite gehen oder die dort angezeigten Inhalte im Browser aktualisieren. Die seit dem Internet Explorer 8 neuen Web Slices bringen solche Informationen jederzeit aktuell direkt auf den Bildschirm.

Um die Web Slices sinnvoll nutzen zu können, müssen Sie zunächst mit einem Rechtsklick auf die Titelleiste des Internet Explorer-Fensters die Favoritenleiste und die Befehlsleiste einschalten. Webseiten, die die neue Web Slice-Funktionalität anbieten, zeigen oben in der Befehlsleiste des Internet Explorers ein grünes Web Slice-Symbol. Das gleiche Symbol taucht auf, wenn Sie mit der Maus über die betreffende Information auf der Seite fahren.

Bild 2.47: Webseiten mit Web Slice-Funktionalität.

Klicken Sie auf dieses Symbol, erscheint ein Dialogfeld, in dem Sie das Web Slice mit einem Klick der Favoritenleiste hinzufügen können.

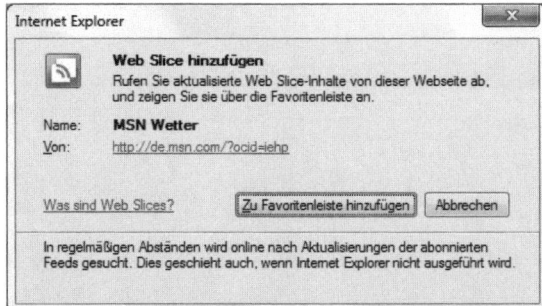

Bild 2.48: Web Slice der Favoritenleiste hinzufügen.

Das Web Slice kann später jederzeit mit einem Klick auf das Symbol in der Favoritenleiste angezeigt werden. Die aktuellsten Daten werden in einem kleinen Fenster eingeblendet, ganz egal auf welcher Webseite Sie sich gerade befinden. So haben Sie die gewünschten Informationen immer im Blick, ohne erst die entsprechende Webseite aufrufen zu müssen.

Bild 2.49: Web Slice in der Favoritenleiste.

3 E-Mail startklar machen

Jeder Computer und inzwischen auch fast jedes Handy kann E-Mails empfangen und senden. Fast jedes Betriebssystem liefert standardmäßig auch ein E-Mail-Programm mit – Windows 7 allerdings nicht. In früheren Windows-Versionen war Outlook Express oder dessen Nachfolger Windows Mail installiert. Für Windows 7 bietet Microsoft das E-Mail-Programm Windows Live Mail in den Windows Live Essentials 2011 zum kostenlosen Download bei *www.windowslive.de* an.

Bild 3.1: Kostenloser Download der Windows Live Essentials.

Die Windows Live Essentials sind kostenlose, sehr nützliche Zusatztools. Neben dem E-Mail-Programm waren auch die Windows Fotogalerie, der Messenger und der Movie Maker in früheren Windows-Versionen noch standardmäßig dabei. Jetzt kann jeder Benutzer wählen, welche dieser Tools er installieren möchte und welche nicht.

3.1   So richten Sie ein neues E-Mail-Konto ein

Beim ersten Start von Windows Live Mail erscheint automatisch ein Assistent zur Einrichtung eines E-Mail-Kontos. Sie können diesen Assistenten auch später noch auf der Registerkarte *Konten* unter *Neues Konto* starten. Auf diese Weise können Sie mehrere E-Mail-Konten anlegen, die von Windows Live Mail verwaltet werden sollen.

Das E-Mail-Programm Windows Live Mail unterstützt sowohl klassische POP3-/IMAP-Mailkonten als auch Windows Live-Hotmail-Konten, die Microsoft ebenfalls jedem Windows-Nutzer kostenlos zur Verfügung stellt.

Bild 3.2: Die Installation des E-Mail-Clients starten.

Ein E-Mail-Konto mit dem Assistenten einrichten

Im ersten Schritt des Assistenten geben Sie Ihre E-Mail-Adresse, das zugehörige Kennwort und Ihren wirklichen Namen oder den Namen Ihrer Firma an, so wie er beim Empfänger der E-Mail angezeigt werden soll.

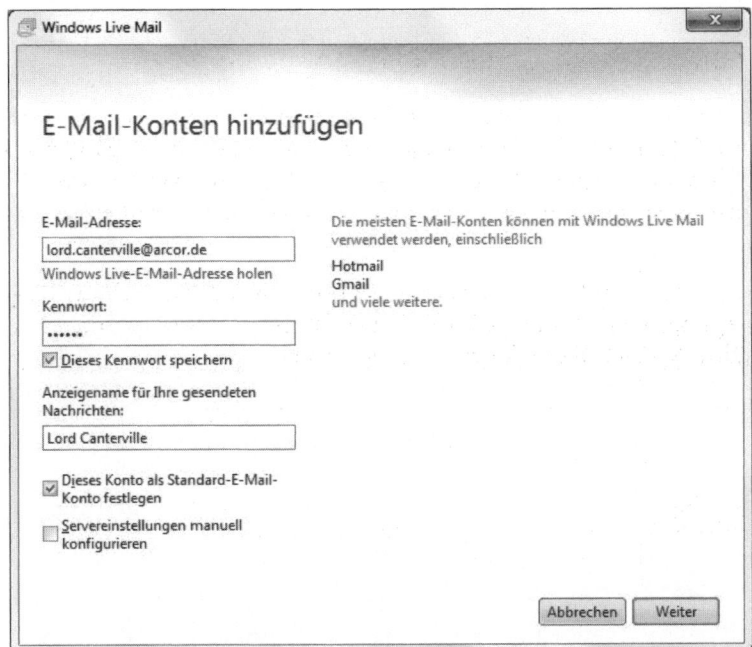

Bild 3.3: E-Mail-Adresse, Kennwort und Name des Kontos eintragen.

Im selben Dialog können Sie auch das Passwort für den Mailserver fest eintragen, sodass Sie es nicht bei jeder E-Mail-Abfrage neu eingeben müssen.

Vorsicht beim Speichern von Passwörtern! Bedenken Sie das Sicherheitsrisiko gespeicherter Passwörter. Jeder, der sich unbefugt Zugriff zu Ihrem PC verschafft, hat durch ein gespeichertes Passwort automatisch auch Zugriff auf Ihre E-Mails.

Mit dem Kontrollkästchen *Dieses Konto als Standard-E-Mail-Konto festlegen* legen Sie das neue E-Mail-Konto auch noch als Standardkonto fest. Solange kein Konto ausgewählt ist, werden neue E-Mails immer mit dem Standardkonto abgeschickt.

Bei mehreren E-Mail-Konten ist das Standardkonto immer vorausgewählt, wenn man zum Beispiel im Browser auf einen E-Mail-Link klickt.

Wenn Sie eine E-Mail-Adresse bei einem der großen, bekannten Anbieter nutzen, können Sie das Kontrollkästchen *Servereinstellungen manuell konfigurieren* deaktiviert lassen. Windows Live Mail versucht, die Einstellungen selbstständig zu finden und zu konfigurieren.

Konnte Windows Live Mail die richtigen Servereinstellungen automatisch identifizieren, ist damit die Konfigurationsarbeit auch bereits erledigt. Es wird eine Verbindung zum Mailserver hergestellt, und die dort liegenden E-Mails werden abgeholt. Je nach Anzahl und Größe der E-Mails, die auf dem Server liegen, kann das Abholen einige Zeit dauern. Danach werden alle Mails im Posteingang angezeigt.

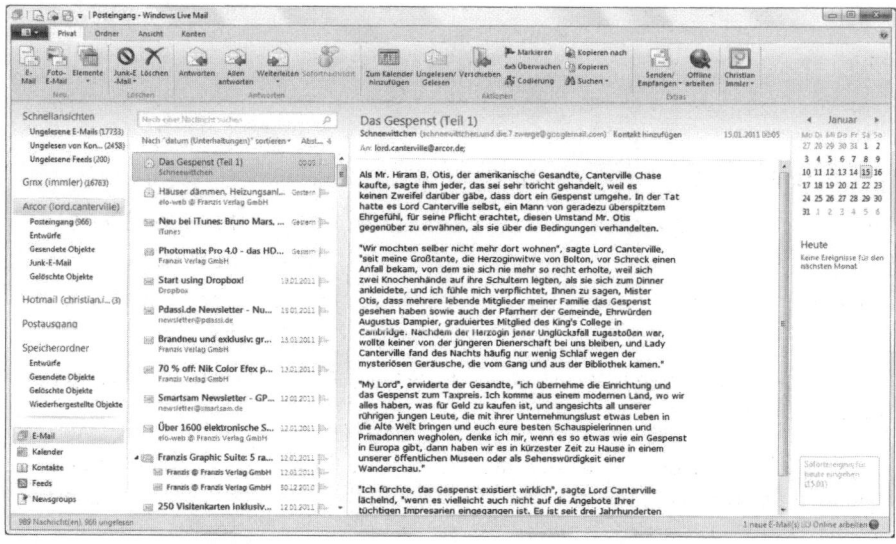

Bild 3.4: Das neue E-Mail-Konto hat die Verbindung zum Mailserver aufgebaut und ruft alle neuen E-Mail-Nachrichten ab.

Ein neues E-Mail-Konto manuell konfigurieren

Bei E-Mails einer eigenen Domain, bei kleineren E-Mail-Anbietern oder E-Mail-Konten auf Firmenservern können die Einstellungen nicht automatisch erkannt werden. Hier müssen Sie sie manuell konfigurieren. Das Gleiche gilt für Weiterleitungen, da die angezeigte E-Mail-Adresse nicht mit der tatsächlich abgefragten übereinstimmt.

Aktivieren Sie in diesem Fall unten im Einrichtungsassistenten das Kontrollkästchen *Servereinstellungen manuell konfigurieren.* Jeder E-Mail-Anbieter gibt seinen Mailservern eigene Namen, und auch die Schemata, nach denen sich die Benutzernamen zusammensetzen, sind überall unterschiedlich.

Server- und Benutzernamen bekannter Anbieter			
Anbieter	Posteingang	Postausgang	Benutzername
GMX	pop.gmx.net	mail.gmx.net	E-Mail-Adresse
WEB.DE	pop3.web.de	smtp.web.de	Name vor dem @-Zeichen
Google Mail	pop.googlemail.com	smtp.googlemail.com	E-Mail-Adresse
Arcor	pop3.arcor.de	mail.arcor.de	Name vor dem @-Zeichen
T-Online	popmail.t-online.de	smtpmail.t-online.de	Name vor dem @-Zeichen
Eine wesentlich umfangreichere Liste mit Namen von POP3-/SMTP-Mailservern finden Sie unter *http://wp.me/P1b7oZ-47.*			

Tragen Sie jetzt die Serveradressen des POP3- und SMTP-Servers ein. Sie erhalten sie von Ihrem Internetdienstanbieter. Windows Live Mail unterstützt für den Posteingang POP3- und IMAP-Server.

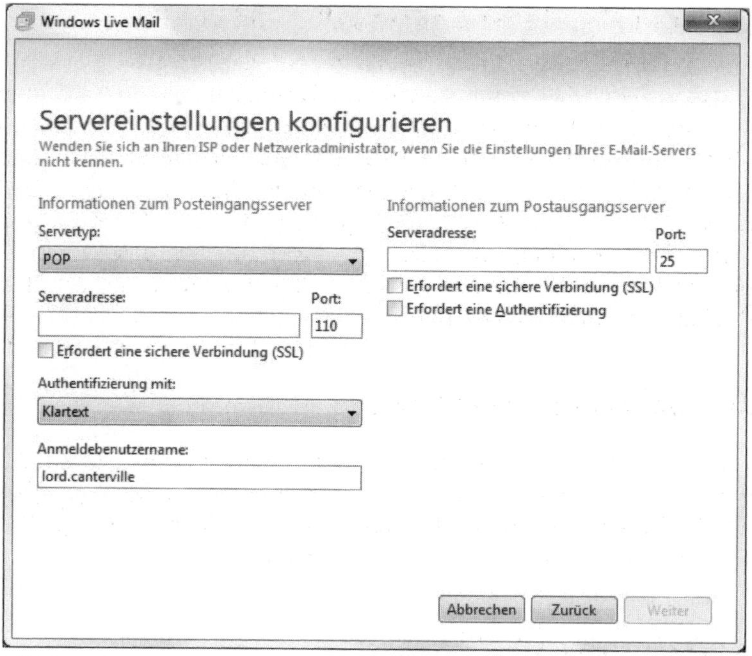

Bild 3.5: Servereinstellungen manuell eintragen.

Wenn der Posteingangsserver eine Kennwortauthentifizierung erfordert, schalten Sie in diesem Dialog das entsprechende Kontrollkästchen zusätzlich ein. Der Benutzername für den Mailserver braucht nur angegeben zu werden, wenn er von der zuvor eingetragenen E-Mail-Adresse abweicht. Bei fast allen Internetdienstanbietern ist der Benutzername der Teil der E-Mail-Adresse vor dem @-Zeichen oder auch die ganze E-Mail-Adresse. Das Kontrollkästchen *Postausgangsserver erfordert eine Authentifizierung* muss bei den meisten Mailanbietern eingeschaltet sein.

Worin unterscheiden sich die Servertypen POP3 und IMAP?

IMAP ist ein weiteres Protokoll zum Zugriff auf einen Mailserver. Im Unterschied zu POP3 verbleibt auf dem IMAP-Server eine zentrale Datenbank der E-Mails. Hier wird gespeichert, welche Mails bereits auf den lokalen Computer heruntergeladen wurden. So können Sie von einem anderen Standort aus leichter auf Ihre Mails zugreifen, auch wenn Sie sie bereits einmal heruntergeladen haben. Bei POP3 werden die Mails auf den lokalen Computer kopiert, und man arbeitet mit der Kopie, bei IMAP arbeitet man im Prinzip direkt auf dem Mailserver. Bei langsamen Internetverbindungen sollten Sie daher lieber die POP3-Variante benutzen. Hier kann ein IMAP-Zugriff sehr lange dauern.

3.2 Neue Nachrichten schreiben und senden

Sobald Sie ein neues E-Mail-Konto eingerichtet haben, können Sie die erste E-Mail-Nachricht verfassen und schreiben. Beachten Sie dabei, dass einige kostenlose E-Mail-Anbieter das Verschicken von E-Mails erst dann zulassen, wenn vom selben Computer zuerst die E-Mails vom Server abgeholt wurden.

So verfassen Sie eine neue E-Mail-Nachricht

Klicken Sie im Hauptfenster von Windows Live Mail links oben auf *E-Mail*. Es öffnet sich das Dialogfeld *Neue Nachricht*. Schreiben Sie in die Zeile *An:* die E-Mail-Adresse des Empfängers. Tragen Sie dann in der Zeile *Betreff:* eine Überschrift für die neue E-Mail ein. In das Hauptfenster können Sie anschließend den Text der E-Mail schreiben. Klicken Sie danach auf die große Schaltfläche *Senden* links oben, um die E-Mail abzusenden.

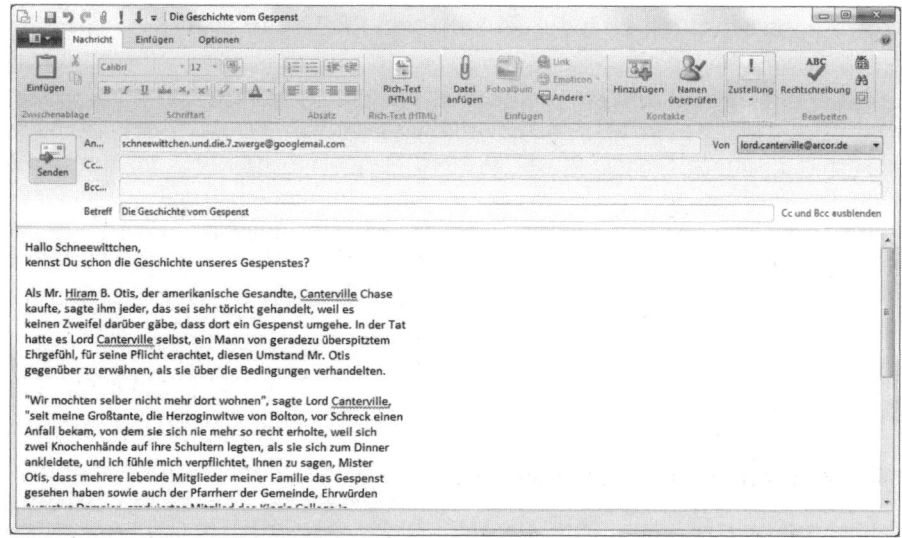

Bild 3.6: Eine neue Nachricht verfassen.

Tragen Sie in die Betreffzeile etwas Sinnvolles ein, sodass der Empfänger sofort weiß, worum es in der Mail geht. Die Betreffzeile ist auch ein wichtiges Kriterium für Spamfilter-Software. Verwenden Sie hier vollständige deutsche Wörter und nicht nur »Hey« oder Ähnliches, wenn Sie möchten, dass Ihre Mail auch ankommt.

Wenn mehrere E-Mail-Konten eingerichtet sind, kann man beim Schreiben einer neuen E-Mail im Listenfeld *Von:* rechts oben auswählen, welche Adresse als Absender übertragen werden soll. Als Vorgabe wird das Mailkonto verwendet, bei dem der Schalter *Als Standardkonto festlegen* im Kontextmenü aktiviert ist.

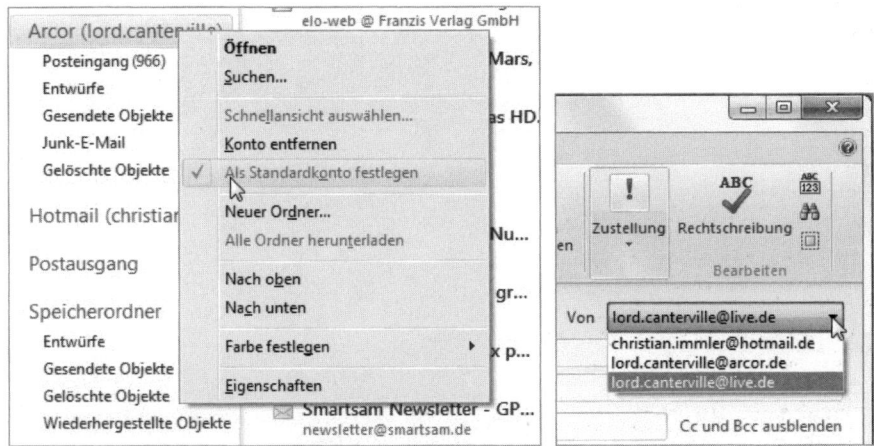

Bild 3.7: Eine Absenderadresse auswählen.

Sollte die Mail nicht sofort automatisch verschickt werden, klicken Sie oben auf die Schaltfläche *Senden/Empfangen* oder drücken die Taste F5 . Damit werden alle Mailserver auf eingegangene E-Mails überprüft und im Postausgang liegende E-Mails verschickt. Mit dieser Schaltfläche laden Sie gleichzeitig vom Mailserver neue E-Mails herunter.

Falls E-Mails nicht automatisch versendet werden, klicken Sie oben links in Windows Live Mail auf die blaue Schaltfläche, die das Menü öffnet, und wählen Sie dann *Optionen/E-Mail*.

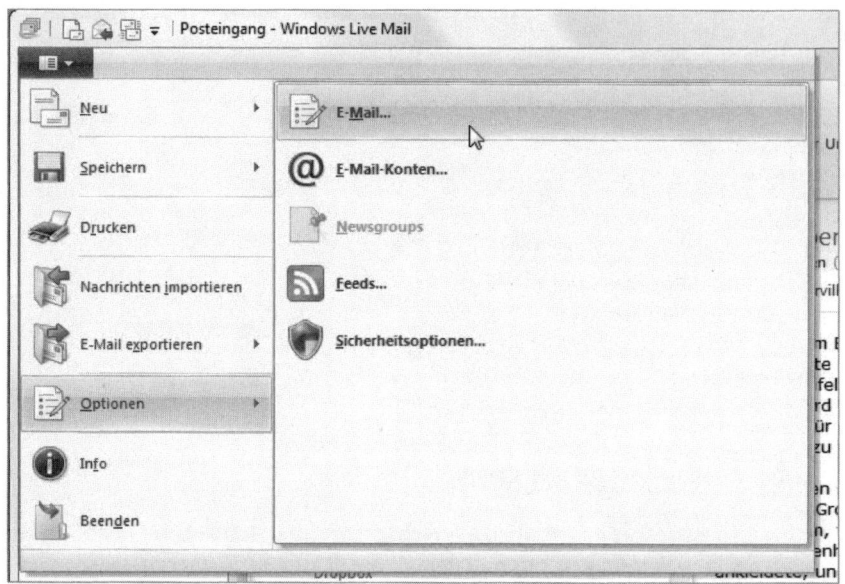

Bild 3.8: E-Mails synchronisieren.

Schalten Sie im nächsten Dialogfeld auf der Registerkarte *Senden* das Kontrollkästchen *Nachrichten sofort senden* ein.

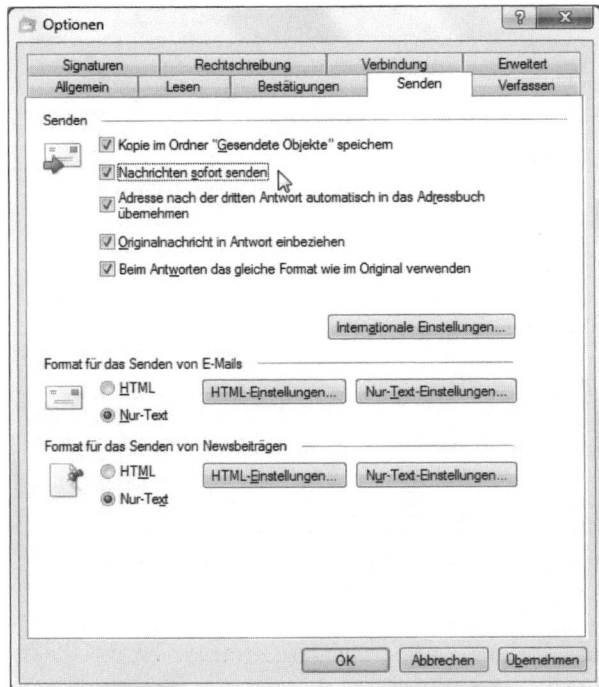

Bild 3.9: *Nachrichten sofort senden* aktivieren.

3.3   Mit dem Adressbuch arbeiten

Jedes E-Mail-Programm bietet heute die Möglichkeit, häufig verwendete Adressen in einem Adressbuch zu speichern, um sie nicht jedes Mal neu eintippen zu müssen. Bei Windows Live Mail kann dieses Adressbuch auch gleich noch zentral auf einem Server gespeichert werden, sodass man von jedem Computer über Windows Live darauf zugreifen kann.

Um diese Windows Live-Onlinedienste verwenden zu können, müssen Sie sich mit Ihrer persönlichen Windows Live ID anmelden. Klicken Sie dazu auf die Schaltfläche *Anmelden* oben rechts in Windows Live Mail.

Bild 3.10: Anmelden bei Windows Live Mail.

Wenn Sie noch keine Windows Live ID haben, können Sie sich in diesem Dialog-feld kostenlos dafür registrieren. Natürlich funktioniert Windows Live Mail auch ohne Windows Live ID. Funktionen wie das Onlineadressbuch können dann jedoch nicht genutzt werden.

Anstatt die E-Mail-Adressen der Empfänger beim Schreiben einer E-Mail einzeln einzutippen, können Sie sie mit der Schaltfläche *An:* neben der Namenszeile aus dem Adressbuch von Windows Live übernehmen.

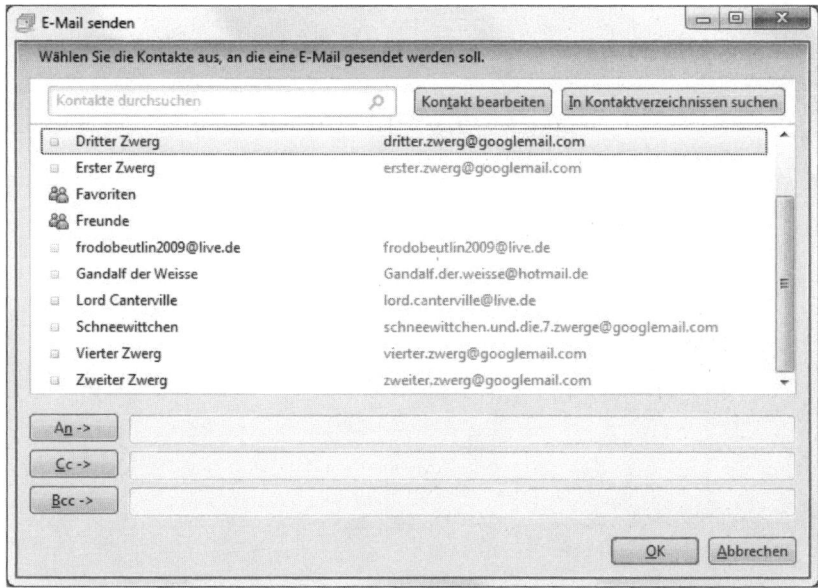

Bild 3.11: Kontakte auswählen, an die die Nachricht gesendet werden soll.

Kontakte anlegen, bearbeiten und synchronisieren

An dieser Stelle können Sie die Kontaktdaten auch bearbeiten, um zum Beispiel die E-Mail-Adresse zu ändern. Es ist aber nicht möglich, einen neuen Kontakt hinzuzufügen oder ganz zu löschen.

Möchten Sie neue Kontakte in das Adressbuch eintragen, klicken Sie dazu auf den Link *Kontakte* links unten im Hauptfenster von Windows Live Mail. Dort finden Sie ein komfortables Adressbuch, in dem Sie zu jeder Person detaillierte Informationen ablegen können.

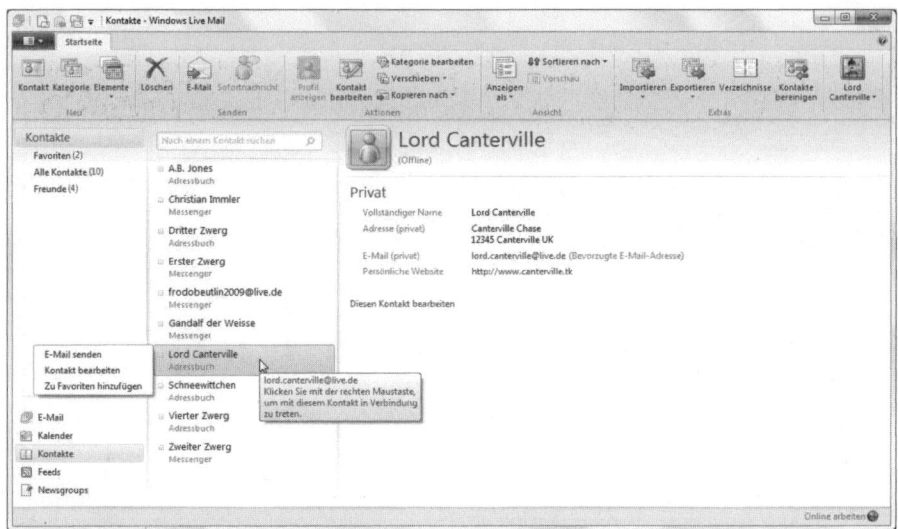

Bild 3.12: Neue Kontakte eintragen.

Dieses Adressbuch wird automatisch mit den Windows Live-Kontakten im Internet synchronisiert, auf die Sie von Ihrer persönlichen Startseite bei Windows Live (*www.live.de*) über den Link *Kontakte* bzw. *Menschen* Zugriff haben.

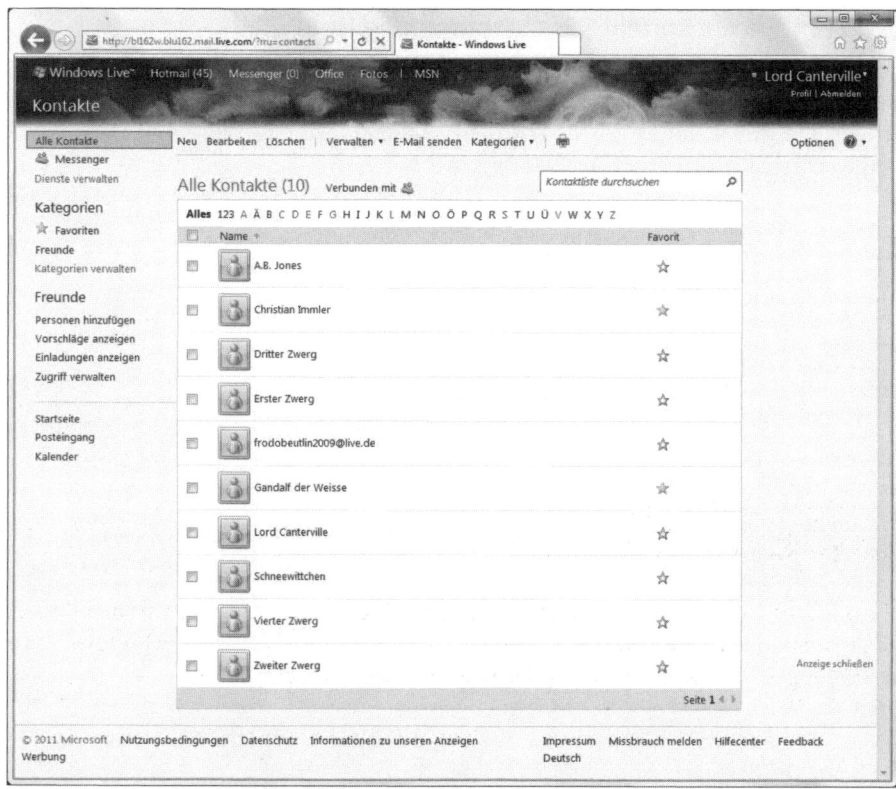

Bild 3.13: Die Kontakte in Windows Live

3.4 Rechtschreibfehler sind uncool

Achten Sie beim Schreiben neuer Nachrichten, egal ob E-Mail oder Messenger, immer auf korrektes Deutsch. Als Hilfe dazu bietet Windows Live Mail eine integrierte Rechtschreibkorrektur an, die geschriebene Mails vor dem Versand überprüft. Falsch geschriebene Wörter werden automatisch mit einer roten Wellenlinie gekennzeichnet. Klickt man mit der rechten Maustaste auf ein so markiertes Wort, erscheint ein Menü mit Korrekturvorschlägen.

So prüfen Sie die korrekte Rechtschreibung Ihrer Mails

Die komplette Rechtschreibprüfung einer neuen E-Mail kann jederzeit mit der Taste F7 oder der Schaltfläche *Rechtschreibprüfung* in der Symbolleiste gestartet werden. Ein unbekanntes Wort nach dem anderen wird angezeigt, und es werden, wenn verfügbar, Korrekturvorschläge gemacht.

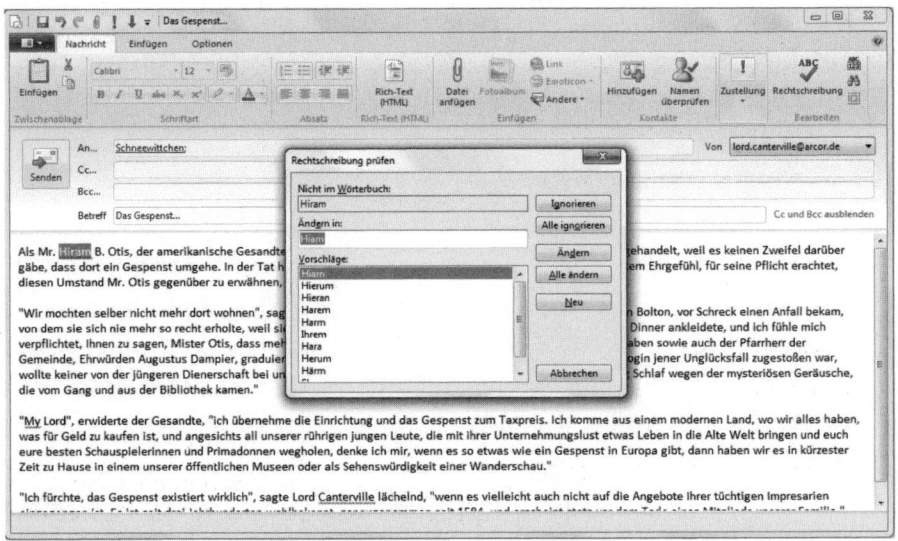

Bild 3.14: Die Rechtschreibprüfung in Aktion.

Auf der Registerkarte *Rechtschreibung* im Dialogfeld *Optionen* von Windows Live Mail können Sie festlegen, ob E-Mails vor dem Senden automatisch überprüft werden sollen.

Bild 3.15:
*Rechtschreibung
immer vor dem Senden
prüfen* aktivieren.

Im Bereich *Bei der Rechtschreibung immer ignorieren* können Sie unter anderem Wörter in Großbuchstaben, Wörter mit Zahlen, Internetadressen und den Originaltext in Antworten und weitergeleiteten E-Mails automatisch ignorieren lassen. Nur der selbst verfasste Text sollte einer Prüfung unterzogen werden. Im unteren Teil des Dialogfelds können Sie Sprachpakete für die Rechtschreibprüfung in anderen Sprachen herunterladen und eine Sprache (am besten Deutsch mit neuer Rechtschreibung) als Standard festlegen.

3.5 Nachrichten zeitgesteuert abrufen

Haben Sie eine permanente Internetverbindung, brauchen Sie sich nicht selbst darum zu kümmern, Ihre E-Mails vom Server abzurufen. Deutlich einfacher ist in diesem Fall ein zeitgesteuertes Abrufen im Abstand von einigen Minuten. Beim Programmstart holt Windows Live Mail in der Standardeinstellung ebenfalls automatisch alle E-Mails von den Mailservern ab.

Einstellungen für die automatische Nachrichtenabfrage

Auf der Registerkarte *Allgemein* im Dialogfeld *Optionen* legen Sie fest, ob automatisch beim Starten von Windows Mail die Mailkonten abgefragt und noch nicht gesendete E-Mails abgeschickt werden sollen. An dieser Stelle können Sie auch ein Zeitintervall für die automatische E-Mail-Abfrage einstellen, das dann für alle Mailkonten gilt. Eine detaillierte Einstellung für jedes Mailkonto getrennt ist in Windows Live Mail leider nicht möglich.

Bild 3.16: Allgemeine Einstellungen festlegen.

Ob Kopien der E-Mails beim Abrufen auf dem Server bleiben, kann in Windows Live Mail für jedes Konto getrennt festgelegt werden. Klicken Sie dazu mit der

rechten Maustaste auf das Konto in der linken Spalte und wählen Sie im Kontextmenü *Eigenschaften*. Schalten Sie auf die Registerkarte *Erweitert*. Hier können Sie
ebenfalls festlegen, wann die E-Mails auf dem Server gelöscht werden sollen: entweder nach bestimmten Zeitintervallen oder wenn eine Nachricht aus dem lokalen
Posteingangsordner gelöscht wird.

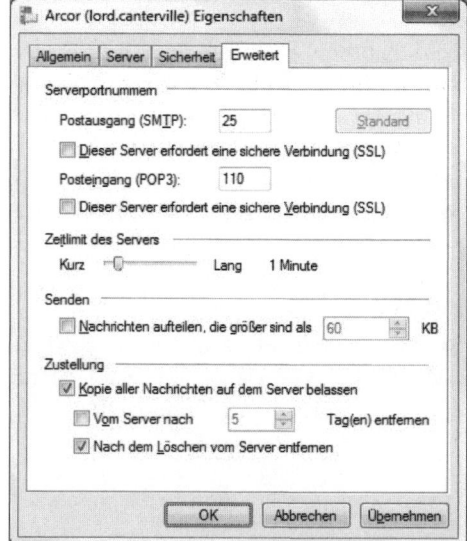

Bild 3.17: Aktivieren Sie *Kopie aller
Nachrichten auf dem Server belassen*.

Räumen Sie den Mailserver regelmäßig auf
Bedenken Sie, dass der Speicherplatz für E-Mails besonders bei kostenlosen
E-Mail-Anbietern oft begrenzt ist. Sorgen Sie dafür, dass die E-Mails auf
dem Server regelmäßig gelöscht werden. Andernfalls kann es passieren, dass
Sie keine neuen E-Mails mehr empfangen können. Die Absender bekommen
automatisch eine Fehlermeldung zugeschickt.

3.6 Dateien als E-Mail-Anhang verschicken

E-Mail-Programme können auch dazu verwendet werden, Dateien zu verschicken. Dabei lässt sich prinzipiell jede Datei als Attachment verschicken, Sie sollten jedoch die Größe bedenken, besonders wenn Sie nicht wissen, ob der Empfänger eventuell über ein langsames Modem oder eine teure Mobilfunkverbindung ins Internet geht.

Generell sollten Sie vor dem Versand einer großen Datei mit dem Empfänger klären, ob dieser die Mail auch problemlos empfangen kann. E-Mails mit Dateianhängen größer als 1 MByte gelten als typische Anfängerfehler. Profis laden solche Dateien lieber auf einen Server hoch und verschicken nur noch den Downloadlink als E-Mail. Außerdem ist besonders bei kostenlosen Freemail-Anbietern der maximal verfügbare Speicherplatz für E-Mails begrenzt.

So hängen Sie eine Datei an die E-Mail an

Wenn Sie in Windows Live Mail eine Mail schreiben, können Sie im E-Mail-Fenster mit dem Symbol *Datei anfügen* in der Symbolleiste Dateien auswählen und an die Mail anhängen. Die Dateinamen werden unterhalb der Betreffzeile in der neuen E-Mail angezeigt.

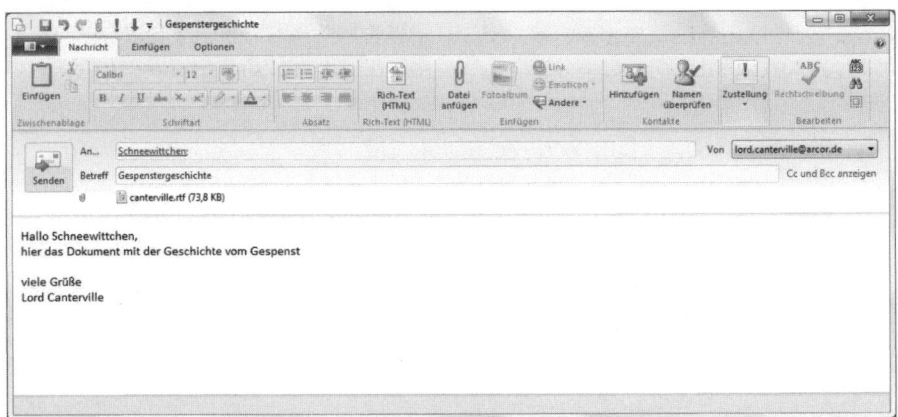

Bild 3.18: Eine Nachricht mit angehängter Datei.

Dateianhänge einer Nachricht speichern

Beim Empfänger werden die Anhänge ebenfalls mit einer Büroklammer dargestellt. Bilder werden direkt in der Mail angezeigt. Ein Rechtsklick auf den Dateinamen oben im Mailfenster ermöglicht es, den Anhang zu speichern oder direkt zu öffnen.

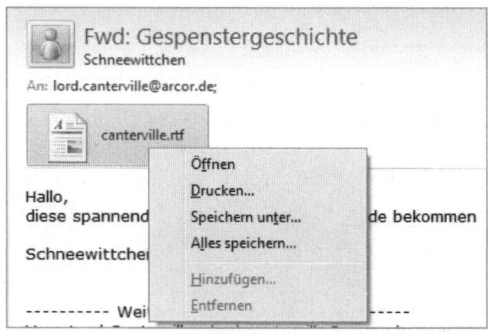

Bild 3.19:
Angehängte Datei speichern.

Dateien direkt aus dem Explorer senden

Um eine Datei zu versenden, muss man nicht unbedingt zuerst das E-Mail-Programm starten – es geht auch einfacher:

Klicken Sie mit der rechten Maustaste auf die gewünschte Datei im Windows Explorer und wählen Sie im Kontextmenü *Senden an/E-Mail-Empfänger*.

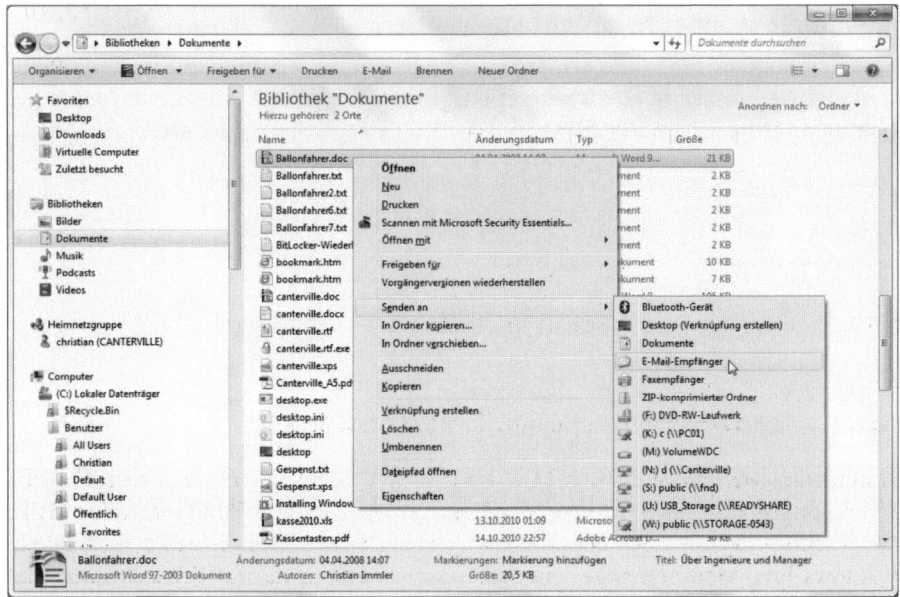

Bild 3.20: E-Mail mit Anhang direkt aus dem Windows Explorer senden.

Danach öffnet sich automatisch ein E-Mail-Fenster des Standard-E-Mail-Programms, in dem die Datei bereits als Anhang eingetragen ist. Bei Windows Live Mail ist ebenfalls automatisch das Standard-Mailkonto als Absender ausgewählt.

Eine Betreffzeile und ein Mailtext sind auch schon vorgegeben, können aber jederzeit geändert werden. Bearbeiten Sie also die E-Mail und schreiben Sie einen sinnvollen Text an den Empfänger. Jetzt brauchen Sie nur noch die E-Mail-Adresse des Empfängers einzutragen und auf *Senden* zu klicken.

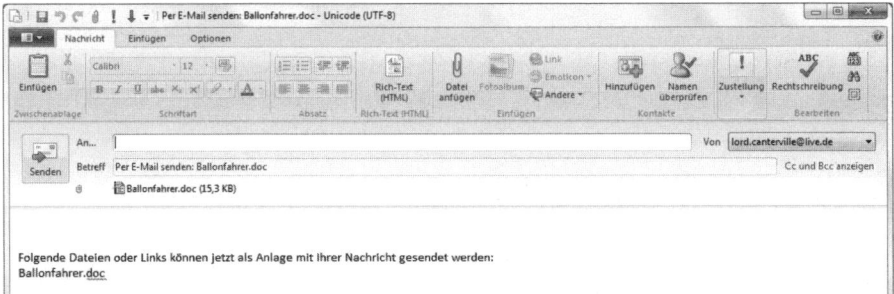

Bild 3.21: Hier fehlt nur nur die Empfängeradresse.

3.7 Fotogalerien als E-Mail verschicken

Urlaubsfotos werden gern per E-Mail verschickt. Dabei kommen sehr schnell große Datenmengen zusammen. Beides, der Versand wie auch das Empfangen der Mails, nimmt einige Zeit in Anspruch, und das Ganze ist auch nicht gerade übersichtlich. Windows Live Mail beinhaltet eine interessante Funktion, mit der sich ohne viel Aufwand überschaubare Fotogalerien als E-Mail verschicken lassen.

So erstellen Sie eine neue Foto-E-Mail

Klicken Sie in Windows Live Mail oben links auf das kleine Dreieck neben *Neu* und wählen Sie *Foto-E-Mail* oder drücken Sie die Tastenkombination $\boxed{\text{Strg}}+\boxed{\text{Alt}}+\boxed{\text{P}}$.

Ein neues Fenster öffnet sich, in dem Sie direkt eigene Fotos auswählen können. Das E-Mail-Fenster enthält eine spezielle Formatierungsleiste, über die Sie weitere Fotos hinzufügen und das Layout der Mail verändern können.

Auf jeden Fall müssen Sie noch einen Albumnamen sowie eine Betreffzeile und einen oder mehrere Empfänger der E-Mail eingeben.

Bild 3.22: Hier wird ein ganzes Album per E-Mail verschickt.

In der Symbolleiste können Sie auch die Größe der Fotos festlegen. Mit der E-Mail werden nur kleine Miniaturbilder verschickt, um die E-Mail möglichst klein zu halten. Die eigentlichen Fotos werden auf SkyDrive, einen Microsoft-Server, hochgeladen, und die entsprechenden Links werden automatisch in die HTML-Mail eingebaut.

Je nach gewünschter Qualität können Sie unterschiedliche Bildgrößen wählen. Die Fotos werden von Windows Live Mail automatisch auf die entsprechende Größe reduziert. Hochauflösende Fotos können zu erheblichen Upload- und Downloadzeiten führen. Die Maximalgröße eines Fotos beträgt 5 MByte.

Mit der Schaltfläche *Layout* in der Symbolleiste stehen verschiedene Layouts für die Foto-E-Mail zur Verfügung. Die Bilder bleiben auch erhalten, wenn Sie noch andere Layouts ausprobieren möchten.

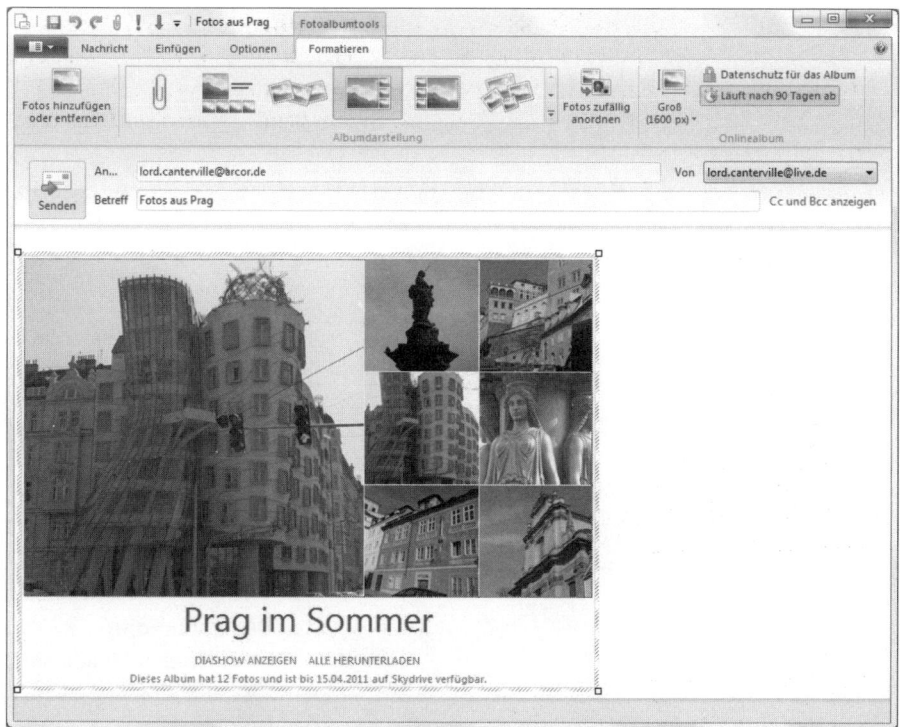

Bild 3.23: Festlegen eines neuen Layouts.

Die Vorschauseite der E-Mail enthält immer nur einige der Bilder. Das Online-album, worauf die Mail verlinkt, enthält alle Bilder, die Sie markiert haben. Mit der Schaltfläche *Fotos hinzufügen oder entfernen* können Sie jederzeit weitere Fotos zusätzlich auswählen oder Fotos aus der Auswahl, die in das Onlinealbum hochge-laden werden sollen, wieder entfernen.

Bild 3.24: Fotos hinzufügen oder aus dem Album entfernen.

Der Versand der E-Mail dauert eine Weile, da die Fotos automatisch in der gewünschten Auflösung auf SkyDrive hochgeladen werden.

Der Empfänger bekommt eine relativ kleine E-Mail, die sich auch bei langsamen Internetverbindungen problemlos vom Server herunterladen lässt. Die eigentlichen hochauflösenden Fotos sind nicht als Anhang, sondern nur als Link in der Mail gespeichert. Die Fotos stehen auf dem Server 90 Tage lang zur Verfügung und müssen bis dahin vom Empfänger heruntergeladen werden.

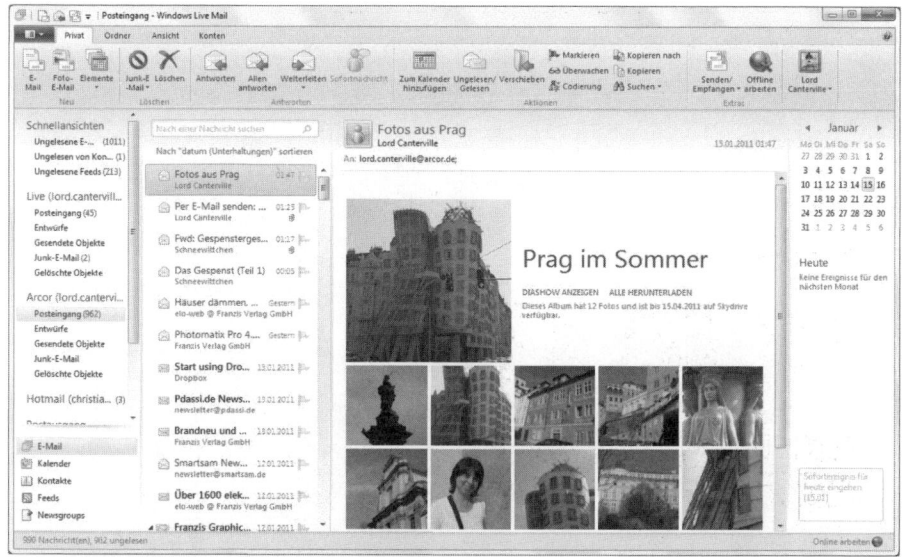

Bild 3.25: Das Album ist zum Senden bereit.

Der Empfänger kann die Fotos jetzt herunterladen oder sich direkt anzeigen lassen. Ein Klick auf *Diashow anzeigen* oben in der Mail öffnet ein neues Fenster mit einer Diashow der Fotos. Diese kann interaktiv gesteuert werden oder einfach automatisch ablaufen.

Bild 3.26: Das Album trifft beim Empfänger ein und wird als Diashow abgespielt.

Aus diesem Fenster heraus können Sie direkt einen Browser starten und sich das Fotoalbum auf Windows Live SkyDrive ansehen und kommentieren. Wer keine aktuellen Windows Live Essentials installiert hat oder die E-Mail mit einem anderen Betriebssystem oder auf dem Handy liest, wird direkt auf das Onlinefotoalbum weitergeleitet.

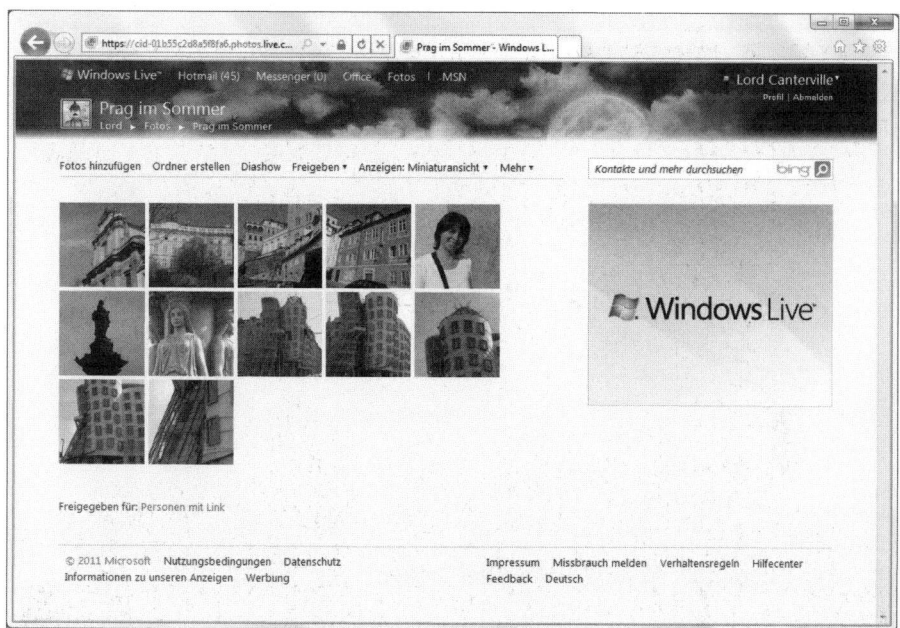

Bild 3.27: Oben in der E-Mail befindet sich ein weiterer Link, der dazu dient, alle Fotos als ZIP-Archiv herunterzuladen und in einem lokalen Ordner zu speichern.

3.8   So blockieren Sie lästige Junkmails

Wer nicht täglich diverse Potenzpillen oder gefälschte Markenprodukte kaufen möchte, verbringt einen erheblichen Teil seiner Onlinezeit mit dem Löschen lästiger Junk-E-Mails. Auf großen Mailservern sind bis zu 85 % aller E-Mails Spam, also unerwünschte Werbung.

Windows Live Mail beinhaltet einen Junk-E-Mail-Filter, der versucht, solche Werbemails automatisch zu identifizieren und in einem speziellen Ordner abzulegen. Dieser Filter lernt im Lauf der Zeit selbstständig, was Junk oder auch Spam ist und was nicht. Am Anfang werden auch einige erwünschte E-Mails fälschlicherweise im Junk-E-Mail-Ordner landen. Indem Sie sie dort wieder herausnehmen, trainieren Sie den Filter.

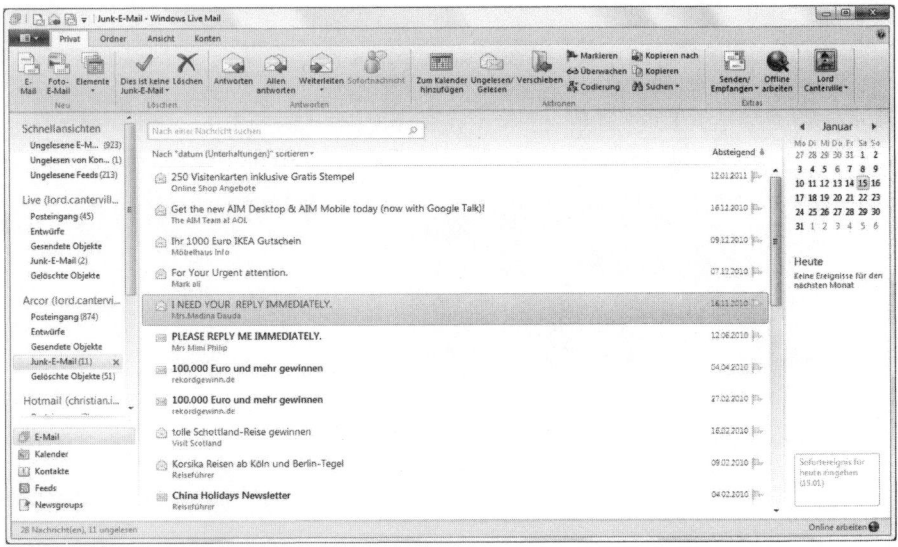

Bild 3.28: Schnell füllt sich der Junk-E-Mail-Ordner.

Einstellungen für den Junk-E-Mail-Filter festlegen

Der Junk-E-Mail-Filter kann im Menü unter *Optionen/Sicherheitsoptionen* konfiguriert werden, allerdings nur für alle E-Mail-Konten gleichzeitig. Hier können Sie je nach Junkmailaufkommen verschieden starke Filter auswählen.

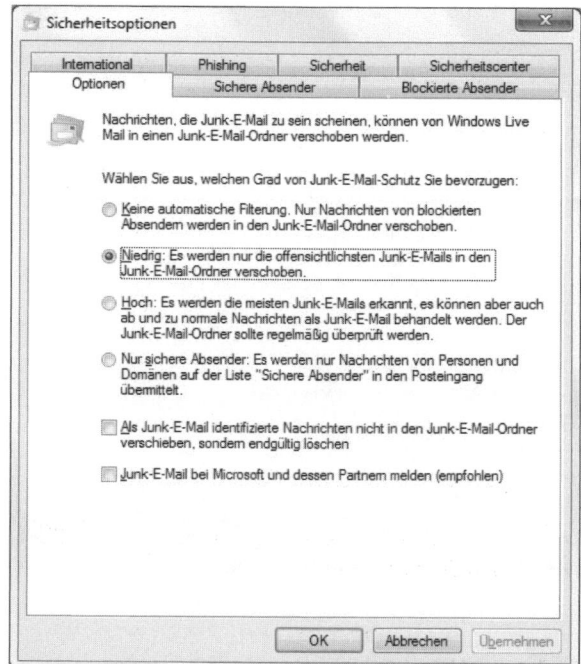

Bild 3.29: Hier wählen Sie, welchen Grad von Junk-E-Mail-Schutz Sie einstellen möchten.

Sichere Absender in einer Liste zusammenfassen

Wenn Sie von bestimmten Absendern E-Mails mit zweifelhaften Betreffzeilen bekommen, die Sie aber lesen möchten, oder wenn E-Mails bestimmter Absender regelmäßig fälschlicherweise als Spam markiert werden, können Sie diese Absender oder deren ganze Domain in die Liste sicherer Absender aufnehmen. Dann werden die Mails dieser Absender nicht vom Junkmailfilter bearbeitet. Klicken Sie dazu mit der rechten Maustaste auf die betreffende Mail und wählen Sie unter *Junk-E-Mail* die gewünschte Einstellung.

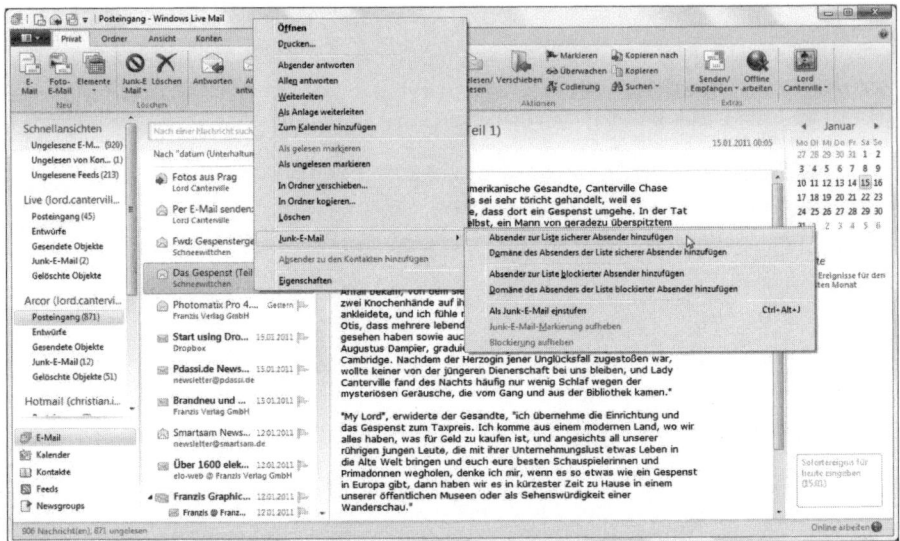

Bild 3.30: Einen Absender der Liste sicherer Absender hinzufügen.

Unerwünschte Absender als Junk-E-Mail blockieren

Bekommen Sie im Posteingang weiterhin E-Mails, die eindeutig als Junkmail ein-
zustufen sind, klicken Sie ebenfalls mit der rechten Maustaste darauf. Im Kontextmenü können Sie dann den Absender oder auch die ganze Domain in die Liste
blockierter Absender aufnehmen. Diese E-Mails werden in Zukunft automatisch als
Junk eingestuft. In den Sicherheitsoptionen können Sie die Listen sicherer sowie
blockierter Absender jederzeit einsehen und bearbeiten.

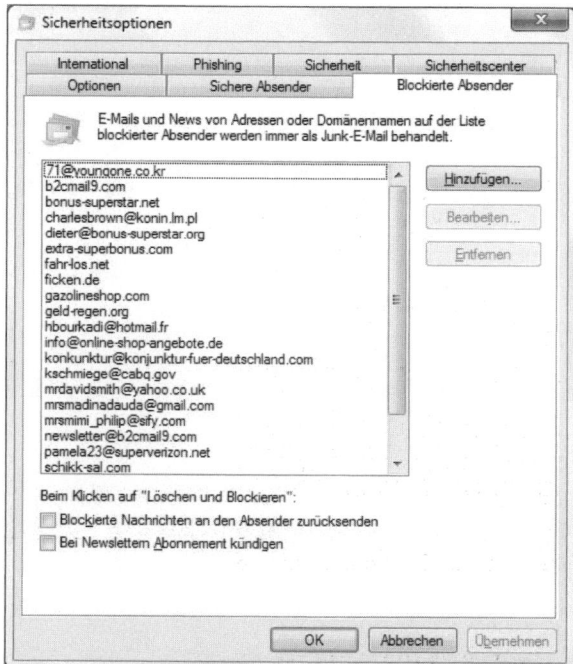

Bild 3.31: Zusammenfassung der blockierten Absender.

Übrigens – Windows Live Mail bietet eine Option, blockierte Nachrichten an den Absender zurückzuschicken. Was auf den ersten Blick sinnvoll erscheint, erweist sich aber als genau das Gegenteil. An einer zurückgesendeten Nachricht erkennt ein Spamversender, dass eine möglicherweise zufällig generierte E-Mail-Adresse existiert. Damit steigt deren Wert auf dem Spammer-Schwarzmarkt, und Sie bekommen schnell noch mehr Spam von anderen Absendern, die dann wieder alle mühsam blockiert werden müssen. Also Spam lieber kommentarlos löschen.

4 Freigaben im Heimnetzwerk

Die neuen Heimnetzgruppen in Windows 7 machen es kinderleicht, persönliche Dateien anderen Computern im Netzwerk zur Verfügung zu stellen. Die Heimnetzgruppe wird angelegt, sowie der erste Computer mit Windows 7 im lokalen Netz auftaucht. Wenn Sie bei der Installation nicht automatisch eine Heimnetzgruppe angelegt haben, können Sie das jederzeit leicht nachholen.

4.1   Heimnetzgruppen anlegen und ändern

Windows 7-Heimnetzgruppen funktionieren nicht mit älteren Windows-Versionen. Windows XP und Vista können nur über die klassischen Netzwerkfreigaben auf Dateien und Ordner auf Windows 7-Computern zugreifen. Das Gleiche gilt umgekehrt ebenso, wenn man von einem Windows 7-PC auf freigegebene Verzeichnisse auf einem Windows XP- oder Vista-PC zugreifen möchte. Die Windows 7 Starter Edition kann keine Heimnetzgruppen anlegen, aber vorhandenen Heimnetzgruppen beitreten.

So erstellen Sie eine neue Heimnetzgruppe

Sollte im Netzwerk noch keine Heimnetzgruppe vorhanden sein, bekommen Sie mit einem Klick auf *Heimnetzgruppe* in der *Systemsteuerung* unter *Netzwerk und Internet* eine entsprechende Meldung.

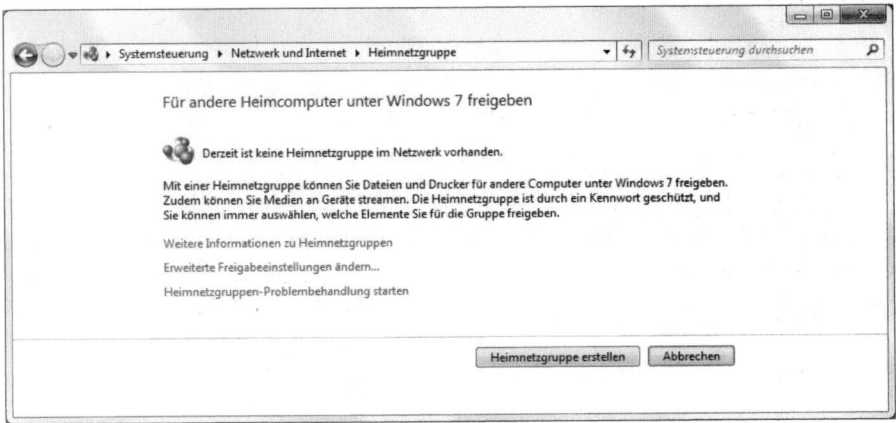

Bild 4.1: Noch ist keine Heimnetzgruppe im Netzwerk vorhanden.

Klicken Sie also auf *Heimnetzgruppe erstellen*. Es erscheint ein Dialogfeld, in dem Sie festlegen können, welche der Bibliotheken auf Ihrem Computer Sie im Netzwerk freigeben wollen. Diese Standardfreigabe bezieht sich nur auf die von Windows 7 standardmäßig eingerichteten Bibliotheken, unabhängig von den in diesen Verzeichnissen gespeicherten Dateitypen, und nicht auf gleiche Dateitypen in anderen Verzeichnissen des Computers.

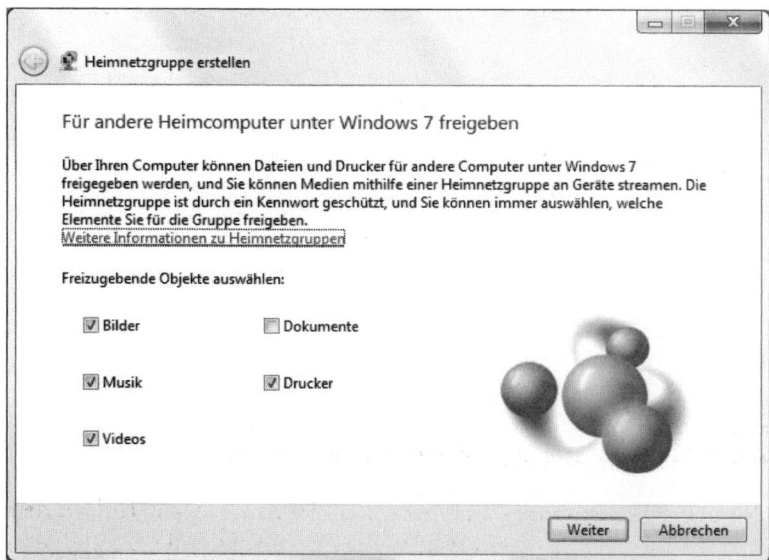

Bild 4.2: Daten in der Heimnetzgruppe freigeben.

Standardmäßig sind die Dokumente deaktiviert. Sie können sie aber ebenfalls im Netzwerk freigeben. Ist an diesem Computer einen Drucker angeschlossen, kann auch der im Netzwerk freigeben werden, sodass er von anderen Computern genutzt werden kann.

Nach einem Klick auf *Weiter* erscheint ein zufällig generiertes Kennwort, das Sie auf anderen Computern benötigen, um die neue Heimnetzgruppe nutzen zu können. Drucken Sie sich das Kennwort am besten mit dem Link *Kennwort und Anweisungen drucken* einfach aus.

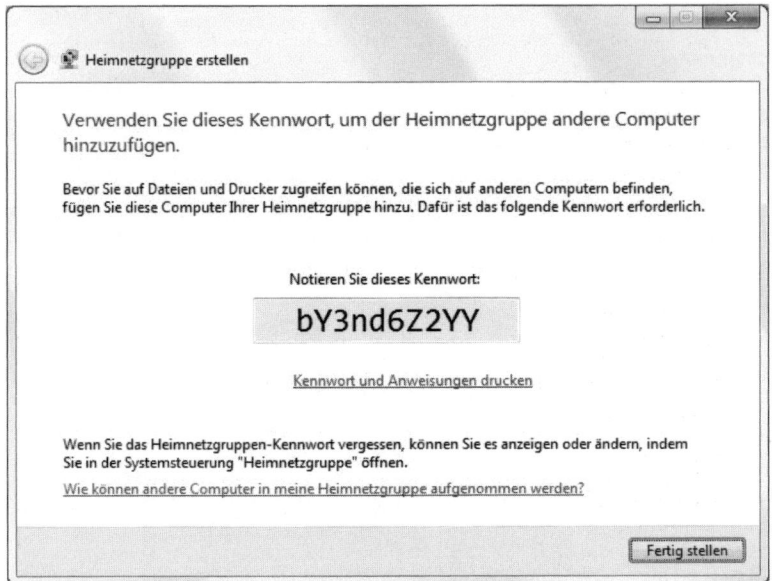

Bild 4.3: Kennwort für die Heimnetzgruppe.

Einstellungen für die Heimnetzgruppe ändern

Mit einem Klick auf *Fertig stellen* wird die Heimnetzgruppe angelegt, und der Konfigurationsdialog erscheint. Möchten Sie später an der Heimnetzgruppe etwas ändern, können Sie diesen Konfigurationsdialog über *Netzwerk und Internet/Heimnetzgruppe* in der *Systemsteuerung* jederzeit aufrufen.

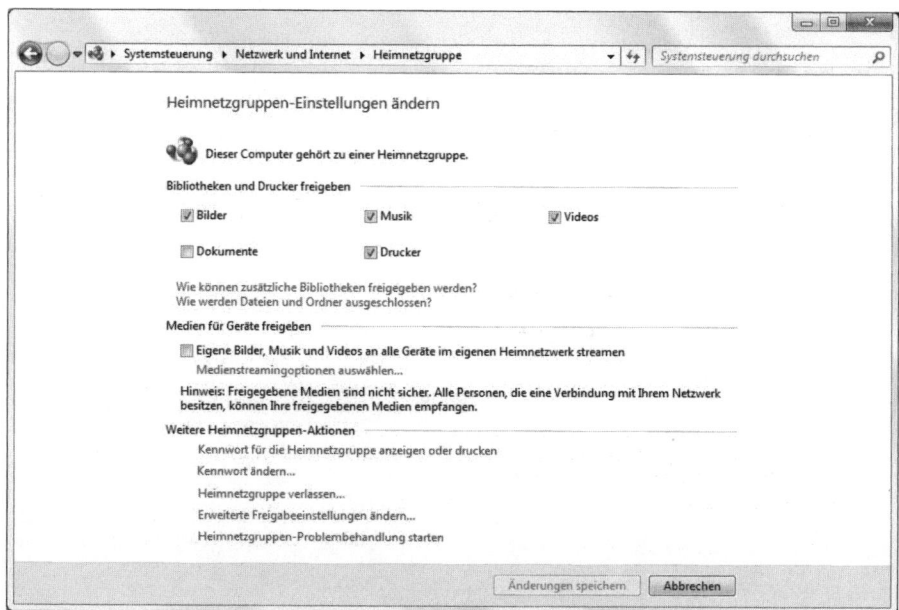

Bild 4.4: Das Fenster *Heimnetzgruppen-Einstellungen ändern*.

Neben den vorgegebenen Bibliotheken können auch beliebige andere Ordner der eigenen Festplatte für die Heimnetzgruppe freigegeben werden.

Klicken Sie dazu einfach mit der rechten Maustaste auf den entsprechenden Ordner und wählen Sie im Kontextmenü *Freigeben für*. Hier können Sie auswählen, ob die anderen Computer der Heimnetzgruppe die Daten in dem Ordner nur lesen oder auch verändern bzw. neue Dateien in das Verzeichnis schreiben dürfen.

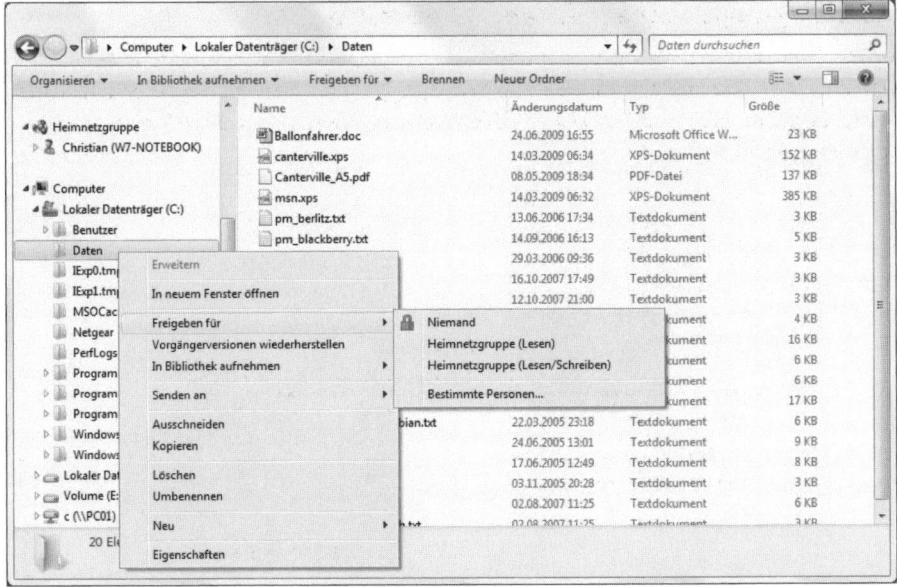

Bild 4.5: Daten für die Heimnetzgruppe freigeben.

Der freigegebene Ordner erscheint sofort automatisch unter *Heimnetzgruppe* auf den anderen Computern. Auf die gleiche Weise können Sie Freigaben auch wieder zurücknehmen oder die Bibliotheken, die standardmäßig freigegeben sind, bei Bedarf von *Lesen/Schreiben* auf *Lesen* zurückschalten.

4.2   Einer bestehenden Heimnetzgruppe beitreten

Ist die Heimnetzgruppe einmal angelegt, können andere Windows 7-Computer ihr beitreten und gegenseitig freigegebene Verzeichnisse nutzen. Jeder Computer, der der Heimnetzgruppe beitritt, hat alle Zugriffsrechte dieser Gruppe, unabhängig vom angemeldeten Benutzer.

Heimnetzgruppe suchen, finden und beitreten

Starten Sie auf dem neuen Computer im Netzwerk in der *Systemsteuerung* unter *Netzwerk und Internet* das Modul *Heimnetzgruppe*. Hier werden Sie darüber informiert, dass eine Heimnetzgruppe im Netzwerk existiert und auf welchem Computer sie eingerichtet wurde.

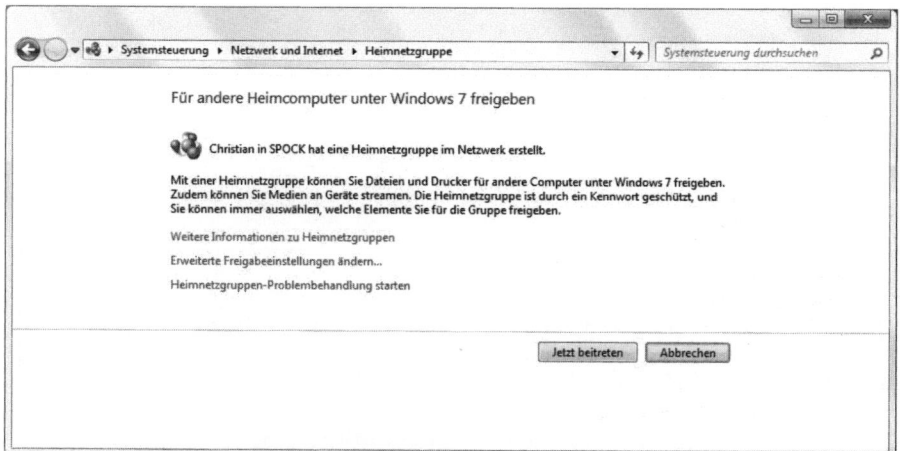

Bild 4.6: Eine Heimnetzgruppe wurde gefunden.

Klicken Sie auf *Jetzt beitreten*. Es erscheint das schon bekannte Dialogfeld, in dem Sie festlegen können, welche der Bibliotheken auf Ihrem Computer Sie im Netzwerk freigeben wollen. Diese Standardfreigabe bezieht sich, genau wie beim Erstellen einer Heimnetzgruppe, nur auf die von Windows 7 standardmäßig eingerichteten Bibliotheken, unabhängig von den in diesen Verzeichnissen gespeicherten Dateitypen, und nicht auf gleiche Dateitypen in anderen Verzeichnissen des Computers.

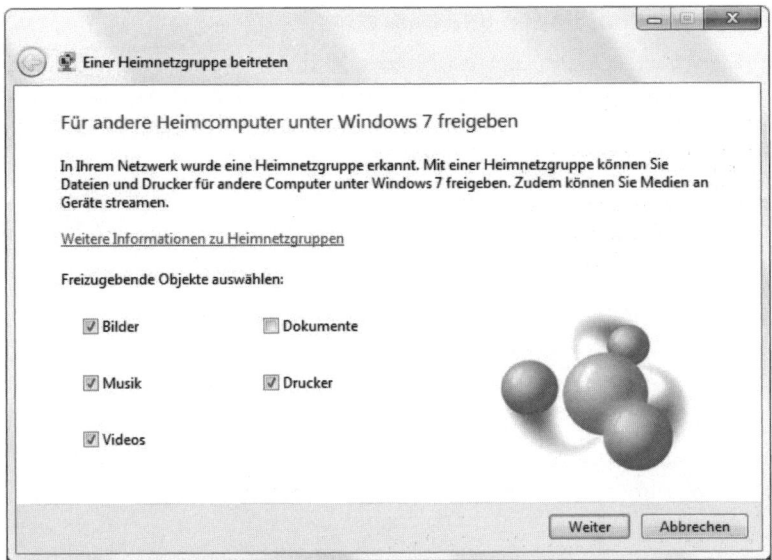

Bild 4.7: Einer Heimnetzgruppe beitreten.

Mit einem Klick auf *Weiter* erscheint die Kennwortabfrage. Hier müssen Sie das Heimnetzgruppenkennwort eingeben, das beim Erstellen der Heimnetzgruppe generiert wurde. Beachten Sie dabei die Groß- und Kleinschreibung.

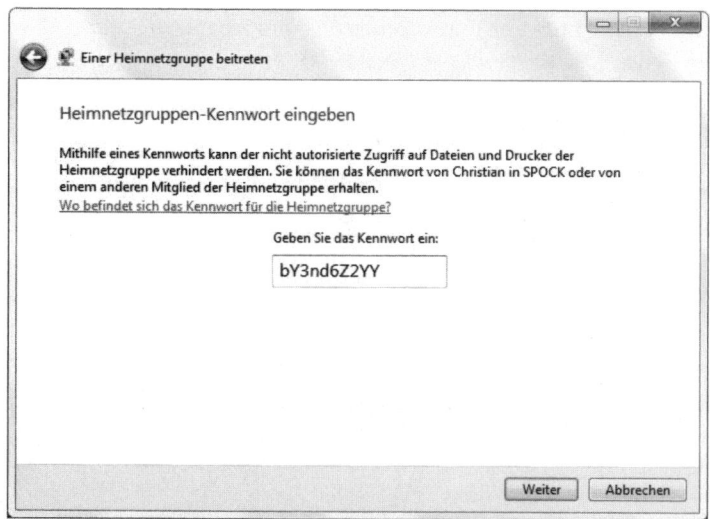

Bild 4.8: Kennwort der Heimnetzgruppe eingeben.

Mit einem Klick auf *Weiter* tritt der Computer der Heimnetzgruppe bei. Sie müssen nur noch einen Schritt im Assistenten bestätigen und ein paar Sekunden warten. Andere Computer der Heimnetzgruppe erscheinen im Explorer unterhalb der eigenen Bibliotheken. Hier können Sie direkt auf die freigegebenen Bibliotheken zugreifen und Dateien hin- und herkopieren.

Sie haben Ihr Heimnetzgruppenkennwort vergessen?

Die Heimnetzgruppenkennwörter wird sich kaum jemand merken wollen. Wenn Sie den ausgedruckten Zettel nicht mehr finden, gehen Sie an den Computer, an dem die Heimnetzgruppe erstellt wurde, und klicken dort in der *Systemsteuerung* unter *Netzwerk und Internet/Heimnetzgruppe* auf *Kennwort für die Heimnetzgruppe anzeigen oder drucken*. So finden Sie das Kennwort wieder.

4.3   Support klassischer Netzwerkfreigaben

Da Heimnetzgruppen nur mit Windows 7 funktionieren und bei projektorientierten Ordnerstrukturen auch nicht immer zweckmäßig sind, unterstützt Windows 7 auch weiterhin die klassische Netzwerkfreigabe älterer Windows-Versionen. Ein anderer Computer im Netz kann auf den eigenen PC nur zugreifen, wenn dort Freigaben existieren. Jedes Laufwerk, das im Netzwerk verwendet werden kann, muss explizit freigegeben werden.

Verschiedene Windows-Versionen im Heimnetz

Wenn Sie verschiedene Windows-Versionen im Netzwerk verwenden, achten Sie darauf, dem neuen Windows 7-PC den richtigen Arbeitsgruppennamen zu geben, nämlich den, den die anderen Computer im Netzwerk auch verwenden.

Klicken Sie dazu mit der rechten Maustaste im Startmenü auf *Computer* und wählen Sie im Kontextmenü *Eigenschaften*. Klicken Sie im nächsten Dialogfeld auf den Link *Einstellungen ändern* rechts neben *Computername*. Wenn Sie dann im folgenden Dialog auf *Ändern* klicken, können Sie einen neuen Arbeitsgruppennamen eingeben.

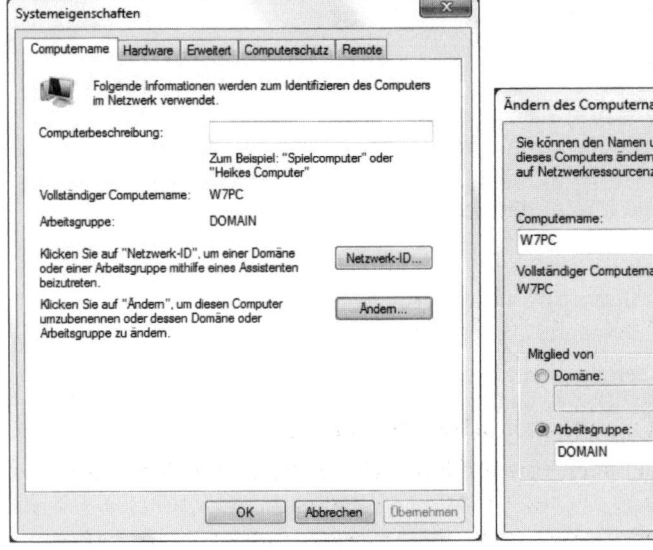

Bild 4.9: Einer Arbeitsgruppe beitreten.

Freigegebene Laufwerke im Windows Explorer

Gehen Sie im Windows Explorer auf den Ordner *Netzwerk*. Hier werden alle Netzwerkfreigaben angezeigt, die im Netz gefunden wurden. Im Navigationsbereich des Explorers finden Sie alle Freigaben und auch freigegebene Drucker, geordnet nach Computernamen.

Die Netzwerkansicht ist ebenfalls direkt über das Startmenü erreichbar, in der rechten Spalte des Startmenüs findet sich der Menüpunkt *Netzwerk*. In Windows XP hieß der gleiche Bereich noch *Netzwerkumgebung*.

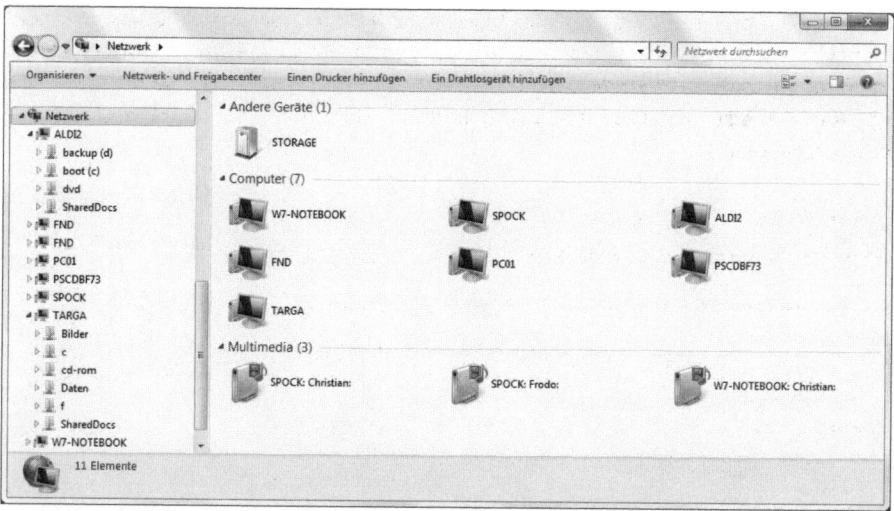

Bild 4.10: Anzeige der freigegebenen Laufwerke.

Laufwerkbuchstaben zuweisen und wieder trennen

Über den Netzwerkordner kann man auf freigegebene Ordner im Netzwerk genau so zugreifen wie auf lokale Ordner. Um sich die mühsame Navigation durch die verzweigten Äste zu ersparen, können Sie den Laufwerken im Netzwerk auch Laufwerkbuchstaben zuweisen.

Klicken Sie im Windows Explorer mit der rechten Maustaste auf eine Netzwerkfreigabe und wählen Sie im Kontextmenü *Netzlaufwerk verbinden*.

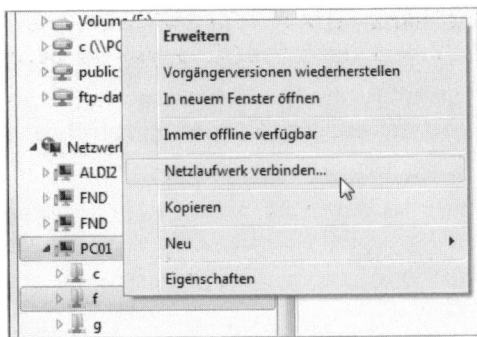

Bild 4.11: Das Netzlaufwerk verbinden.

Im Dialog *Netzlaufwerk verbinden* wählen Sie einen Laufwerkbuchstaben, unter dem das Netzwerkverzeichnis erscheinen soll. Die Auswahlliste zeigt die Laufwerkbuchstaben, die noch nicht von vorhandenen Laufwerken belegt sind.

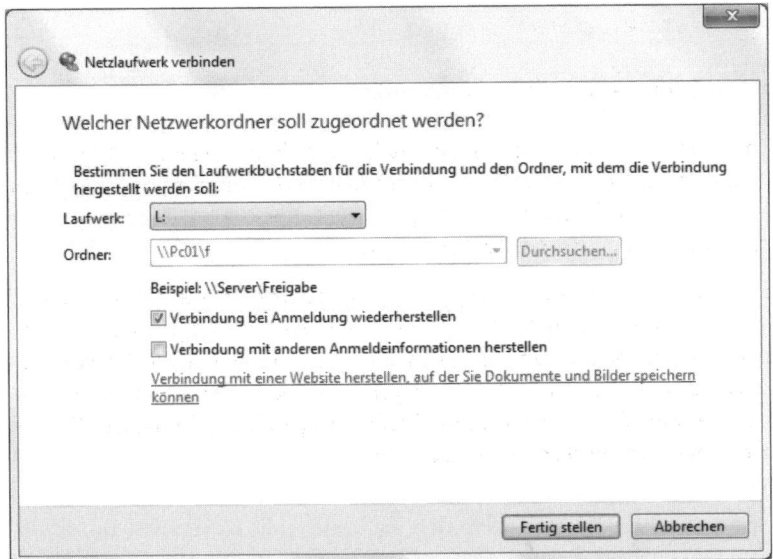

Bild 4.12: Netzwerkordner zuordnen.

Aktivieren Sie das Kontrollkästchen *Verbindung bei Anmeldung wiederherstellen,* wird der Laufwerkbuchstabe automatisch beim nächsten Windows-Start auch wieder zugewiesen.

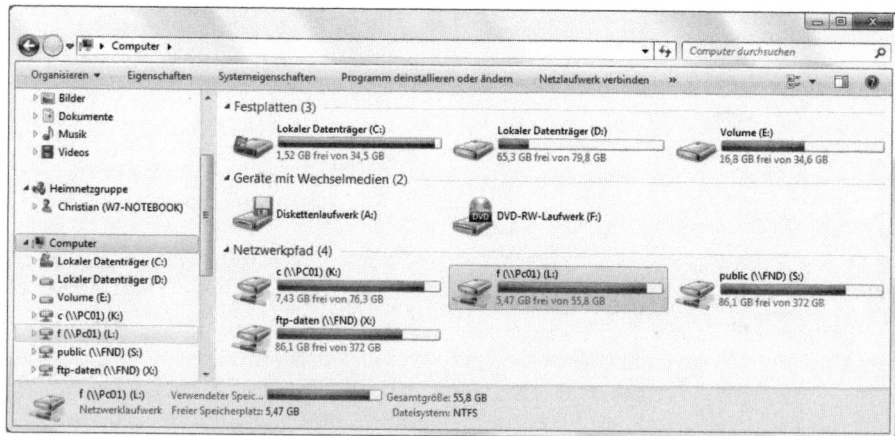

Bild 4.13: Anzeige aller zugewiesenen Netzlaufwerke.

Möchten Sie ein solches Netzlaufwerk nicht mehr ständig anzeigen, weil Sie zum Beispiel den Laufwerkbuchstaben für ein anderes Laufwerk brauchen oder weil das Laufwerk im Netzwerk nicht mehr zur Verfügung steht, klicken Sie mit der rechten Maustaste darauf und wählen im Kontextmenü *Trennen.*

Wenn auf dem anderen Computer im Netzwerk Ihr Benutzername nicht existiert, können Sie sich dort mit einem anderen Namen anmelden, um Zugriff auf die freigegebenen Laufwerke zu bekommen. Klicken Sie dazu auf den Link *Verbindung unter anderem Benutzernamen herstellen* und geben Sie den Benutzernamen und das Passwort ein. Wenn Sie hier die Anmeldedaten speichern, brauchen Sie sie nicht bei jeder Netzwerkverbindung neu einzugeben.

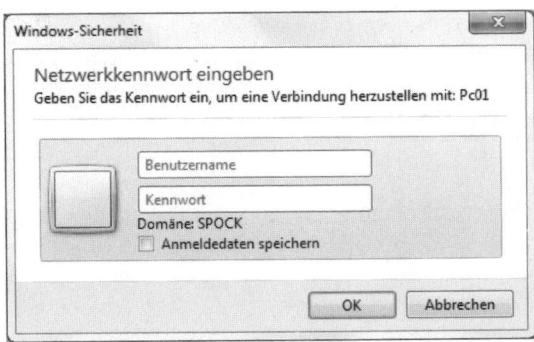

Bild 4.14: Verbindung mit anderen Benutzernamen.

4.4   Eigene Dateien im Netzwerk freigeben

Damit andere Benutzer im Netzwerk auf Dateien auf Ihrem Computer zugreifen können, müssen Sie Freigaben anlegen. Sind auf dem eigenen Computer keine Freigaben eingeschaltet, erscheint im Explorer-Fenster unter *Netzwerk* eine Meldung:

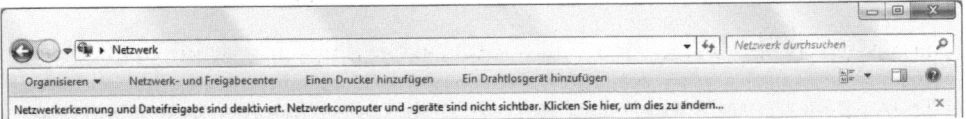

Netzwerkerkennung und Dateifreigabe einschalten

Mit einem Klick auf diese Meldung können Netzwerkerkennung und Dateifreigabe eingeschaltet werden. Dazu muss je nach Einstellung eine Abfrage der Benutzerkontensteuerung bestätigt werden.

Ohne weitere Einstellungen wird nur die Freigabe von Dateien generell aktiviert. Solange keine Ordner oder Laufwerke explizit freigegeben sind, können andere Benutzer immer noch nicht auf den Computer zugreifen.

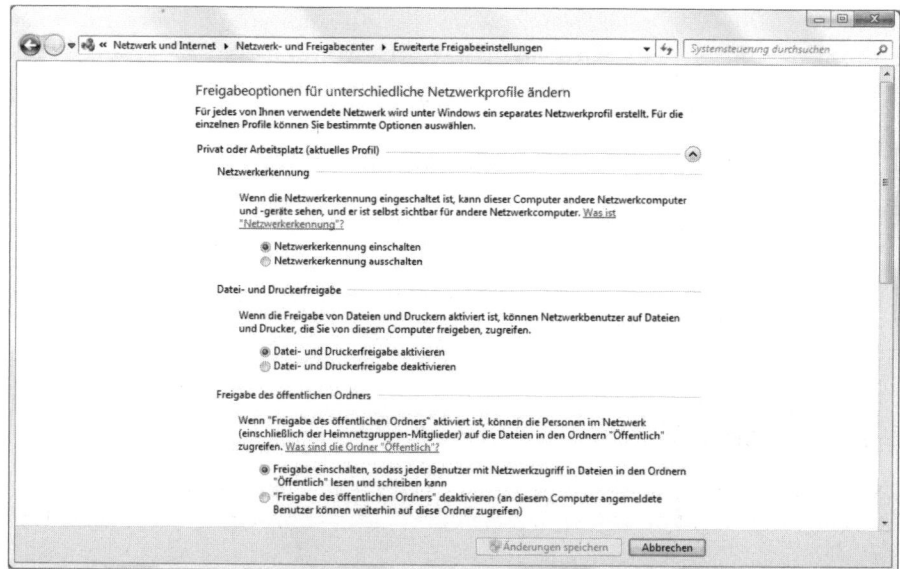

Bild 4.15: Freigabeoptionen für unterschiedliche Netzwerkprofile ändern.

Das *Netzwerk- und Freigabecenter* in der *Systemsteuerung* zeigt mit einem Klick auf *Erweiterte Freigabeeinstellungen ändern* an, dass die Freigabe von Dateien und die Netzwerkerkennung eingeschaltet sind. Die Netzwerkerkennung wird benötigt, um andere Computer im Netzwerk zu finden.

Diese Einstellungen gelten für das private Netzwerkprofil oder den Arbeitsplatz. Sollten Sie auch in Netzwerken, in denen Sie ein öffentliches Profil verwenden, Dateien freigeben wollen, scrollen Sie in diesem Dialogfeld ganz nach unten. Dort sind die gleichen Einstellungen noch einmal für das öffentliche Profil zu finden.

Dateien auch im öffentlichen Ordner freigeben

Die einfachste Möglichkeit, Dateien im Netzwerk zur Verfügung zu stellen, ist der öffentliche Ordner. Dieser Ordner steht allen lokal angemeldeten Benutzern zum Datenaustausch auf einem PC zur Verfügung und kann auch im Netzwerk für andere Benutzer freigegeben werden.

Er liegt standardmäßig unter *Benutzer\Öffentlich* auf Laufwerk *C:*. Unterordner des öffentlichen Ordners sind ebenfalls Bestandteile der Bibliotheken *Bilder, Dokumente, Musik* und *Videos.*

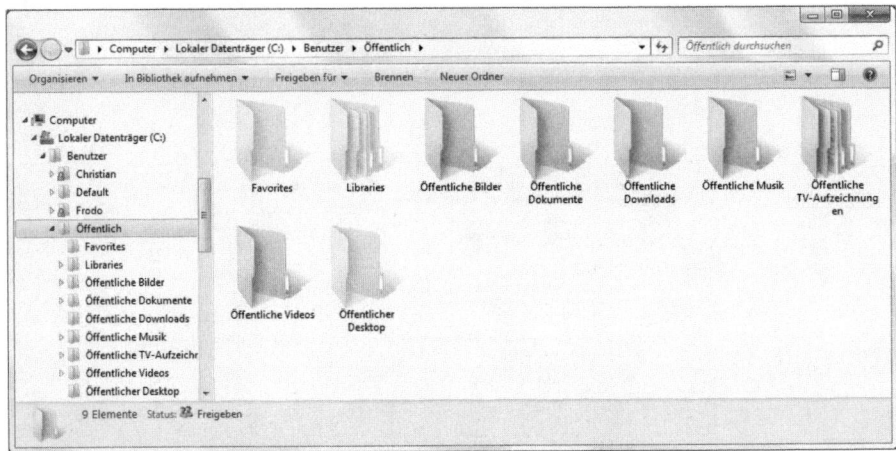

Bild 4.16: Anzeige aller öffentlichen Ordner.

Freigaben für lokale und Netzwerkbenutzer

Im Fenster *Erweiterte Freigabeeinstellungen* können Sie wählen, ob Benutzer über das Netzwerk Dateien in diesem Ordner lesen und verändern dürfen. Die Netzwerkfreigabe für den öffentlichen Ordner ist unabhängig von der Verwendung für lokal angemeldete Benutzer. Diese können auch bei deaktivierter Netzwerkfreigabe auf den öffentlichen Ordner zugreifen.

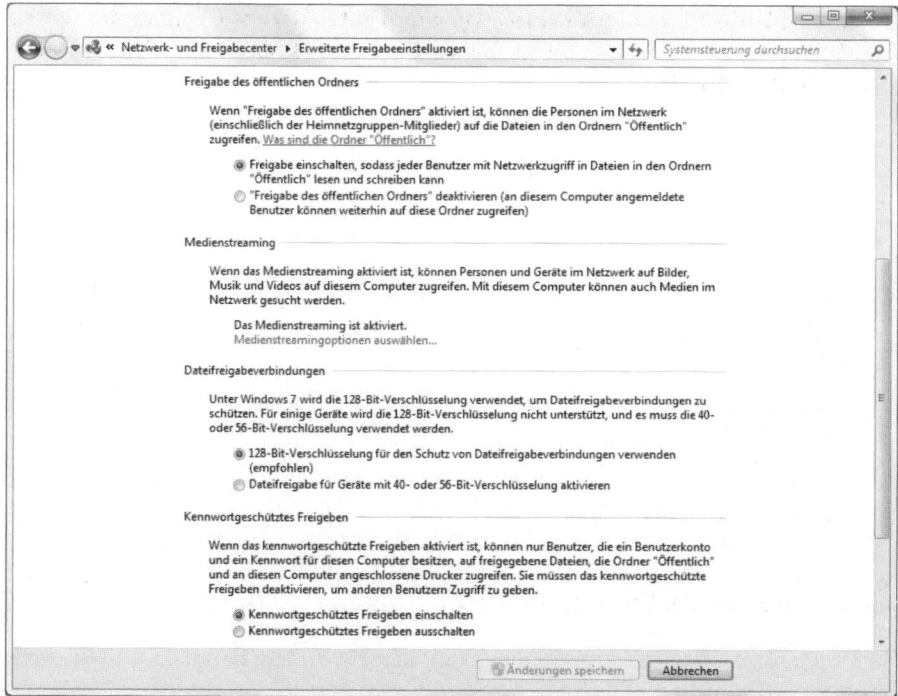

Bild 4.17: Jeder Benutzer mit Netzwerkzugriff hat vollen Zugriff auf öffentliche Dateien und Ordner.

Netzwerkzugriff nur mit gültigem Kennwort

Im Bereich *Kennwortgeschütztes Freigeben* etwas weiter unten legen Sie fest, ob Benutzer, die über das Netzwerk zugreifen möchten, ein gültiges Benutzerkonto auf dem lokalen PC haben müssen. In diesem Fall müssen sie sich mit Benutzername und Passwort anmelden. Ist die Option *Kennwortgeschütztes Freigeben* ausgeschaltet, kann jeder Benutzer aus dem Netzwerk auf die freigegebenen Dateien zugreifen.

Nachdem der Ordner freigegeben ist, können Sie von anderen Computern aus über den Explorer auf diesen öffentlichen Ordner zugreifen. Er erscheint unter *Users\Öffentlich* unterhalb des Computernamens im Ordner *Netzwerk*.

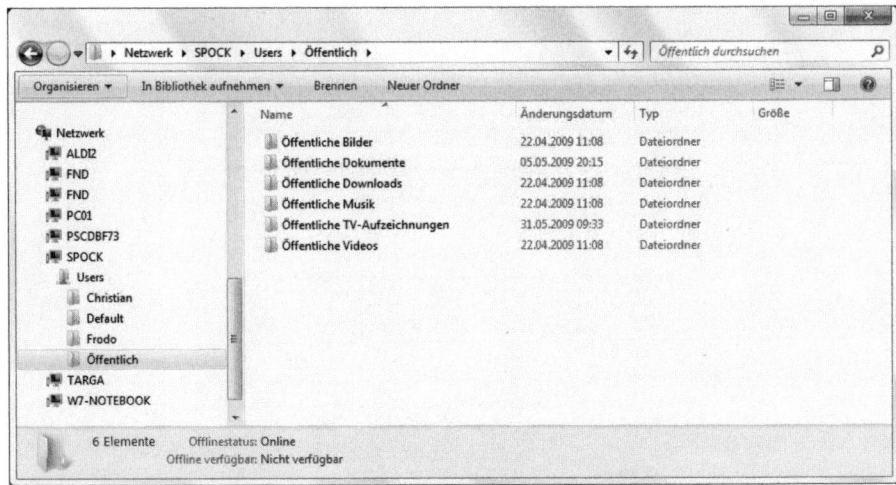

Bild 4.18: Anzeige der kennwortgeschützten öffentlichen Ordner.

4.5   Beliebige Ordner mit dem Freigabeassistenten freigeben

Die Möglichkeit, Dateien vom eigenen Computer für andere Benutzer im Netzwerk freizugeben, ist nicht auf Heimnetzgruppen und öffentliche Ordner beschränkt. Mit dem Freigabeassistenten kann man beliebige Ordner auf dem eigenen PC für das Netzwerk freigeben. Dazu muss im *Netzwerk- und Freigabecenter* die Datei- und Druckerfreigabe aktiviert sein. Solange sie ausgeschaltet ist, können keine Dateien freigegeben werden.

So aktivieren Sie die Datei- und Druckerfreigabe

Klicken Sie mit der rechten Maustaste auf einen beliebigen Ordner, um ihn freizugeben. Wählen Sie dazu im Kontextmenü die Option *Freigeben für/Bestimmte Personen*. Der Freigabeassistent startet.

Wenn Sie kennwortgeschütztes Freigeben aktiviert haben, müssen Sie jetzt Benutzer auswählen, die über das Netzwerk auf die neue Freigabe zugreifen dürfen. Für jeden Benutzer können Sie eine Berechtigungsebene festlegen. Diese regelt, ob der Benutzer im freigegebenen Ordner nur lesen oder auch Daten verändern darf.

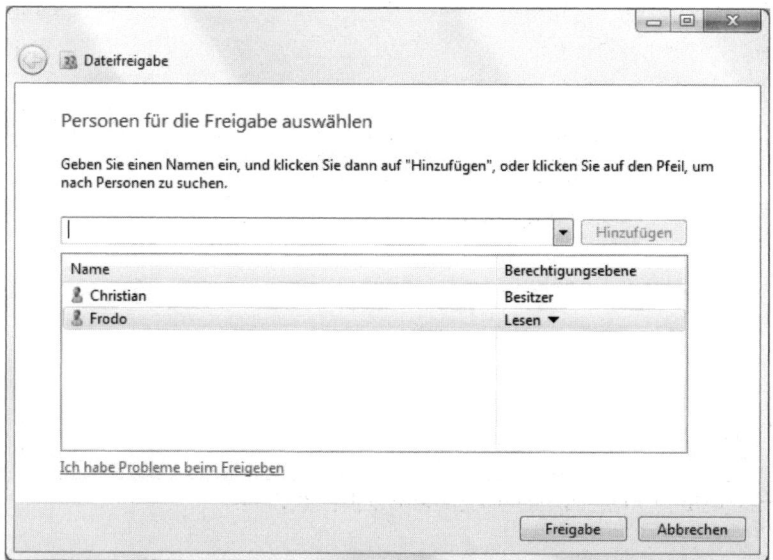

Bild 4.19: Benutzer bei kennwortgeschütztem Freigeben auswählen.

Klicken Sie danach auf die Schaltfläche *Freigabe*. Damit wird die Freigabe erstellt und angezeigt. Die berechtigten Benutzer können ab sofort über das Netzwerk auf den freigegebenen Ordner zugreifen.

Wenn Sie wollen, können Sie auf die gleiche Weise die Freigabe wieder beenden oder die Liste der berechtigten Benutzer verändern.

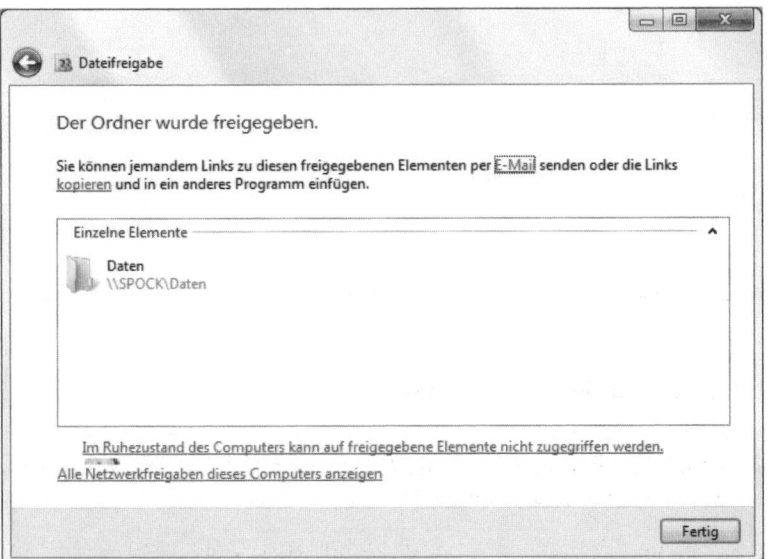

Bild 4.20: Anzeige des freigegebenen Ordners.

4.6   Einstellungen für angeschlossene Drucker festlegen

Auch im Zeitalter des papierlosen Büros muss das eine oder andere Dokument ausgedruckt werden. Windows 7 unterstützt zum Drucken alle gängigen Drucker und
erkennt sie in den meisten Fällen automatisch. Auch freigegebene Drucker im
Netzwerk werden automatisch erkannt. Windows 7 zeigt in der Übersicht *Geräte
und Drucker* eine Liste aller installierten Drucker an. Standardmäßig sind das nur
der Faxdrucker sowie der Microsoft XPS Document Writer.

Neu angeschlossene Drucker werden unter Windows 7 fast immer automatisch
erkannt. Kurz nachdem sie angeschlossen wurden, erscheint eine Meldung, die
Ihnen sagt, dass Treiber installiert wurden und der Drucker jetzt betriebsbereit ist.

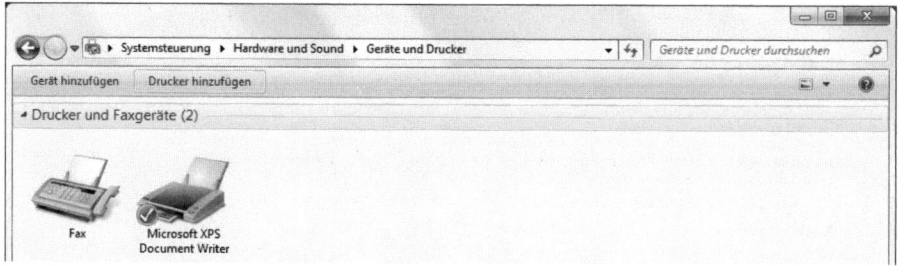

Bild 4.21: Anzeige der verfügbaren Geräte und Drucker.

Druckeinstellungen wählen und drucken

Windows 7 bietet diverse Methoden, ein Dokument zu drucken: Der am häufigsten verwendete Weg führt über das Menü *Datei/Drucken* oder die *Drucken*-Schaltfläche, die in fast jedem Programm vorhanden ist.

Dateien, die als Standarddateityp einem Programm zugeordnet sind, haben im Explorer-Kontextmenü eine Option *Drucken*. Damit wird das jeweilige Programm gestartet und die Datei gedruckt.

Die Symbolleiste in Explorer-Fenstern enthält, wenn eine Datei eines registrierten druckfähigen Typs markiert ist, ebenfalls eine Schaltfläche *Drucken*.

Die meisten Programme bieten beim Klick auf das Druckersymbol ein Dialogfeld, in dem im oberen Bereich der gewünschte Drucker ausgewählt werden kann. Dazu sind je nach Programm noch weitere Einstellungen möglich. So kann zum Beispiel bei mehrseitigen Dokumenten festgelegt werden, welche Seiten gedruckt werden sollen.

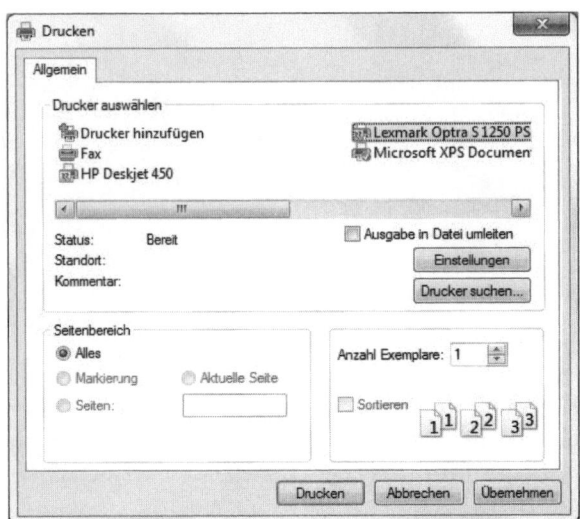

Bild 4.22:
Einen entsprechenden
Drucker auswählen.

Wollen Sie von einem Dokument gleich mehrere Exemplare ausdrucken, geben Sie das bei *Anzahl Exemplare* an. Mit der Option *Sortieren* können Sie festlegen, ob nacheinander jedes Dokument von Anfang bis Ende gedruckt werden soll oder zuerst alle ersten Seiten, dann alle zweiten und so weiter.

Klicken Sie auf die Schaltfläche *Einstellungen,* um das Papierformat und die Druck-reihenfolge der Seiten auszuwählen. Diese ist wichtig, da manche Drucker die zweite Seite im Stapel auf die Rückseite der ersten legen, andere auf die Vorderseite, und damit den Stapel in unterschiedlicher Reihenfolge sortieren. Diese Option wird nur von Druckern unterstützt, die auf einzelne Blätter drucken. Bei Endlos-papier und beim Druck in Dateien kann die Sortierreihenfolge nicht geändert wer-den.

Besonders Readme-Dateien und textlastige Webseiten erscheinen auf dem Aus-druck viel zu groß. Hier kann man an Übersicht gewinnen und Papier sparen, wenn man die Seiten kleiner und dafür zwei, vier oder noch mehr Seiten auf ein Blatt druckt.

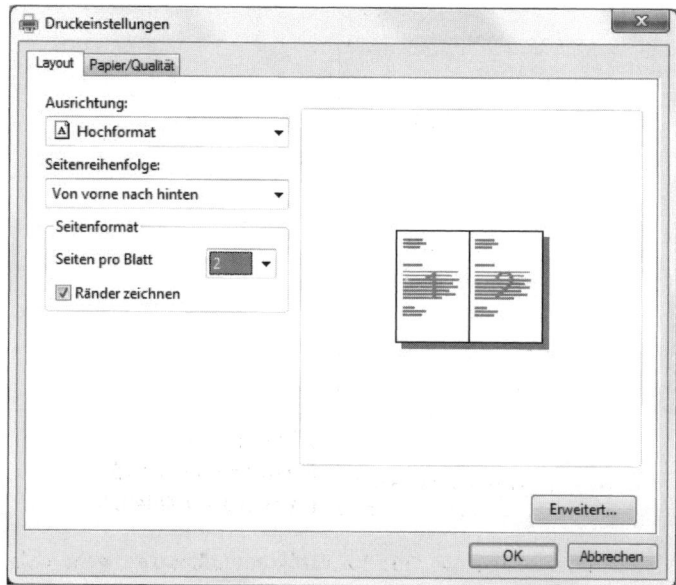

Bild 4.23: Mehrere Seiten auf ein Blatt drucken.

Ein Klick auf die Schaltfläche *Erweitert* zeigt einen weiteren Einstellungsdialog, der von Drucker zu Drucker unterschiedlich aussehen kann. Hier finden Sie gerätespezifische Einstellungen, wie zum Beispiel Papiergröße und Druckqualität.

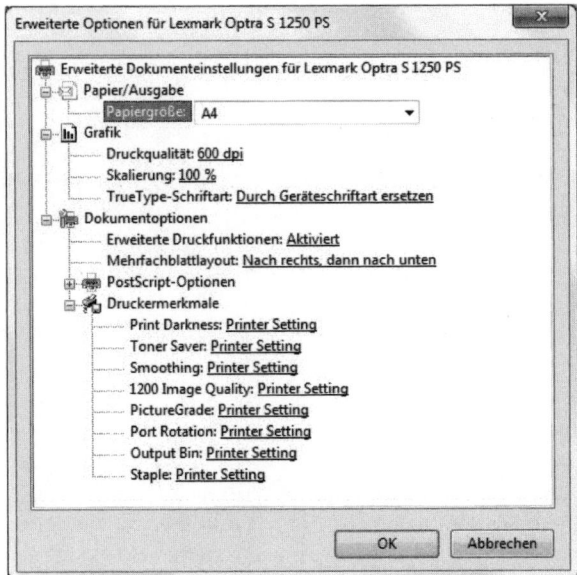

Bild 4.24: Einstellungen in den erweiterten Dokumenteinstellungen.

Druckerstatus und Druckereigenschaften

Ein Doppelklick auf einen Drucker zeigt alle zurzeit anstehenden Druckaufträge. Sollte ein Drucker nicht funktionieren, können Sie in diesem Fenster die Druckaufträge abbrechen. Wenn der Druckertreiber diese neue Funktion bereits unterstützt, blendet ein Doppelklick ein Statusfenster ein, in dem neben der Anzeige der Druckerwarteschlange auch wichtige Einstellungen direkt angeboten werden.

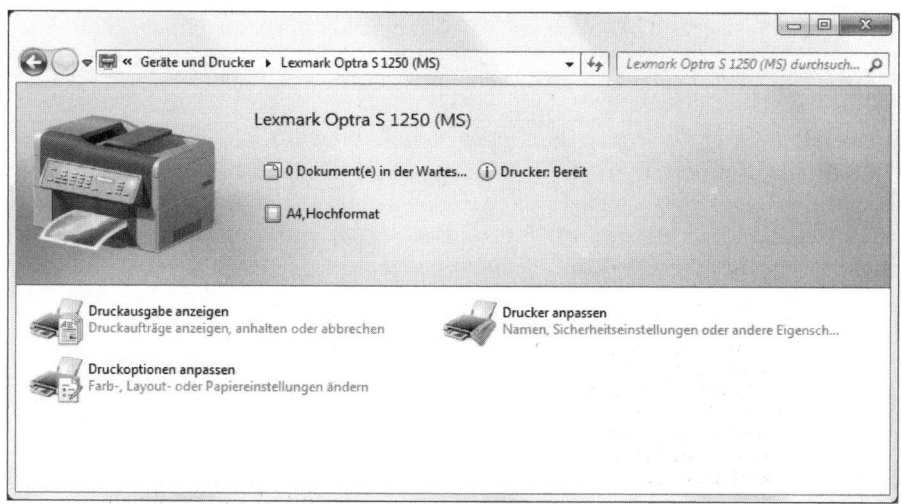

Bild 4.25: Der Drucker Lexmark Optra ist bereit zum Drucken.

Sie können für jeden Drucker diese Druckeinstellungen auch standardmäßig vorgeben, sodass Sie häufig verwendete Einstellungen nicht mehr bei jedem Druck festlegen müssen. Dazu gibt es zwei spezielle Menüpunkte im Kontextmenü eines Druckers in der Geräteübersicht.

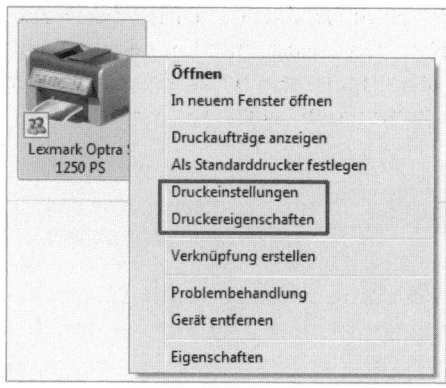

Bild 4.26: Druckeinstellungen vorgeben.

Druckeinstellungen: Bewirkt dasselbe wie die Einstellungen im Druckdialog. Hier lassen sich Vorgaben zur Sortierreihenfolge, zum Papierformat und zur Anzahl der Seiten pro Blatt vornehmen.

Auf der Registerkarte *Papier/Qualität* in den *Druckeinstellungen* wählen Sie den Papiereinzug, den der Drucker verwenden soll. Die meisten modernen Drucker haben mindestens zwei Einzüge, einen Einzelblatteinzug und einen für Papierstapel. Welches Papier in welchem Einzug liegt, muss zuvor in den Druckereigenschaften auf der Registerkarte *Geräteeinstellungen* festgelegt werden. Je nach Druckertyp stehen noch verschiedene Einstellungen zur Druckqualität zur Verfügung.

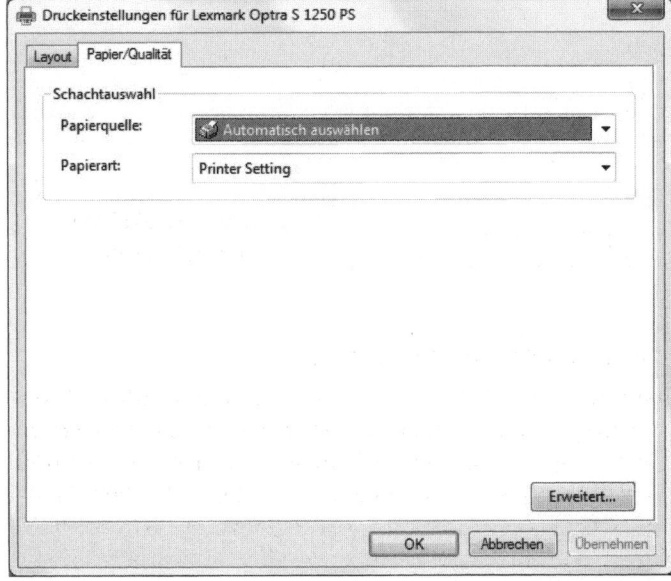

Bild 4.27:
Papierquelle und
Papierart wählen.

Druckereigenschaften: Bietet Zugriff auf verschiedene technische Einstellungen des Druckers. Diese werden üblicherweise automatisch richtig festgelegt, müssen aber bei Netzwerkdruckern oft noch angepasst werden.

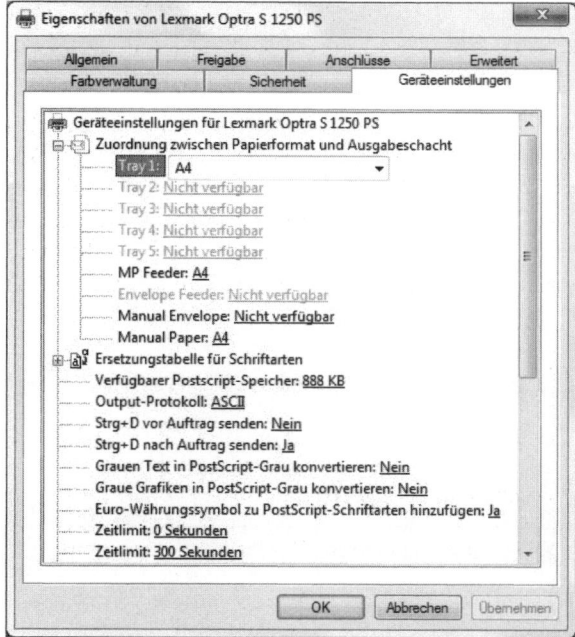

Bild 4.28: Festlegen der Geräteeinstellungen.

So legen Sie einen neuen Standarddrucker fest

Die meisten Programme bieten beim Klick auf die *Drucken*-Schaltfläche eine Auswahlmöglichkeit, um festzulegen, auf welchem Drucker das Dokument gedruckt werden soll. Einige Programme, wie zum Beispiel ältere Versionen von Microsoft Word, haben diese Auswahl nicht. Hier wird immer auf dem Drucker gedruckt, der als Standarddrucker in Windows definiert ist. In Programmen, in denen eine Druckerauswahl besteht, ist der Standarddrucker vorgewählt und wird verwendet, wenn der Benutzer keinen anderen Drucker einstellt.

Dieser Standarddrucker ist mit einem grünen Häkchen in der Liste der Drucker gekennzeichnet. Möchten Sie einen anderen Drucker als Standarddrucker festlegen, klicken Sie mit der rechten Maustaste auf diesen Drucker und wählen im Kontextmenü den Menüpunkt *Als Standarddrucker festlegen*.

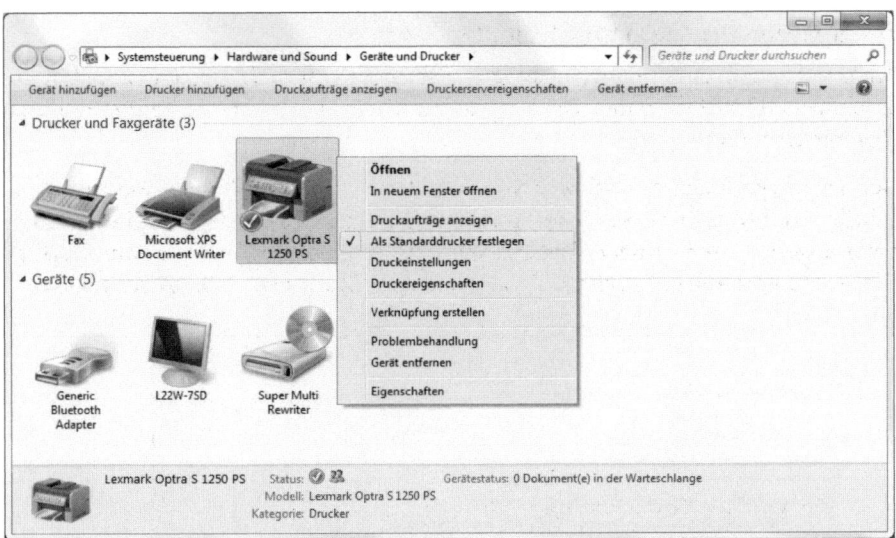

Bild 4.29: Der neue Standarddrucker ist durch ein grünes Häkchen gekennzeichnet.

4.7   Neue und ältere Drucker manuell installieren

Wird ein neuer Drucker nicht erkannt, was insbesondere bei älteren Druckern, bei seriellen Anschlüssen und bei unidirektionalen Kabeln vorkommt, kann der Drucker auch manuell konfiguriert werden. Netzwerkdrucker, die an anderen Computern angeschlossen und freigegeben sind, müssen ebenfalls so konfiguriert werden.

Plug-and-play-fähige Drucker können an Parallelports, USB-, IEEE 1394-/FireWire-, Bluetooth- oder Infrarotanschlüssen automatisch erkannt werden, sodass keine manuelle Treiberinstallation mehr erforderlich ist. Voraussetzung für die automatische Erkennung eines Druckers an einer Parallelschnittstelle ist eine bidirektionale Datenübertragung zum Drucker. Dazu muss die Schnittstelle im BIOS als bidirektional oder ECP/EPP konfiguriert sein, und ein Kabel muss verwendet werden, das eine bidirektionale Datenübertragung zulässt.

Einen neuen Drucker manuell hinzufügen

Klicken Sie auf der rechten Seite des Startmenüs auf *Geräte und Drucker*. Im anschließend erscheinenden Fenster wählen Sie in der Symbolleiste die Funktion *Drucker hinzufügen*.

Der Druckerinstallationsassistent von Windows 7 startet. Wählen Sie im ersten Schritt aus, ob der Drucker lokal über eine parallele Schnittstelle an diesen Computer angeschlossen ist oder über ein Netzwerk an einem anderen Computer hängt. Die zweite Variante gilt auch für Drucker, die per Bluetooth verbunden sind.

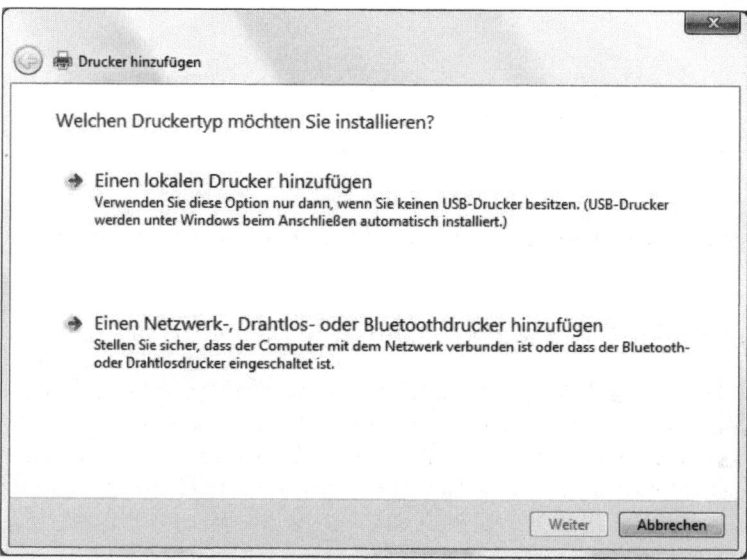

Bild 4.30: Den Druckertyp wählen.

Danach geben Sie bei einem lokalen Drucker an, an welchem Anschluss der Drucker angeschlossen ist. Die Liste zeigt alle lokalen Schnittstellen des Computers sowie bereits von anderen Druckern definierte logische Schnittstellen an. Sollte eine Schnittstelle nicht erkannt worden sein, was dann vorkommen kann, wenn ein Programm virtuelle Schnittstellen anlegt, müssen Sie mit der Option *Neuen Anschluss erstellen* diesen Anschluss definieren.

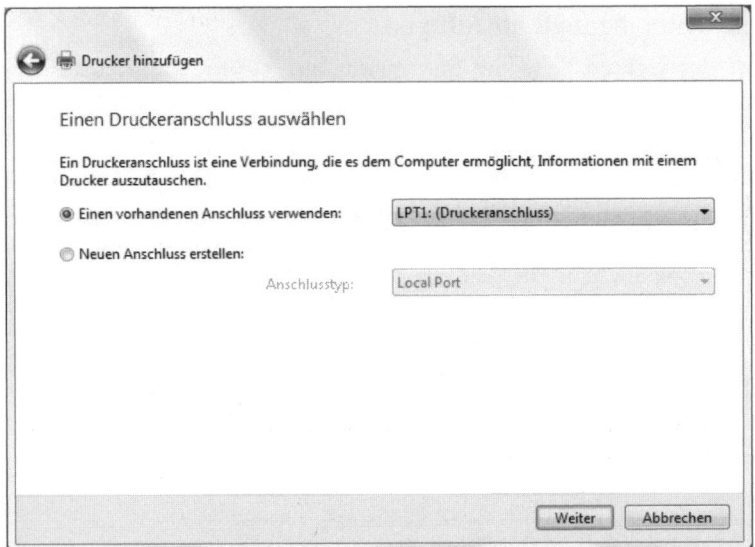

Bild 4.31: Den Anschluss auswählen.

Wählen Sie im nächsten Schritt das Druckermodell aus. Ist der gewünschte Drucker in der Liste nicht vorhanden, können Sie über die Schaltfläche *Datenträger* den Druckertreiber von einer CD des Herstellers oder einer Installationsdatei aus dem Internet installieren oder über Windows Update die aktuelle Druckerliste von der Microsoft-Webseite herunterladen und so die Auswahl der zur Verfügung stehenden Geräte erweitern.

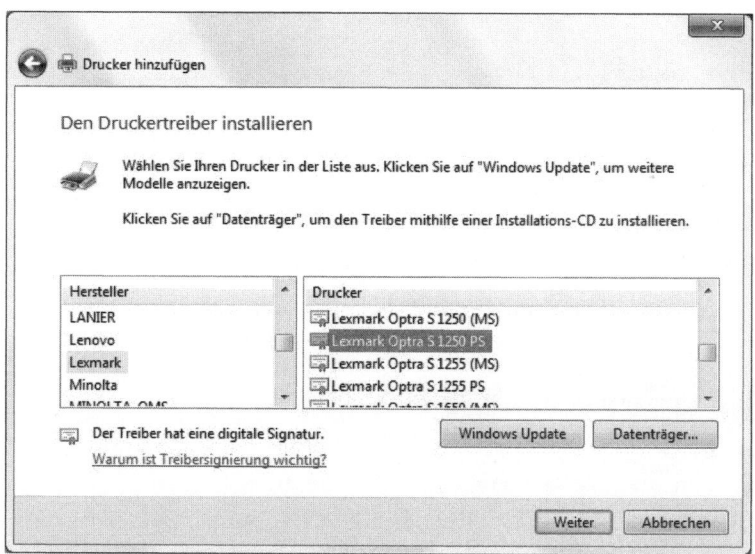

Bild 4.32: Das Druckermodell wählen.

Danach müssen Sie dem neu installierten Drucker einen Namen geben, unter dem Windows ihn ansprechen soll. Dieser Name muss eindeutig und sollte nicht mehr als 31 Zeichen lang sein. In den meisten Fällen können Sie einfach den Vorgabenamen übernehmen. Wenn Sie mehrere logische Drucker für unterschiedliche Konfigurationen ein und desselben Geräts einrichten, brauchen diese auch alle unterschiedliche Namen.

Im nächsten Schritt des Assistenten legen Sie fest, ob der neu installierte Drucker im Netzwerk für andere Benutzer freigegeben werden soll.

Jetzt können Sie noch entscheiden, ob der neu installierte Drucker als Standarddrucker eingerichtet und ob eine Testseite gedruckt werden soll. Mit der Testseite wird nicht nur die Funktionsfähigkeit des Druckers überprüft, sondern sie enthält auch nützliche Informationen zum installierten Druckertreiber.

Windows-
Druckertestseite

Konfiguration abgeschlossen

Wenn Sie diese Informationen lesen können, wurde der Lexmark Optra S 1250 PS
richtig auf SPOCK installiert.

Nachfolgend finden Sie Informationen über den Druckertreiber und die
Anschlusseinstellungen.

```
Gesendet:             23:15:22 10.07.2009
Computername:         SPOCK
Druckername:          Lexmark Optra S 1250 PS
Druckermodell:        Lexmark Optra S 1250 PS
Farbdrucker:          Nein
Anschlussname(n):     LPT1:
Datenformat:          RAW
Freigabename:         Lexmark Optra S 1250 PS
Standort:
Kommentar:
Treibername:          PSCRIPT5.DLL
Datendatei:           LOPS1250.PPD
Konfig.-Datei:        PS5UI.DLL
Hilfedatei:           PSCRIPT.HLP
Treiberversion:       6.00
Umgebung:             Windows x64

Zusätzliche Treiberdateien:
  C:\Windows\system32\spool\DRIVERS\x64\3\PSCRIPT.NTF
  C:\Windows\system32\spool\DRIVERS\x64\3\PS_SCHM.GDL

Dies ist das Ende der Testseite.
```

Bild 4.33: Eine Testseite drucken.

Nach erfolgreicher Installation wird der neue Drucker mit in die Übersicht *Geräte und Drucker* aufgenommen. Bei Problemen mit dem Drucker oder wenn Sie die Konfiguration verändert haben, können Sie per Rechtsklick auf den Drucker und Auswahl des Menüpunkts *Druckereigenschaften* jederzeit wieder eine Testseite ausdrucken.

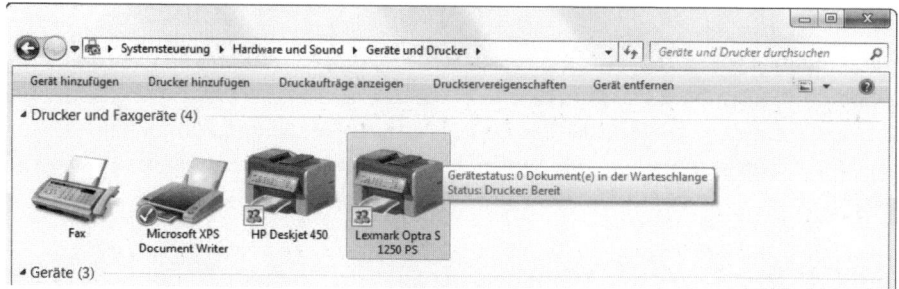

Bild 4.34: Der neue Drucker in der Geräteübersicht.

Einen zweiten logischen Drucker installieren

Manche Drucker bieten mehrere Druckmodi, zum Beispiel PCL und PostScript. Ein solcher Drucker wird trotzdem nur einmal automatisch erkannt. Sie können aber manuell einen zweiten logischen Drucker für den anderen Betriebsmodus installieren. Üblicherweise gibt es bei PostScript-fähigen Druckern zwei unterschiedliche Treiber. Der Treiber für den normalen Windows-Modus ist mit MS gekennzeichnet, der PostScript-Treiber mit PS.

Um Tinte zu sparen, kann man einen Farbdrucker ein zweites Mal im reinen Schwarz-Weiß-Modus installieren. Anstatt sich später mühsam durch die Einstellungen des Druckertreibers zu klicken, druckt man für einen sparsamen Schnelldruck einfach auf dem Schwarz-Weiß-Drucker anstatt auf dem Farbdrucker.

4.8 Gemeinsames Drucken im Heimnetzwerk

Windows 7 ermöglicht das gemeinsame Drucken im Netzwerk. Alle Computer im Netzwerk können einen Drucker, der an einem beliebigen Computer angeschlossen ist, gemeinsam nutzen. Dieser muss kein Server sein. Einzige Voraussetzung ist natürlich, dass der Computer, an dem der Drucker angeschlossen ist, auch eingeschaltet und im Netzwerk angemeldet ist.

So richten Sie einen Netzwerkdrucker ein

Möchten Sie einen an einem anderen Computer im Netzwerk angeschlossenen Drucker nutzen, wählen Sie *Drucker hinzufügen* und dann im ersten Schritt des

Assistenten die Option *Einen Netzwerk-, Drahtlos- oder Bluetoothdrucker hinzufügen*.

Windows 7 versucht jetzt, Drucker im Netzwerk zu finden. Wird der gewünschte Drucker gefunden, können Sie ihn einfach auswählen. Manche im Netzwerk vorhandenen Drucker werden nicht automatisch gefunden. Klicken Sie in diesem Fall auf *Der gesuchte Drucker ist nicht aufgeführt*.

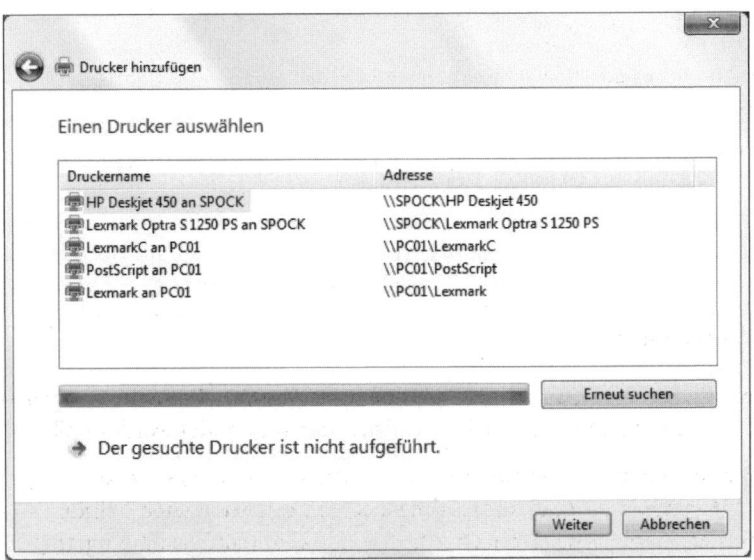

Bild 4.35: Den Drucker im Netzwerk finden.

Im nächsten Schritt können Sie den Drucker über den Computer- und Freigabenamen oder über seine IP-Adresse eintragen. Die einfachste Methode ist in den meisten Fällen die Option *Durchsuchen*. Dadurch bekommen Sie in einem Explorer-Fenster alle Computer im Netzwerk angezeigt. Hier können Sie den gewünschten Drucker leicht finden.

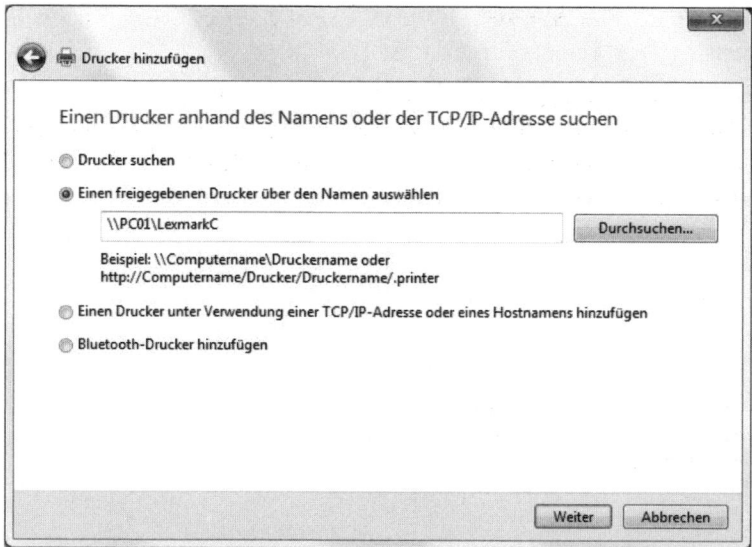

Bild 4.36: Drucker eintragen.

Danach müssen Sie, wie bei einem lokalen Drucker, einen Druckernamen angeben und festlegen, ob der neue Drucker als Standarddrucker verwendet werden soll.

Ist der Drucker an einem Computer mit einer älteren Windows-Version angeschlossen, wird Windows Update automatisch nach einem geeigneten Windows 7-Treiber durchsucht. Danach wird der Drucker in der Geräteübersicht eingetragen. Zur Unterscheidung haben Netzwerkdrucker ein Symbol mit einem auffälligen grünen Kabel.

Bild 4.37: Druckername und Standarddrucker wählen.

Wenn Sie mit einem Notebook an unterschiedlichen Orten arbeiten, können Sie abhängig von der Netzwerkverbindung verschiedene Standarddrucker wählen. Alle Drucker müssen dazu einmal eingerichtet sein. Danach können Sie über den Link

Mehrere Standarddrucker einrichten in der Druckerkonfiguration jeder Netzwerkverbindung einen eigenen Standarddrucker zuordnen und haben so, ohne jedes Mal umschalten zu müssen, z. B. im Büro und zu Hause immer den passenden Drucker zur Verfügung. Diese Option steht in den Home-Versionen von Windows 7 nicht zur Verfügung.

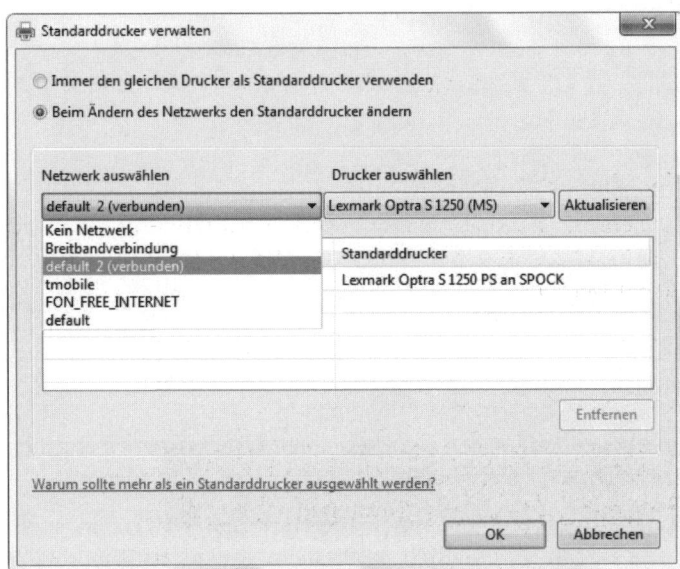

Bild 4.38:
Standortabhängige
Druckerwahl.

4.9   Netzwerkdrucker über Printserver nutzen

Die komfortabelste Methode, im Netzwerk zu drucken, ist die Verwendung eines Printservers. Dabei handelt es sich nicht, wie der Name vermuten lässt, um einen riesigen Serverschrank, sondern nur um ein kleines Kästchen, das direkt an den Drucker angesteckt und mit dem Netzwerk verbunden wird. Ein Printserver hat den Vorteil, dass kein bestimmter Computer eingeschaltet sein muss, um den Drucker zu verwenden. Ein Netzwerkdrucker an einem Printserver steht immer zur Verfügung. Solche Printserver gibt es für Drucker mit USB- oder Parallelanschluss. Auf diese Weise können Sie sehr einfach ältere Parallelport-Drucker im Netzwerk betreiben, auch wenn keiner der PCs mehr eine parallele Schnittstelle hat.

Bild 4.39: LogiLink-Printserver mit USB-Anschluss.

So konfigurieren Sie einen Printserver

Ein Printserver hat eine eigene IP-Adresse im Netzwerk. Diese erfahren Sie in der Dokumentation des Geräts. Der Printserver kann von jedem Computer über einen Webbrowser administriert werden.

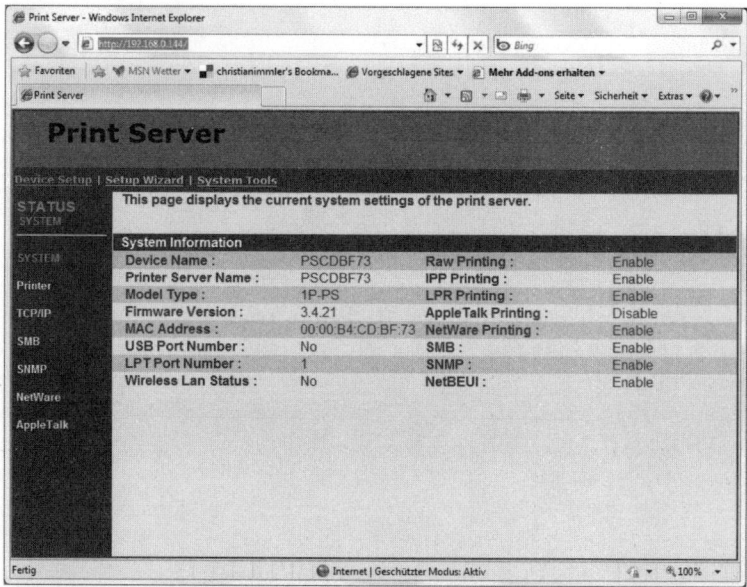

Bild 4.40: Die meisten modernen Printserver unterstützen diverse Protokolle zum Drucken im Netzwerk. Ein einmal auf dem Printserver konfigurierter Drucker kann von jedem Computer im Netzwerk genutzt werden.

Der Drucker wird wie ein über das Netzwerk verbundener Drucker an einem anderen PC lokal als Netzwerkdrucker eingerichtet. Sollte der Printserver nicht über einen Windows-Netzwerknamen im Netzwerk gefunden werden, besteht die Möglichkeit, direkt die TCP/IP-Adresse anzugeben – bei vielen Printservern die Standardvorgehensweise.

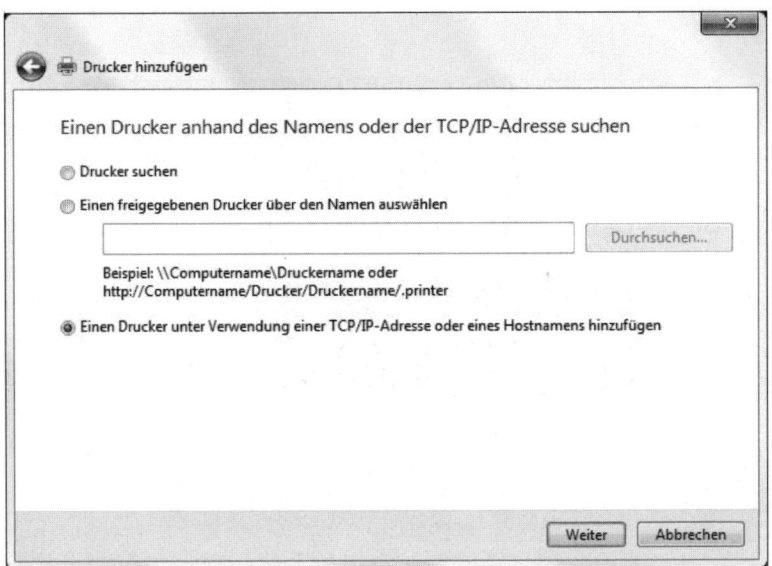

Bild 4.41: Drucker am Printserver einrichten.

Geben Sie im nächsten Schritt die IP-Adresse des Printservers und dahinter durch einen Doppelpunkt getrennt Port *631* an. Dies ist der Standardport für das Internet-Printing-Protokoll.

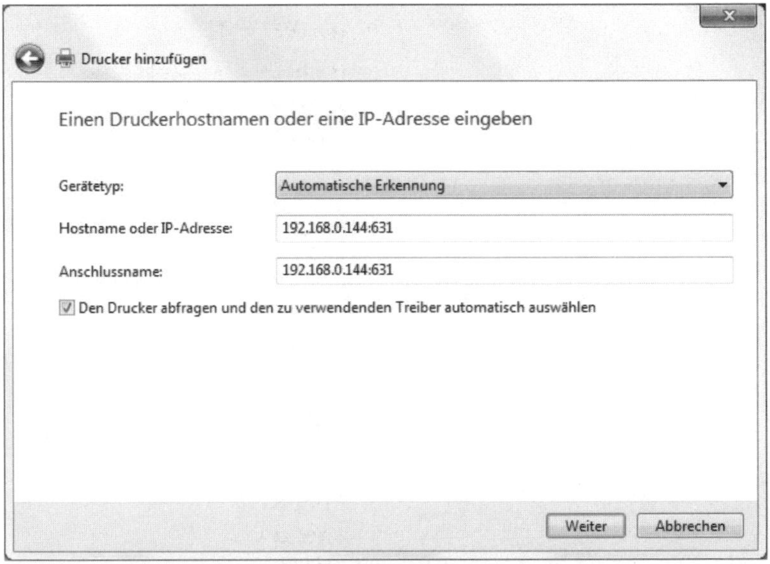

Bild 4.42: Druckerhostnamen oder IP-Adresse eintragen.

Ist das Kontrollkästchen *Den Drucker abfragen und den zu verwendenden Treiber automatisch auswählen* eingeschaltet, teilt der Printserver dem Computer selbstständig mit, welcher Druckertyp angeschlossen ist, sodass der passende Treiber automatisch installiert werden kann. Diese Funktion wird allerdings nicht von allen Printservern unterstützt. Wenn nicht, müssen Sie in einem späteren Schritt den Druckertyp manuell auswählen.

Windows versucht jetzt, unter der angegebenen IP-Adresse den Printserver zu erkennen. In den meisten Fällen funktioniert die vollautomatische Erkennung bei einfachen Printservern nicht, sodass Sie im nächsten Schritt den Typ des Printservers aus einer langen Liste auswählen müssen. Einfache Printserver, die direkt auf den Drucker gesteckt werden, funktionieren häufig mit dem Standardtyp *Print Server*.

Wählen Sie im nächsten Schritt wie bei einer lokalen Installation den Druckertyp aus, sollte dieser nicht automatisch erkannt werden. Anschließend kann wie üblich der neue Drucker als Standarddrucker eingerichtet und eine Testseite ausgedruckt werden.

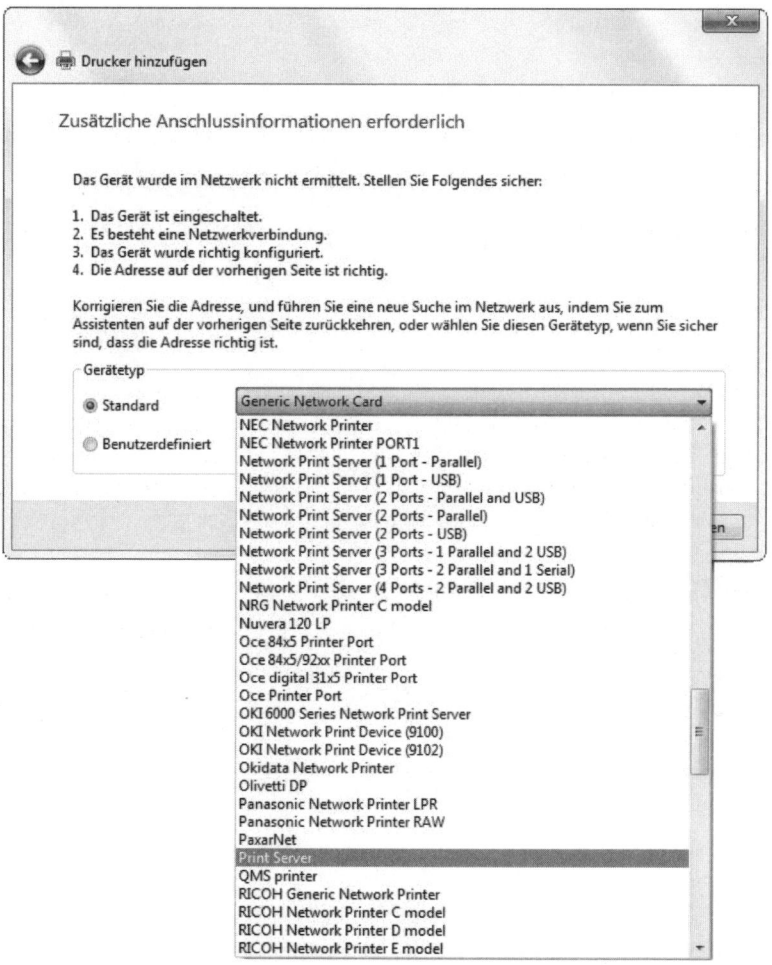

Bild 4.43: Druckertyp wählen.

4.10   Drucker im Netzwerk für andere freigeben

Windows 7 vereinfacht das Drucken im Netzwerk gegenüber früheren Windows-Versionen deutlich. Drucker werden in der Heimnetzgruppe automatisch freigegeben, wenn das in den Freigabeeinstellungen der Heimnetzgruppe so festgelegt ist.

Neu installierte Drucker können direkt bei der Installation im Netzwerk allgemein freigegeben werden, sodass sie auch auf Computern ohne Heimnetzgruppe, die kein Windows 7 verwenden, genutzt werden können.

Freigegebene Drucker auf anderen Computern im Netzwerk werden automatisch erkannt und in die Übersicht *Geräte und Drucker* eingetragen. Sie können dann wie lokale Drucker verwendet werden. Drucker, die bisher nicht für die Nutzung im Netzwerk zur Verfügung standen, können jederzeit nachträglich freigegeben werden.

Klicken Sie mit der rechten Maustaste in der Geräteübersicht auf den Drucker, der freigegeben werden soll, und wählen Sie im Kontextmenü *Druckereigenschaften*.

Aktivieren Sie im nächsten Dialog auf der Registerkarte *Freigabe* das Kontrollkästchen *Drucker freigeben* und geben Sie einen Freigabenamen ein. Dieser sollte aus Kompatibilitätsgründen höchstens aus acht Buchstaben bestehen und keine Leerzeichen enthalten. Nur so können Benutzer älterer Windows-Versionen über das Netzwerk auf diesem Drucker drucken. Standardmäßig wird der vom Druckertreiber vorgegebene Name angezeigt.

Solange das Kontrollkästchen *Druckauftragsaufbereitung auf Clientcomputern durchführen* aktiviert ist, wird der eigene Computer nicht belastet, wenn ein anderer Anwender über das Netzwerk auf dem eigenen Computer druckt. Auf Computern, die vorrangig als Server dienen und lokal wenig benutzt werden, kann dieses Kontrollkästchen ausgeschaltet werden, um die anderen Computer im Netzwerk zu entlasten.

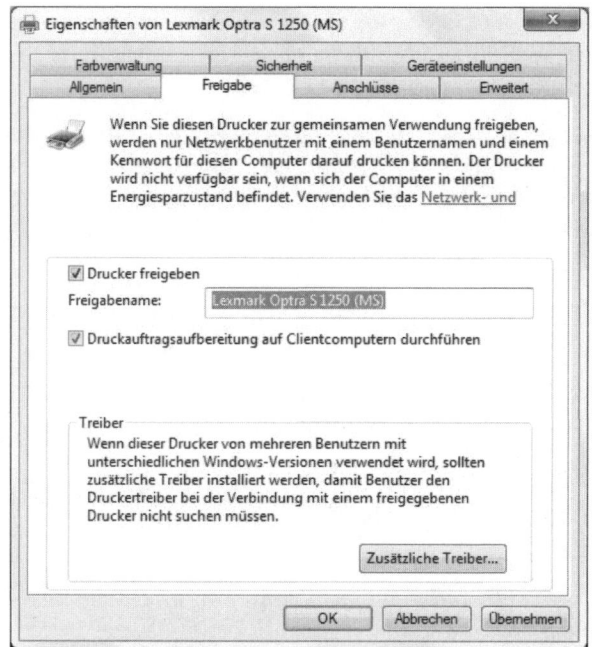

Bild 4.44: Drucker im Netzwerk freigeben.

Um Benutzern anderer Windows-Systeme die Verwendung dieses Druckers im Netz zu erleichtern, können Sie zusätzliche Treiber installieren. Klicken Sie dazu auf die Schaltfläche *Zusätzliche Treiber* und wählen Sie die entsprechenden Treiberversionen aus – möglichst die Treiber für alle im Netzwerk verwendeten Systemvarianten. *x64* (64 Bit) und *x86* (32 Bit) werden häufig eingesetzt, während die angebotene *Itanium*-Variante als Exot zu betrachten ist. Wenn Windows 7 die Treiber nicht mitliefert, müssen Sie jetzt die CD des Druckerherstellers einlegen.

Bestätigen Sie alle Dialoge mit *OK*, steht der Drucker anderen Benutzern im Netzwerk zur Verfügung.

Bild 4.45:
Zusätzliche Treiber installieren.

 Energiesparmodus ausschalten
Ein freigegebener Drucker im Netzwerk kann nicht mehr verwendet werden, wenn der Computer in den Energiesparzustand versetzt wird. Stellen Sie den Computer, auf dem Sie Drucker freigeben, so ein, dass zwar nach einer bestimmten Zeit der Bildschirm ausgeht, der Computer aber nicht in den Energiesparmodus fällt.

5 Digitalfotos verwalten

Spätestens dann, wenn die Speicherkarte der Digitalkamera voll ist, landen die Fotos auf der Festplatte des Computers. Ohne eine vorgegebene Archivierungs-struktur sind sie dort später nur noch schwer zu finden, trotz vorgegebener Num-merierung durch die Kamera. Kommen dann noch Fotos aus dem Internet oder von Freunden hinzu, ist die einmal geplante Ordnung der Fotos ganz schnell wieder vorbei. Die Bilder verschwinden auf Nimmerwiedersehen in den Tiefen der Windows-Verzeichnisse.

5.1 Fotos verwalten und betrachten

Windows 7 liefert einen eigenen Bildbetrachter mit, der in den Explorer integriert ist. Zusätzlich bietet Microsoft die sehr komfortable Windows Live Fotogalerie kostenlos zum Download an, die noch wesentlich mehr Funktionen bietet.

Bilderordner im Windows Explorer anzeigen

Bilderordner im Explorer werden standardmäßig im Anzeigemodus *Große Symbole* angezeigt. Hier sind alle Bilder als Vorschaubilder zu sehen. Auf diese Weise kann man sich schnell einen Überblick über umfangreiche Fotosammlungen verschaffen. Dateien, die keine Bilder sind, werden in diesem Modus als entsprechendes Symbol angezeigt.

Bild 5.1: Die Ordner werden als große Symbole angezeigt.

Der Detailbereich am unteren Rand des Explorer-Fensters liefert zusätzliche Informationen zum ausgewählten Bild, wie Abmessungen, Größe und Aufnahmedatum. Wenn Sie mit dem Symbol rechts oben neben dem Fragezeichen im Explorer-Fenster das Vorschaufenster einschalten, wird ein ausgewähltes Bild automatisch im rechten Bereich des Explorers noch einmal größer angezeigt.

Bild 5.2: Diese Schnellansicht soll nur einen ersten Eindruck vom Bild geben. In der Windows-Fotoanzeige können Sie das Bild dann richtig betrachten.

Mit einem Doppelklick öffnen Sie das Bild in einem eigenen neuen Fenster der Windows-Fotoanzeige. Die obere Symbolleiste in der Windows-Fotoanzeige bietet Funktionen zum Drucken des Fotos, für den E-Mail-Versand, zum Brennen auf CD und zum Öffnen mit anderen Programmen, beispielsweise einer Bildbearbeitungssoftware.

Bild 5.3: Bilder im Großformat anzeigen.

Die untere Symbolleiste steuert die Anzeige der Bilder und bietet zusätzlich eine Diashowfunktion im Vollbildmodus. Zur schnelleren Navigation lassen sich diese Funktionen auch per Tastatur aufrufen.

Symbol	Funktion	Taste
	Zoom.	$+$, $-$
	Originalgröße: Das Bild wird in Originalgröße gezeigt, sodass im Fenster nur ein Teilbereich zu sehen ist, der mit der Maus verschoben werden kann.	Strg $+$ 0
	Vorheriges Bild im Ordner oder in der Bibliothek.	←
	Diashow im Vollbildmodus.	F11
	Nächstes Bild im Ordner oder in der Bibliothek.	→
	Entgegen dem Uhrzeigersinn drehen.	Strg $+$.
	Im Uhrzeigersinn drehen.	Strg $+$.
	Bild löschen.	Entf

Warum startet die Windows-Fotoanzeige nicht?

Sollte ein Foto per Doppelklick nicht in der Windows-Fotoanzeige, sondern in einem anderen Programm angezeigt werden, hat sich dieses als Standardprogramm für JPEG-Dateien eingetragen, was besonders häufig bei Anwendungen von Onlinefotodiensten vorkommt.

Klicken Sie in diesem Fall mit der rechten Maustaste auf das Foto und wählen Sie im Kontextmenü *Öffnet mit/Standardprogramm auswählen.* Hier können Sie festlegen, mit welchem Programm Fotos in Zukunft immer geöffnet werden sollen.

Ersatzlos gestrichen: Windows XP bot im Bildbetrachter speziell für Bilder im TIF-Format einfache Anmerkungs- und Bearbeitungsfunktionen an, mit denen zum

Beispiel grafische Kommentare in ein Fax gekritzelt werden konnten. Diese Werkzeuge wurden in der neuen Bildanzeige von Windows 7 ersatzlos gestrichen.

Bessere Übersicht in großen Bildarchiven

Die neuen Bibliotheken in Windows 7 ermöglichen eine bessere Übersicht in großen Bildarchiven. Wählen Sie im Listenfeld *Anordnen nach* eine Sortierung nach Monaten oder Tagen, werden die Bilder automatisch chronologisch geordnet. Die Bibliothek erstellt kleine Übersichtsbilder mit den ersten Fotos jedes Monats.

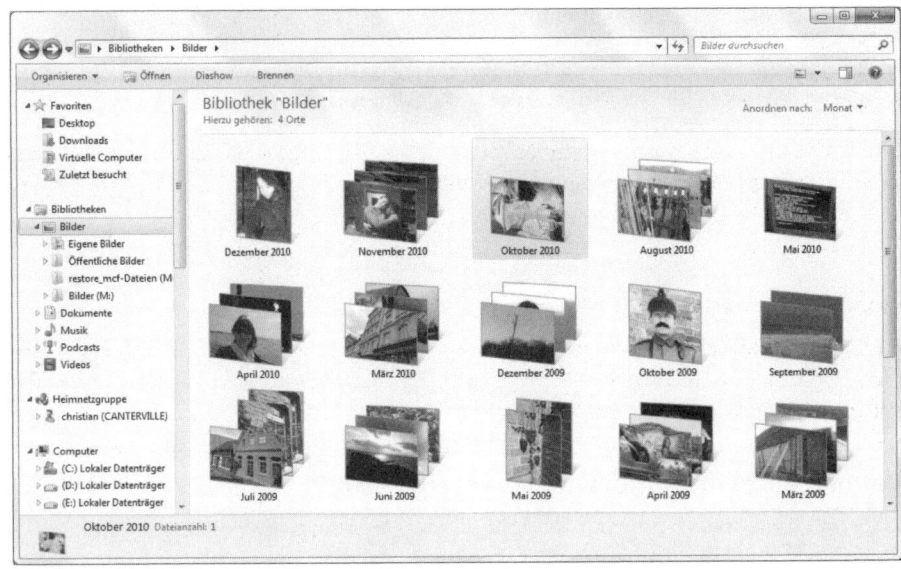

Bild 5.4: Alle Fotos nach Monat geordnet.

Versucht man in Windows XP, ein Verzeichnis mit Fotos nach dem Bildaufnahmedatum zu sortieren, ergibt sich eine nicht chronologische Reihenfolge. Das liegt daran, dass die Eigenschaft *Aufnahmedatum* nicht als Datumszahl, sondern als Zeichenkette von der Kamera in die Datei geschrieben wird. Demnach wird hier alphanumerisch sortiert. Die von Windows erstellten Datumsangaben sind Datumszahlen, die vom Explorer automatisch anhand des Datumsformats aus den Regions- und Sprachoptionen interpretiert werden.

Windows 7 hat dieses Problem behoben und wertet das Aufnahmedatum, das die Kamera in die Datei geschrieben hat, automatisch korrekt als Datum aus, sodass Bilder sowohl nach Änderungsdatum als auch nach Aufnahmedatum gruppiert werden können.

5.2 Installation der Windows Live Fotogalerie

Wer mit seinen Fotos noch mehr machen möchte, als sie einfach nur anzusehen, dem bietet Microsoft die kostenlose Windows Live Fotogalerie zum Download (*www.windowslive.de*) an, eine komfortable Fotoverwaltung mit Bearbeitungsfunktionen. Die Windows Live Essentials sind kostenlose Tools von Microsoft, die die Funktionen des Betriebssystems erweitern, aber nicht automatisch mit installiert werden.

Die Installation der Windows Live Essentials kann einige Zeit dauern, ohne dass irgendeine Fortschrittsmeldung auf dem Bildschirm angezeigt wird. Schalten Sie den Computer in dieser Zeit nicht aus, bis die erfolgreiche Installation bestätigt wird.

Fotogalerie starten und neue Ordner aufnehmen

Beim ersten Start der Windows Live Fotogalerie erscheint eine Meldung, die nachfragt, ob die Fotogalerie in Zukunft als Standardbetrachter für die gängigsten Fotoformate genutzt werden soll. Sie wird, wenn Sie das bestätigen, automatisch beim Doppelklick auf ein Foto anstelle des einfachen Bildbetrachters gestartet.

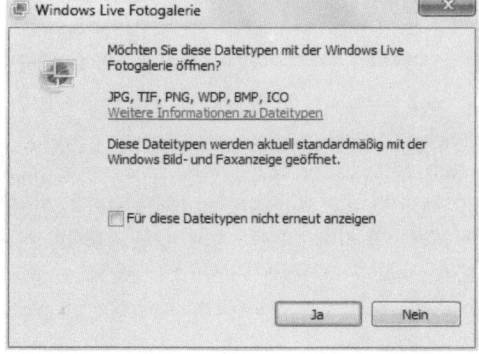

Bild 5.5: Festlegen der gängigen Bilddateiformate.

Die Windows Live Fotogalerie bietet eine eigene Verwaltung der Bilder auf dem Computer. Die Galerieansicht beim Start der Windows Live Fotogalerie zeigt alle Fotos in einer Baumstruktur.

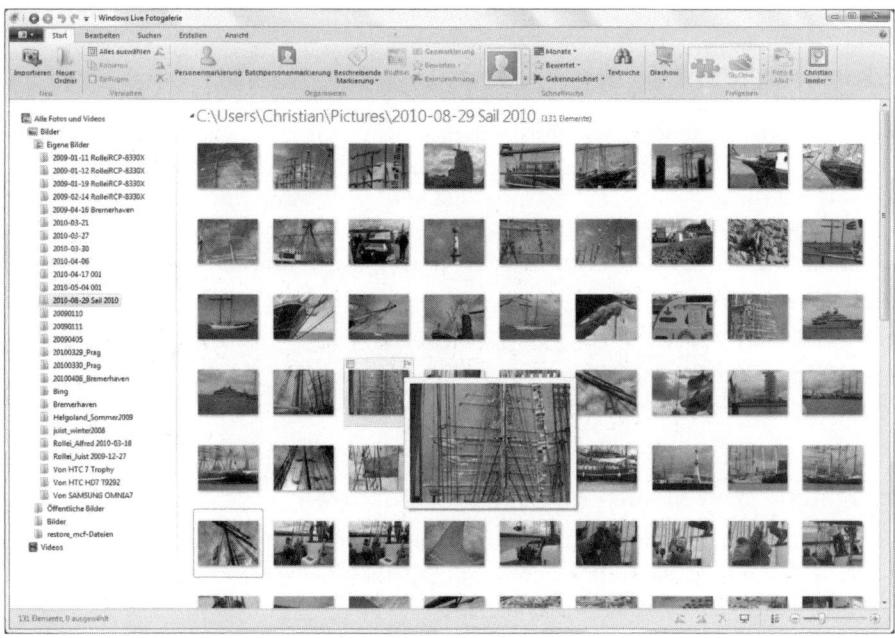

Bild 5.6: Die Galerieansicht der Live Fotogalerie.

Bleibt der Mauszeiger eine kurze Zeit auf einem Bild, wird es vergrößert dargestellt. Mit dem Schieberegler links unten vergrößern oder verkleinern Sie die Ansicht der Vorschaubilder.

Um Bilder wiederzufinden, können Sie sie nach verschiedenen Kriterien gruppieren, und zwar unabhängig davon, in welchem Ordner auf der Festplatte sie sich befinden. Markieren Sie links einen Hauptordner und klicken Sie oben auf *Monat*. Wenn Sie jetzt einen Monat auswählen, werden alle Fotos in Unterordnern des markierten Ordners angezeigt, die in diesem Monat aufgenommen wurden.

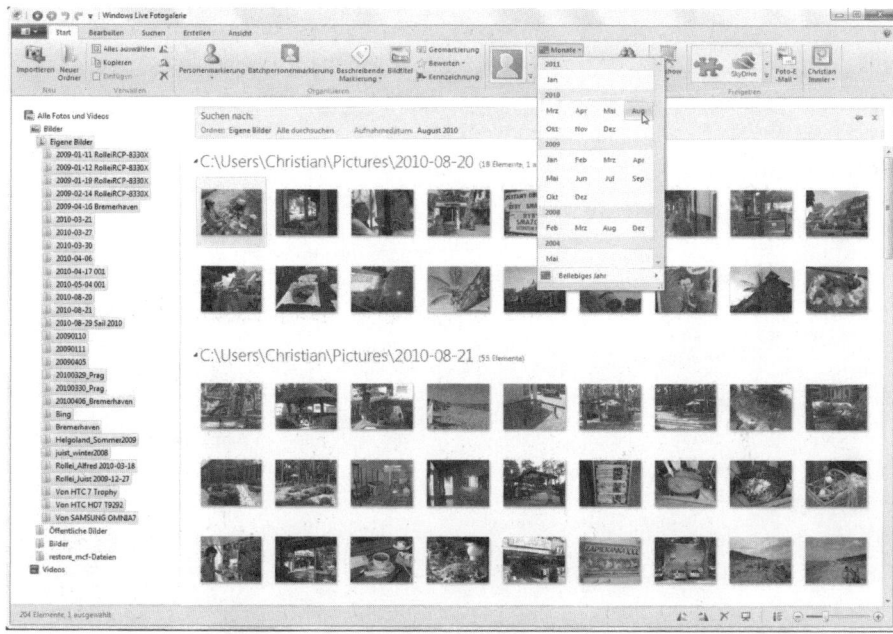

Bild 5.7: Bilder in den Monatsordnern wiederfinden.

Die Galerie enthält in der Grundeinstellung nur Ordner unterhalb von *Eigene Bilder, Eigene Videos, Öffentliche Bilder* und *Öffentliche Videos*. Sie können ein Bild allerdings, wenn Sie es aus einem anderen Ordner per Doppelklick aus dem Windows Explorer heraus betrachten, der Galerie hinzufügen. Die Schaltfläche links oben ändert sich und zeigt dann den Text *Ordner zur Galerie hinzufügen*.

Auf diese Weise können Sie alle Ordner, in denen Sie Fotos gesammelt haben, in die Galerie mit aufnehmen. Links in der Baumstruktur der Galerie finden Sie eine Liste aller erfassten Ordner. Ein Rechtsklick auf *Alle Fotos und Videos* bietet die Möglichkeit, weitere Ordner mit Fotos in die Galerie aufzunehmen. Mit einem Rechtsklick auf einen Ordner lässt sich dieser aus der Galerie auch wieder entfernen.

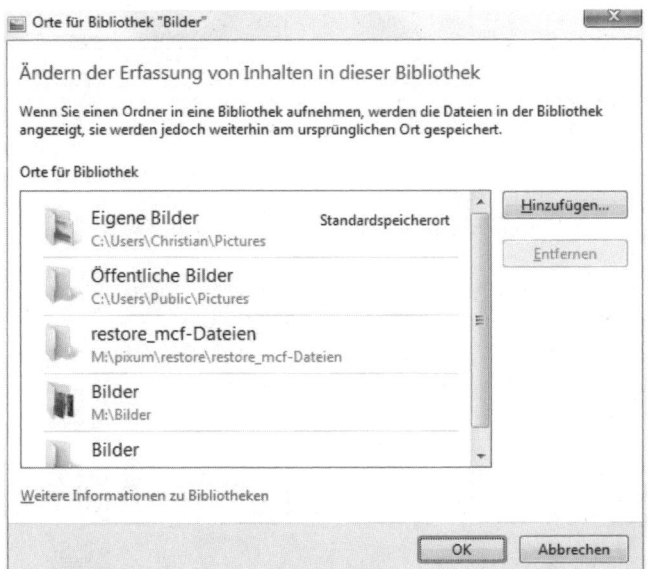

Bild 5.8: Alle Fotos in neu hinzugefügten Ordnern werden automatisch auch in die Kategorien nach Aufnahmedatum und nach eventuell vorhandenen Beschriftungen einsortiert.

5.3   Bilder bewerten und verschlagworten

Die erweiterten Dokumenteigenschaften können dazu verwendet werden, Dateien zu ordnen und mit der neuen Windows-Suche zu finden. Textdateien und Office-Dokumente ließen sich schon in früheren Windows-Versionen nach Stichwörtern resp. Schlagwörtern durchsuchen. In Windows 7 können Sie auch Bilder per Stichwortsuche finden. Voraussetzung dafür ist, dass Sie diese Stichwörter, auch als Markierungen bezeichnet, in die Dateieigenschaften eingetragen haben.

Markierungen und Titel für Bilder vergeben

Anstatt erst den *Eigenschaften*-Dialog einer Datei aufzurufen, können Sie Markierungen und Titel in Windows 7 auch direkt im Detailbereich im unteren Teil des Explorers eintragen. Dabei können ein oder mehrere Bilder ausgewählt sein, denen dann allen die neuen Markierungen zugewiesen werden.

Bild 5.9: Markierungen direkt im Detailbereich zuweisen.

Während der Eingabe von Markierungen erscheint automatisch eine Liste aller bereits verwendeten Markierungen mit den gleichen Anfangsbuchstaben. So haben Sie es leichter, eine Markierung erneut zu vergeben. Außerdem wird damit sichergestellt, dass die gleiche Schreibweise verwendet wird, um die Fotos bei einer Suche auch wirklich wiederzufinden.

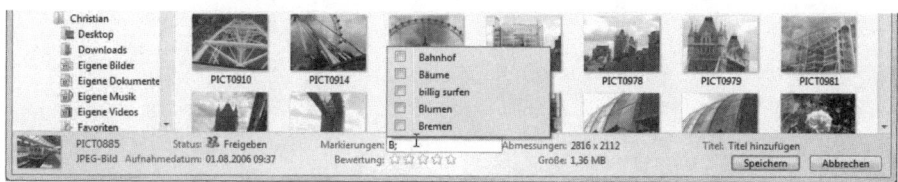

Bild 5.10: Vorhandene Markierungen erneut vergeben.

In der Detailansicht des Explorers können Sie eine Spalte *Markierungen* einblenden. Darin werden zu jeder Datei die vorhandenen Markierungen angezeigt.

Auch in der Windows Live Fotogalerie können Sie diese Markierungen vergeben. Wählen Sie alle Bilder aus, die eine Markierung erhalten sollen, und klicken Sie oben auf die Schaltfläche *Beschreibende Markierung*. Jetzt können Sie in der Seitenleiste rechts Markierungen auswählen und vergeben.

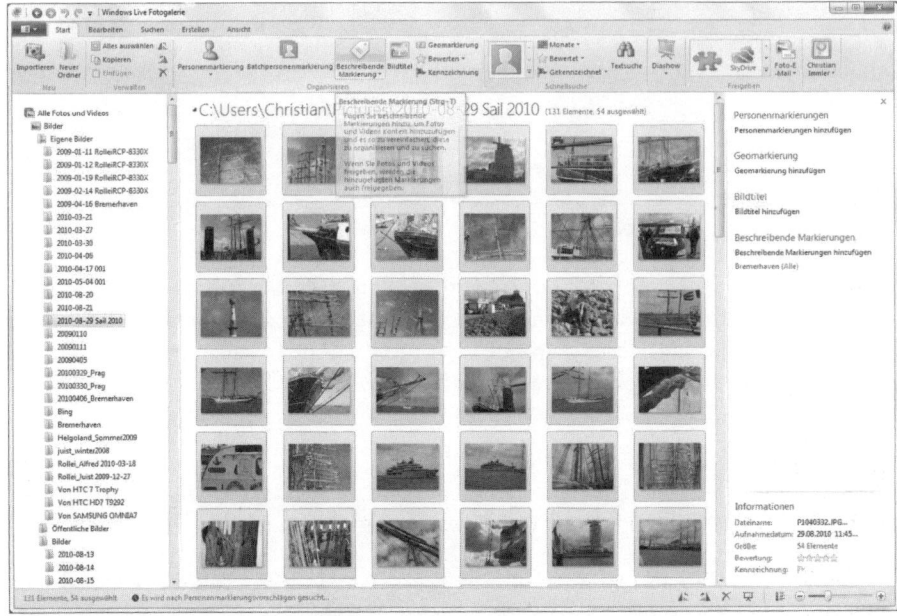

Bild 5.11: Markierungen in der Live Fotogalerie vergeben.

In Bildern nach Stichwörtern suchen

Nicht immer sind die Dateinamen aussagekräftig. Besonders automatisch angelegte Dateinamen, wie die von Fotos aus einer Digitalkamera, geben keinerlei Informationen über den Inhalt einer Datei. In solchen Fällen können Sie nach Markierungen suchen, die Sie vorher für die Datei definiert haben. Bei derartigen Suchvorgängen müssen Sie nicht unbedingt einen Dateinamen angeben.

Geben Sie später eines dieser Stichwörter in das Suchfeld oben rechts im Windows Explorer ein, wird bereits während der Eingabe die Suche gestartet, und die ersten Bilder werden angezeigt.

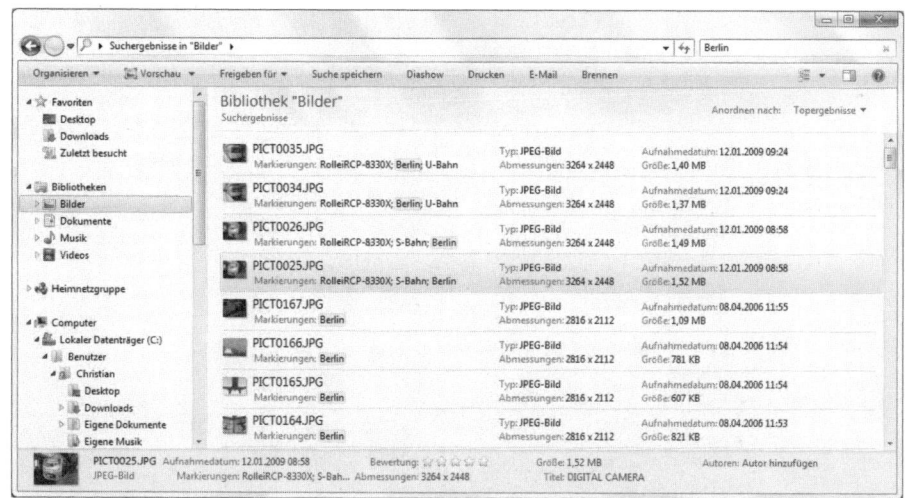

Bild 5.12: Anzeige der gefundenen Bilder mit dem Stichwort »Berlin«.

Um die Suche auf einen bestimmten Dateityp einzugrenzen, können Sie zusätzlich einen Suchfilter hinzufügen und den Typ zum Beispiel auf *JPG* für Fotos begrenzen.

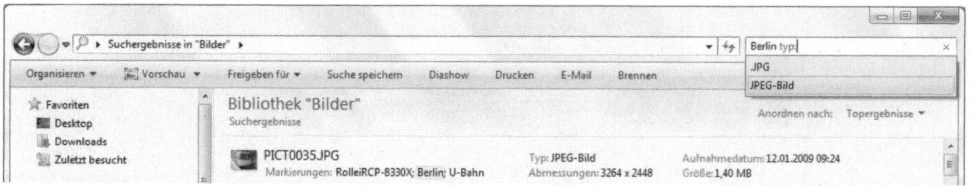

Bild 5.13: Die Suche wird auf den Dateityp eingegrenzt.

Die Windows Live Fotogalerie filtert große Bildersammlungen nach den Markierungen. Schalten Sie dazu oben auf die Registerkarte *Suchen* um. Die Schaltfläche *Markierungen* zeigt alle verwendeten Markierungen. Hier können Sie die Bilder nach einzelnen Markierungen filtern.

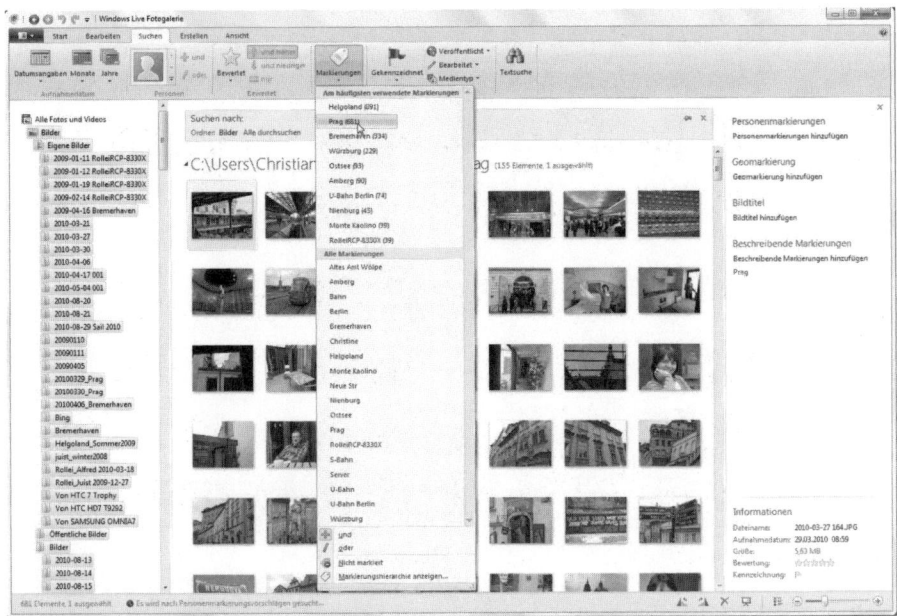

Bild 5.14: Nach Markierungen filtern.

Wenn Sie in den Einstellungen der Windows Live Fotogalerie auf der Registerkarte *Allgemein* die Kontrollkästchen *Aufnahmedatum anzeigen* und *Beschreibende Markierung hinzufügen* einschalten, werden diese beiden Merkmale im Navigationsbereich der Galerieansicht ebenfalls angezeigt, sodass Sie Bilder auch hier danach filtern können.

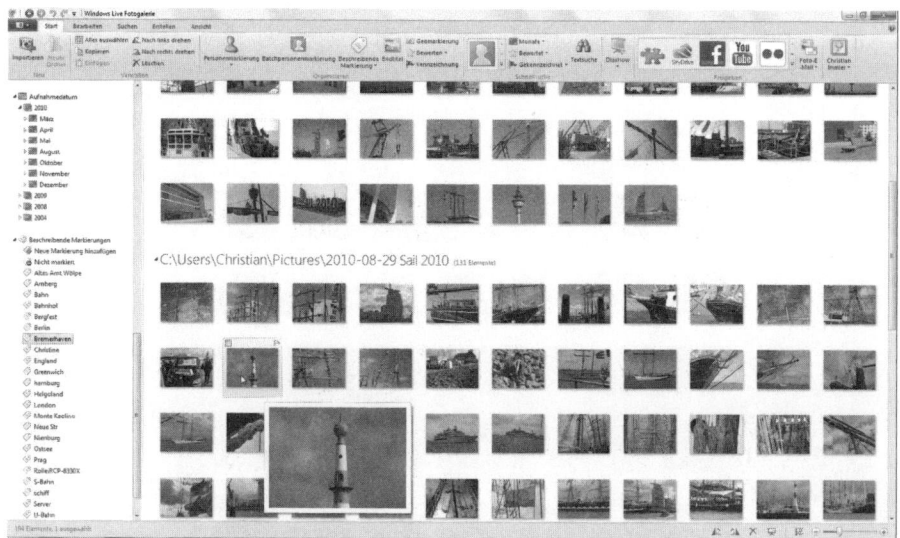

Bild 5.15: Anzeige im Navigationsbereich der Live Fotogalerie.

Das Eintragen von Suchbegriffen in die Dateieigenschaften ändert nur das Änderungsdatum für diese Datei, nicht aber das Aufnahmedatum. Eine Dateiverwaltung nach Datum wird dadurch also nicht gestört. In Windows XP änderte die gleiche Funktion das Datum des letzten Zugriffs, aber nicht das Änderungsdatum.

Auf der Registerkarte *Suchen* in der Windows Live Fotogalerie können Sie auch gezielt Bilder eines bestimmten Tages oder aus einem festgelegten Zeitraum finden.

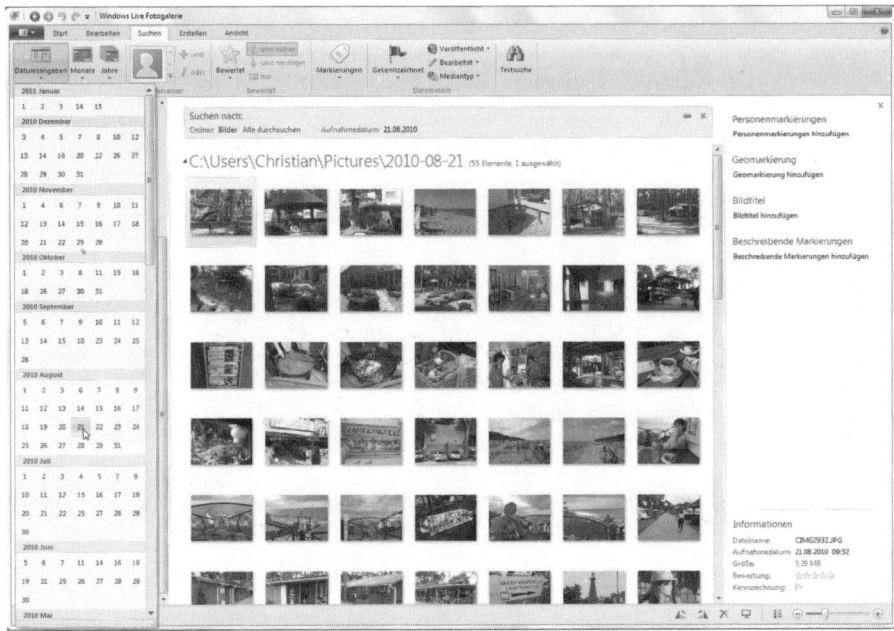

Bild 5.16: Nach einem bestimmten Tag suchen.

Bilder bewerten und schnell wiederfinden

In sehr großen Fotosammlungen hat man meist einige Lieblingsbilder, die man immer wieder verwendet, die große Masse der Bilder schaut man später dagegen nur noch selten an. Windows 7 bietet für diese Unterscheidung eine Bewertung mit 0 bis 5 Sternen an, die Sie jedem Bild zuordnen können, und zwar überall dort, wo die Sterne bei einer Datei angezeigt werden: in der Windows Live Fotogalerie, im Bildinformationsfenster des Windows Explorers, im *Eigenschaften*-Dialog einer Datei und im Detailfenster des Explorers. Klicken Sie einfach auf die gewünschte Zahl von Sternen.

In der Windows Live Fotogalerie können Sie auf den Registerkarten *Start* und *Suchen* in der oberen Symbolleiste die Anzeige nach einer bestimmten Sternenzahl filtern. Es werden dann nur noch Fotos angezeigt, die genau eine bestimmte Anzahl von Sternen haben – oder auch z. B. drei Sterne und höher oder zwei Sterne und weniger, wenn Sie besonders schlechte Bilder aussortieren wollen.

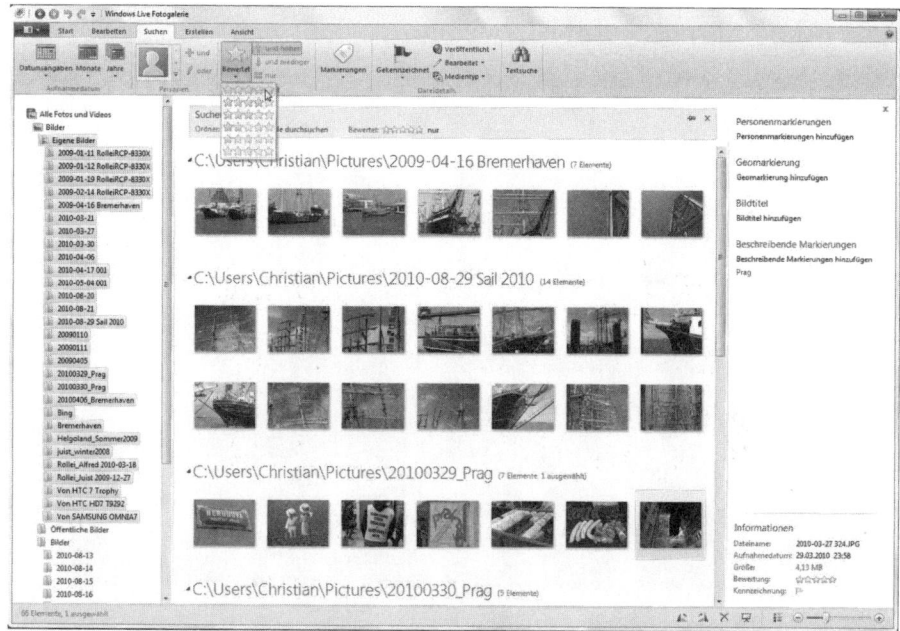

Bild 5.17: Anzeige nach der Anzahl der Sterne filtern.

Die Bewertungssterne können auch im Windows Explorer zur Gruppierung von Bildern eingesetzt werden. So sehen Sie sofort alle guten Bilder am Anfang einer Verzeichnisliste. Sortieren Sie in der Bibliotheksansicht nach Bewertung oder blenden Sie in der Detailansicht die Spalte *Bewertung* im Explorer ein.

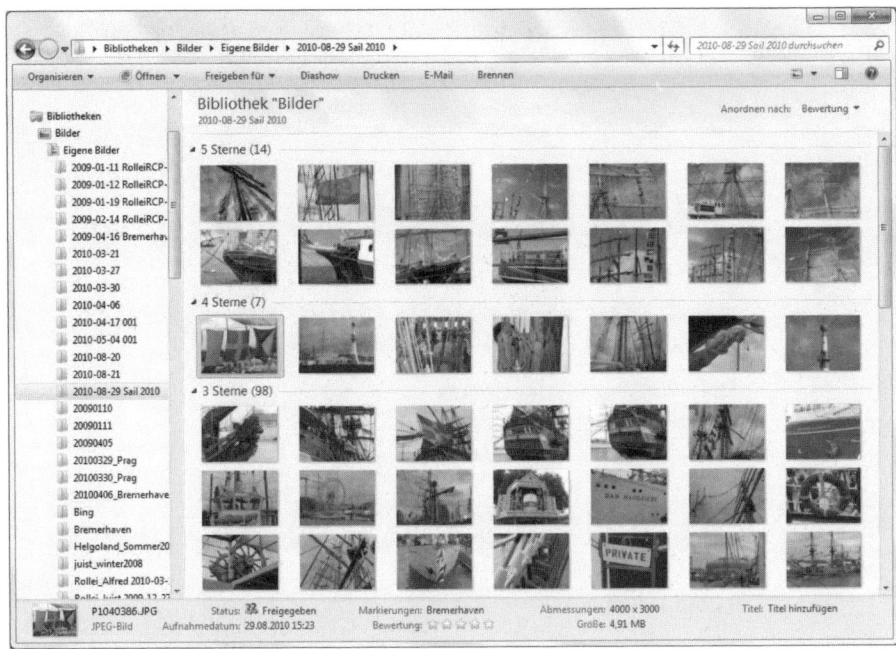

Bild 5.18: Bilder nach der Anzahl der Sterne gruppieren.

5.4   Bilder in der Live Fotogalerie bearbeiten

Die Festplatte ist voll von Bildern mit interessanten Motiven, aber nicht wenige Bilder lassen in Farbe, Kontrast oder Schärfe zu wünschen übrig. Wie Sie auch direkt in Windows 7 kleinere Bildkorrekturen vornehmen können, erfahren Sie jetzt. Denn die Windows Live Fotogalerie enthält einen Satz komfortabler Korrekturwerkzeuge sowie Funktionen für das Veröffentlichen der Bilder im Web.

Zusätzliche Bildinformationen anzeigen lassen

Ein Doppelklick auf ein Foto zeigt das Bild in einem großen Fenster. Im rechten Teil der Bildanzeige sind zusätzliche Bildinformationen zu sehen. Hier finden Sie den Dateinamen, das Aufnahmedatum und die Bildgröße, die Bewertung und zusätzliche Kennzeichnungen, nach denen noch mal extra gefiltert werden kann.

Die Schaltfläche *Markieren und beschriften* in der oberen Symbolleiste blendet dieses Informationsfenster auf Wunsch aus und wieder ein.

Bild 5.19: Einblenden zusätzlicher Bildinformationen (rechts).

Mit dem Link *Beschreibende Markierungen hinzufügen* rechts im Infofenster können Sie Stichwörter für die Suche festlegen. Alle bereits definierten Markierungen der Datei werden hier ebenfalls aufgelistet. Möchten Sie ein bestehendes Suchwort entfernen, klicken Sie rechts auf das kleine *x*-Symbol.

Außerdem können Sie noch einen Bildtitel hinzufügen oder den von der Kamera automatisch vergebenen Bildtitel sinnvoll überschreiben. Diese Bildtitel und auch die Markierungen können im Windows Explorer in einer eigenen Spalte angezeigt und bearbeitet werden. Im Feld *Geomarkierung* können Sie einen Aufnahmeort eintragen. Kameras mit GPS-Empfänger tragen diesen Ort automatisch ein.

Bildeigenschaften lassen sich nicht ändern?

Nicht immer lassen sich an dieser Stelle Bildtitel und Markierungen eintragen oder Sterne vergeben. Sollte es nicht funktionieren, kann das folgende Gründe haben:

- **Das Bild ist schreibgeschützt:** Wenn das Bild in den Dateieigenschaften als schreibgeschützt gekennzeichnet ist oder sich auf einem schreibgeschützten Datenträger wie zum Beispiel einer CD befindet, können keine Änderungen vorgenommen werden.

- **Falsches Dateiformat:** Bewertungen und Markierungen werden nur im JPEG-Format unterstützt. Bilder anderer Dateiformate können dennoch in der Galerieansicht der Windows Live Fotogalerie mit Markierungen versehen werden. Diese werden dann nicht in der Bilddatei, sondern in einer zentralen Datenbank abgelegt.

- **Das Bild liegt in einem Offlineverzeichnis:** Netzwerkverzeichnisse auf Computern, die zurzeit nicht verbunden sind, können unter bestimmten Voraussetzungen trotzdem angezeigt werden. In diesem Fall lassen sich die dort befindlichen Dateien aber nicht verändern.

So ändern Sie die Aufnahmezeit eines Fotos

Die Uhren in Digitalkameras gehen nicht immer richtig. Außerdem stellt kaum jemand auf einer Reise die Uhr der Kamera auf die passende Zeitzone um, sodass viele Bilder eine falsche Aufnahmezeit enthalten.

Klicken Sie in den Bildinformationen auf das Datum oder die Uhrzeit eines Bilds, können Sie die Werte für die Aufnahmezeit nachträglich ändern.

Bild 5.20: Ändern der Aufnahmezeit.

5.5   Bilder automatisch optimieren

Die Windows Live Fotogalerie verfügt über einfache eigene Bearbeitungsfunktionen, um Bilder mit wenigen Klicks zu verbessern. Die Symbolleiste in der Einzelansicht eines Bilds zeigt diese Bearbeitungsfunktionen.

Wenn es nur darum geht, ein Bild einfach etwas besser aussehen zu lassen, als es aufgenommen wurde, bewirkt die automatische Optimierung oft Wunder. Hier werden Helligkeit und Farbwerte nach automatischen Algorithmen angepasst, um dem Bild mit nur einem Klick ein besseres Aussehen zu verpassen.

Im *Einstellungen*-Dialog für das automatische Anpassen legen Sie fest, welche Anpassungen automatisch vorgenommen werden sollen. Hier bestimmen Sie auch die Komprimierungsstufe für das Speichern des Bilds nach der automatischen Anpassung.

Bild 5.21: Durchführen einer automatischen Bildkorrektur.

Schnell und einfach die Belichtung korrigieren

Gerade bei strahlendem Sonnenschein, in dem besonders helle Bilder entstehen müssten, haben Kompaktkameras oft Schwierigkeiten mit der Belichtung. Die Bilder werden trüb und dunkel. In vielen Fällen hilft hier schon die Funktion *Automatisch anpassen*. Die Windows Live Fotogalerie versucht anhand der Farb- und Kontrastwerte des Bilds, automatisch eine Belichtungs- und Farboptimierung durchzuführen. Dazu werden neben der vollautomatischen Belichtungsanpassung noch verschiedene Voreinstellungen zur Auswahl angeboten.

Bild 5.22: Belichtung eines Bilds automatisch anpassen.

Nicht immer bringt die automatische Korrektur den gewünschten Effekt. Mehr Einfluss kann man mit den Schiebereglern im Bereich *Belichtung anpassen* nehmen. Diese blenden Sie mit der Schaltfläche *Feinabstimmung* ein. Damit kann das ganze Bild stufenlos aufgehellt werden. Mit zunehmender Helligkeit gehen Kontraste verloren. Daher empfiehlt es sich, nach dem Aufhellen noch einmal die Kontraste zu verbessern. Die Helligkeit der besonders dunklen und hellen Flächen des Bilds lässt sich noch extra anpassen, was bei Aufnahmen im hellen Tageslicht besonders wichtig ist.

Bild 5.23: Manuelle Feinabstimmung vornehmen.

Farben und Farbtemperatur anpassen

Zusätzlich zur Anpassung von Helligkeit und Kontrast bietet die Windows Live Fotogalerie auch noch Funktionen zur Anpassung von Farbton und Farbtemperatur. Das kleine Dreieck neben der Schaltfläche *Farbe* bietet verschiedene Voreinstellungen zur Auswahl.

Bild 5.24: Noch detaillierter kann ein Bild mit den Reglern im Bereich *Farbe anpassen* auf der Feinabstimmungspalette optimiert werden.

Der Regler *Farbtemperatur* macht ein Bild scheinbar wärmer oder kälter. Dazu wird das gesamte Farbspektrum in Richtung Blau oder Rot verschoben. Tageslichtaufnahmen erscheinen oft zu blau, Kunstlichtaufnahmen zu gelb. Das lässt sich über die Farbtemperatur ausgleichen. Schiebt man den Regler bei einer Tageslichtaufnahme weit nach rechts, lässt sich damit der Effekt eines alten Gemäldes erzielen.

Der Regler *Farbton* verschiebt das gesamte Farbspektrum des Bilds. Realistische Werte liegen meistens im mittleren Bereich.

Stellen Sie über den Regler *Sättigung*, je nach Farbqualität des Bilds, einen realistischen Wert ein. Die schwächste Sättigung macht aus einem Farbfoto ein Graustufenbild, die stärkste Sättigung sieht verfremdet und unrealistisch aus – wie ein amerikanisches NTSC-Fernsehbild.

Bearbeitungsschritte wieder rückgängig machen

Haben Sie keine Angst, ein wertvolles Bild zu zerstören, jeder Bearbeitungsschritt lässt sich einzeln wieder zurücknehmen. Alle Veränderungen können mit der Schaltfläche *Rückgängig* ganz oben links wieder zurückgenommen werden. Änderungen stehen sofort zur Verfügung, brauchen also nicht extra gespeichert zu werden. Wurde das Bild gespeichert und die Galerie verlassen, lässt es sich beim erneuten Öffnen nur noch auf das Original zurücksetzen, nicht mehr auf die einzelnen Bearbeitungsschritte. Klicken Sie dazu rechts oben auf *Auf das Original zurücksetzen*. Die Originale werden in einem eigenen Verzeichnis gespeichert.

Bilder mit schiefem Horizont gerade ausrichten

Besonders Landschaftsbilder und Aufnahmen am Meer wirken unprofessionell, wenn der Horizont auf dem Foto nicht waagerecht ist. Das fällt besonders unangenehm bei Wasserflächen auf. Die Funktion *Foto ausrichten* auf der Feinabstimmungspalette legt ein Gitternetz über das Bild. Daran kann es jetzt leicht mit dem Schieberegler horizontal oder vertikal ausgerichtet werden. Die Schaltfläche *Ausrichten* oben in der Mitte versucht anhand kontraststarker Linien, ein Bild automatisch auszurichten.

Bild 5.25: Den Horizont gerade ausrichten.

Leuchtend rote Pupillen wieder korrigieren

Auf Fotos, die mit Blitzlicht aufgenommen wurden, erscheinen die Pupillen in den Augen der fotografierten Personen oft leuchtend rot. Die Windows Live Fotogalerie bietet ebenfalls eine Funktion, rote Augen nachträglich zu korrigieren.

Dazu klicken Sie auf die Schaltfläche *Rote Augen korrigieren* und ziehen mit gedrückter Maustaste ein rechteckiges Feld rund um das rote Auge. Wenn Sie die Maustaste loslassen, ist das rote Auge bereits korrigiert.

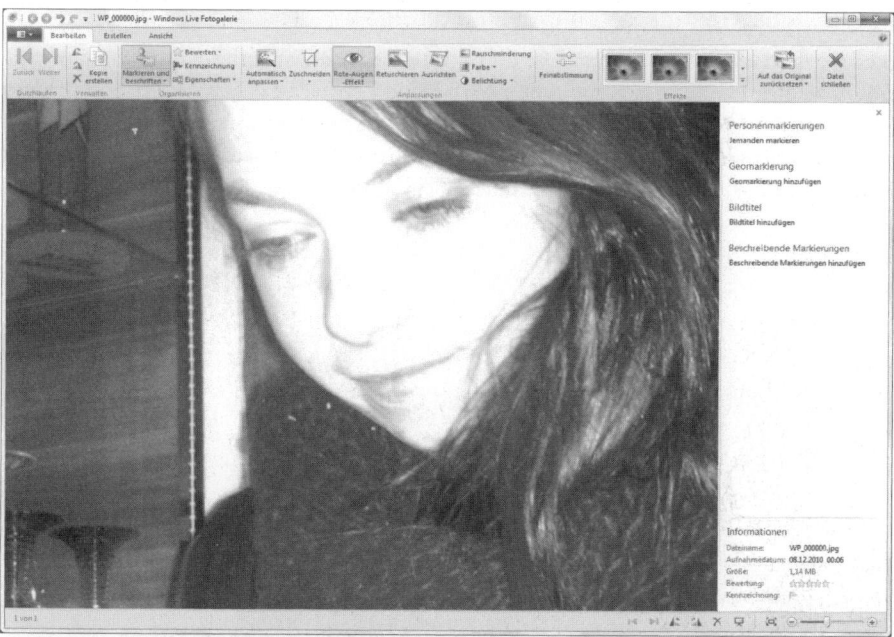

Bild 5.26: Rote Augen einfach korrigieren.

Der Rote-Augen-Effekt entsteht immer dann, wenn das Blitzlicht fast in der optischen Achse des Kameraobjektivs strahlt. Das ist bei allen Kameras mit eingebautem Blitz der Fall. Verwendet man externe Blitzlichter, die schräg zur optischen Achse auf die Person leuchten, gibt es keine roten Augen. Die roten Augen entstehen durch direkte Reflexion des Blitzlichts an der roten Netzhaut im Inneren des Auges, wenn das reflektierte Licht durch die Pupille wieder zurück auf die Kamera fällt.

5.6   Wirkungsvolle Ausschnittvergrößerungen

Auf manchen Bildern ist nur ein Teilbereich wirklich interessant. Darum herum
sieht man z. B. öde Landschaften oder sogar störende Objekte, die besser nicht mit
fotografiert worden wären, wie zum Beispiel Personen, die ins Bild gerannt sind.
Die Windows Live Fotogalerie besitzt eine komfortable Funktion, aus einem Bild
einen Teilbereich auszuschneiden.

Bildausschnitte markieren und zuschneiden

Klicken Sie dazu in der Bildansicht der Windows Live Fotogalerie auf die Schaltfläche *Zuschneiden*. Es erscheint ein rechteckiger Ausschnitt, markiert mit einem
Raster. Sie können die Größe des Bildausschnitts jederzeit ändern, indem Sie auf
die Ecken klicken und daran ziehen. Klicken Sie in den Bildausschnitt, können Sie
ihn durch Ziehen mit der Maus auf dem Bild verschieben.

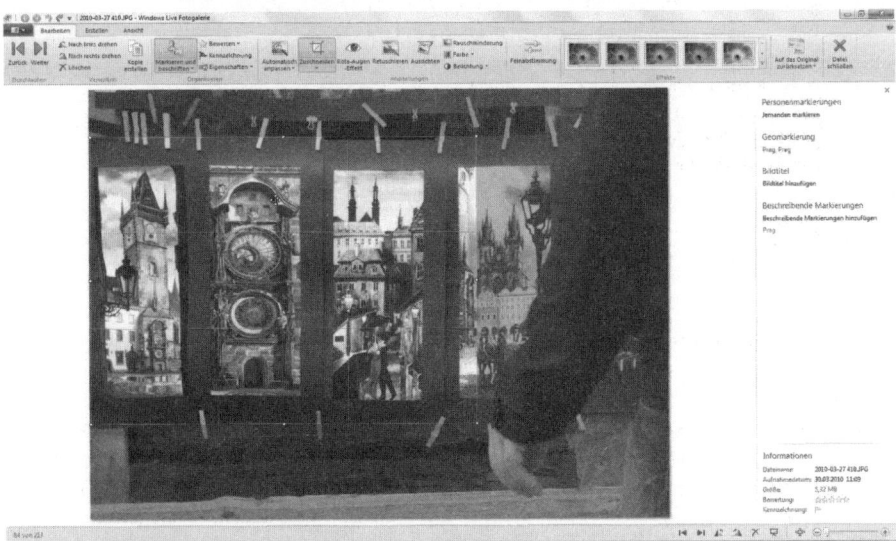

Bild 5.27: Einen Ausschnittrahmen aufziehen.

In der Liste *Proportion* können Sie ein Seitenverhältnis für den neuen Bildausschnitt wählen. Diese Seitenverhältnisse orientieren sich an den gängigen Formaten
für Papierbilder aus Fotolaboren.

Der Menüpunkt *Bild drehen* unterhalb der *Zuschneiden*-Schaltfläche wechselt für den Ausschnitt zwischen Querformat und Hochformat. Ein weiterer Klick auf die Schaltfläche *Zuschneiden* oder die Wahl des Menüpunkts *Zuschneiden anwenden* schneidet das Bild auf den gewählten Ausschnitt zu.

Bild 5.28: Den ausgewählten Bildausschnitt zuschneiden.

5.7 Bilder von der Digitalkamera importieren

Schließt man die Digitalkamera an den Computer an, werden beim ersten Anschluss automatisch die passenden Treiber installiert. Danach verhält sich die Kamera wie ein Wechseldatenträger. Für die komfortable Übertragung der Fotos auf den Computer bietet die Live Fotogalerie einen Assistenten zum Import der Bildern von der Kamera.

Um den Akku der Kamera zu schonen, ist es besser, die Bilder nicht direkt von der Kamera auszulesen, sondern die Speicherkarte aus der Kamera nehmen und die Bilder dann mit einem Kartenlesegerät auf dem Computer am PC auszulesen. Die Importfunktion kann auch bei dieser Methode verwendet werden.

Einstellungen nach dem Anschluss der Kamera

Beim Anschluss einer Digitalkamera an den USB-Anschluss erscheint das Dialogfeld *Automatische Wiedergabe* mit einer Auswahl an Möglichkeiten dazu, was mit
den Bildern auf der Kamera geschehen soll. Sie können sie importieren, also auf
den PC kopieren, und bei Bedarf in der Kamera wieder freien Speicherplatz schaffen. Natürlich können Sie die Bilder direkt von der Kamera betrachten, dann muss
allerdings jedes Mal beim Blättern zwischen zwei Bildern das neue Bild über die
vergleichsweise langsame Kabelverbindung von der Kamera übertragen werden.
Sinnvoller ist es, die Bilder erst auf den PC zu übertragen und sie dann dort anzusehen.

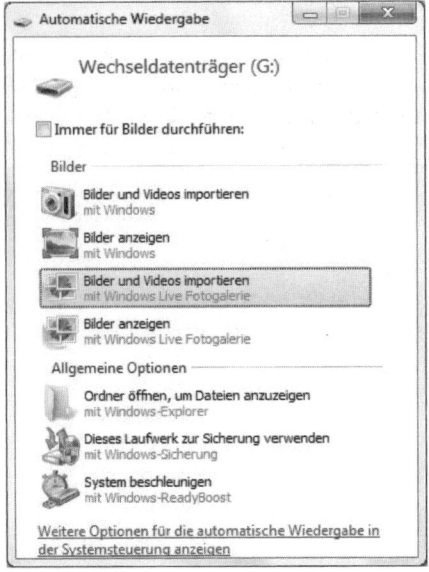

Bild 5.29: Bilder in die Live
Fotogalerie importieren.

Die Auswahl *Bilder und Videos importieren* startet die Importfunktion. Im ersten
Dialogfeld des Assistenten können Sie entscheiden, ob Sie alle Bilder der Kamera
importieren möchten oder bestimmte Bilder vorher auswählen wollen. Falls Sie alle
Bilder importieren, können Sie den importierten Bildern eine Markierung
zuweisen, unter der die Bilder später zu finden sind.

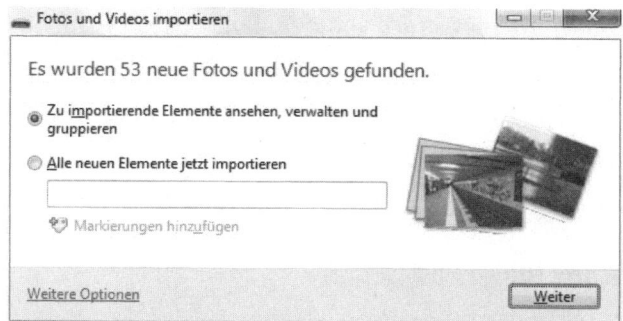

Bild 5.30: Windows findet neue Fotos.

Der Link *Weitere Optionen* öffnet ein Dialogfeld, in dem sich detaillierte Einstellungen zum Bilderimport vornehmen lassen. Hier legen Sie fest, in welchen Ordner die Bilder importiert werden und wie sich die neuen Dateinamen zusammensetzen. Diese können automatisch aus Aufnahmedatum und der beim Import angegebenen Beschriftung gebildet werden. Sie können auch angeben, dass importierte Bilder automatisch von der Kamera gelöscht werden, um dort freien Speicherplatz zu schaffen.

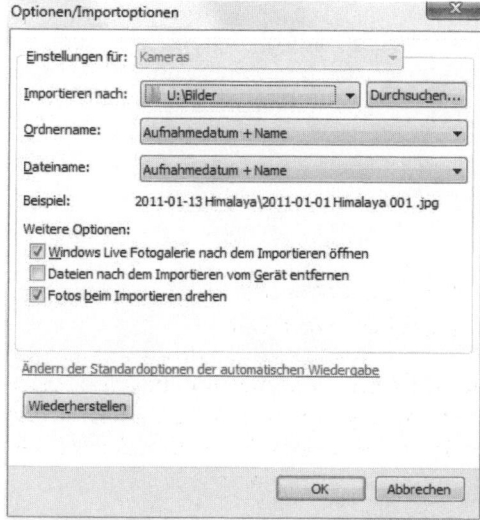

Bild 5.31: Anpassen der Importeinstellungen.

Eine wichtige Funktion ist *Fotos beim Importieren drehen*. Dadurch werden Bilder anhand der gespeicherten EXIF-Daten automatisch gedreht. Ein senkrecht aufgenommenes Bild wird also auch senkrecht auf dem PC gespeichert. Viele Kameras haben dazu einen Lagesensor, der bei der Aufnahme die Haltung der Kamera erkennt und das entsprechende Format – Hoch- oder Querformat – in die Bilddatei schreibt. Bestätigen Sie den Dialog anschließend mit *OK*.

Ordnernamen festlegen und Bilder auswählen

Ordnernamen werden sinnvollerweise auf Basis des Datums erstellt. Hier können Sie zwischen Importdatum und Aufnahmedatum wählen. Letzteres ist meistens sinnvoller, vorausgesetzt, die Uhr in der Kamera ging zum Aufnahmezeitpunkt richtig. Wenn Sie Ordner nach Datum anlegen, ob automatisch oder manuell, sollten Sie immer zuerst die Jahreszahl, dann den Monat und als Letztes den Tag angeben. Auf diese Weise werden die Ordner bei alphanumerischer Sortierung im Explorer oder der Windows Live Fotogalerie automatisch chronologisch angeordnet. Bei der klassischen europäischen Datumsbezeichnung würden die Ordner zunächst nach dem Tag, beginnend mit dem 1. eines Monats, sortiert, unabhängig von Monat und Jahr.

Die Windows Live Fotogalerie zeigt automatisch die auf der Kamera vorhandenen Bilder in übersichtlichen Gruppen an und bietet vor dem Import die Möglichkeit, bestimmte Gruppen oder sogar einzelne Bilder auszuwählen.

Bild 5.32: Bilder zum Import auswählen.

Nach dem Import, der je nach Anzahl und Größe der Bilder einige Minuten dauern kann, wird der Windows Explorer automatisch gestartet, und die importierten Bilder werden angezeigt. Sie finden sie ebenfalls in der Windows Live Fotogalerie unter dem gewählten Namen des Importverzeichnisses.

Windows ist in der Lage, sich zu merken, welche Bilder bereits importiert wurden, und importiert beim nächsten Mal, wenn dieselbe Kamera angeschlossen wird, nur noch neue Bilder.

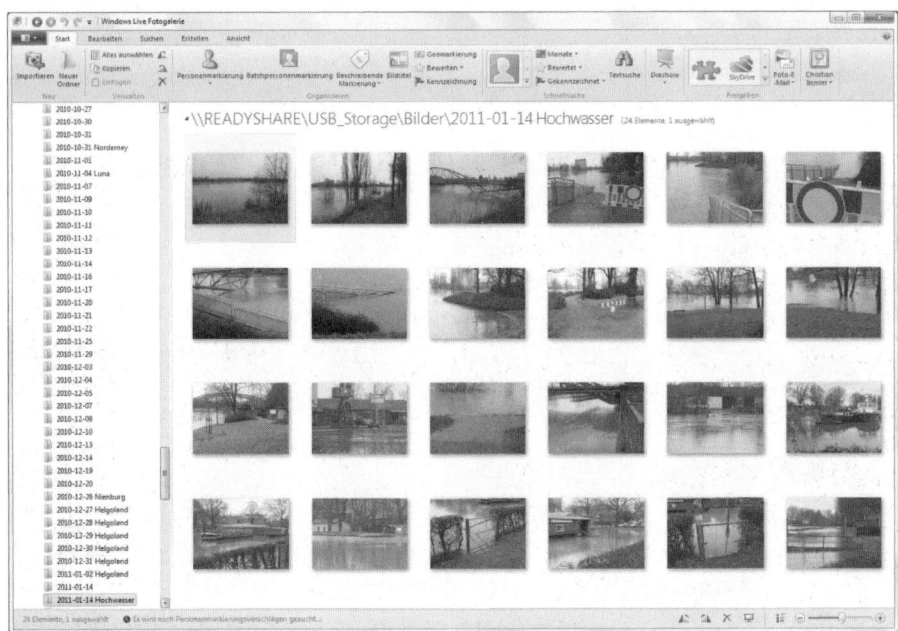

Bild 5.33: Importierte Fotos in der Windows Live Fotogalerie.

5.8   Diashows aus der Live Fotogalerie

Für eine Diashow auf dem Bildschirm waren früher immer zusätzliche Programme nötig. Die Windows Live Fotogalerie liefert eine komfortable Funktion zur Diashow mit. Mit der Taste F12 oder der Schaltfläche *Diashow* können Sie direkt aus der Fotogalerie heraus eine automatische Diashow starten. Alle Bilder im aktuellen Ordner werden nacheinander angezeigt. Um den Bildeindruck nicht zu stören, werden alle weiteren Bildschirmelemente und auch der Mauszeiger ausgeblendet.

Diashow mit Maus oder Tastatur steuern

Bei einer Mausbewegung werden Steuerelemente eingeblendet. Hiermit können Sie die Diashow anhalten, ein Bild vor- oder zurückblättern, die Geschwindigkeit ändern oder die Diashow ganz beenden. Oben im Menü *Designs* können verschiedene Übergangs- und Darstellungseffekte für die Bilder ausgewählt werden. Hier können Sie die Diashow auch bei YouTube, Facebook oder Windows Live SkyDrive veröffentlichen oder einen Film daraus generieren.

Bild 5.34: Spezielle Übergangs- und Darstellungseffekte wählen.

Statt mit der Maus lässt sich eine laufende Diashow noch einfacher mit der Tastatur steuern:

Tasten	Wirkung
↑ , ← oder Bild↑	Ein Bild zurück.
↓ , → oder Bild↓	Ein Bild vor.
Leertaste	Pause.
Esc	Diashow beenden.

5.9   Ein oder mehrere Bilder ausdrucken

Fotos auszudrucken lohnt sich bei den extrem günstigen Preisen von Onlinefotodiensten eigentlich nicht mehr. Jeder gute Farbdrucker zu Hause produziert mehr
Kosten für Tinte und Papier. Trotzdem kommt es immer wieder vor, dass man
schnell ein Foto oder auch nur einen einfachen Ausdruck auf einem kostengünsti-
gen Schwarz-Weiß-Laserdrucker braucht. Die Windows Live Fotogalerie bietet
dazu eine komfortable Druckfunktion, mit der Sie ein oder auch mehrere Bilder
auf einer Seite ausdrucken können.

Bilder, Papiergröße und Layout auswählen

Die Druckfunktion starten Sie über das Menü oder mit der Tastenkombination
`Strg`+`P`. Wenn Sie diese Funktion aus der Galerieansicht aufrufen, können Sie
bei Bedarf mehrere Bilder auswählen, die dann alle gedruckt werden. Mehrere
Bilder gleichzeitig lassen sich in der Galerieansicht wählen, indem Sie einfach
jeweils ein Häkchen oben links bei den gewünschten Bildern setzen. Diese werden
dann markiert und in die Druckauswahl übernommen.

Wählen Sie oben im *Bilder drucken*-Dialog den gewünschten *Drucker* sowie *Papiergröße* und *Qualität* (Druckauflösung) aus. In der rechten Spalte können Sie festlegen, wie viele Bilder auf einer Seite ausgedruckt werden sollen. Nachdem Sie das
gewünschte Layout eingestellt haben, wird automatisch angezeigt, wie viele
Druckseiten sich entsprechend der gewählten Anzahl an Fotos daraus ergeben.

Mit dem Feld *Kopien pro Bild* können Sie einzelne Bilder mehrfach auf einem Blatt
ausdrucken oder auch mehrfach nacheinander, wenn das Layout *Ganzseitige Fotos*
gewählt ist.

Das Kontrollkästchen *Bild an Rahmen anpassen* sorgt dafür, dass das Foto den zur
Verfügung stehenden Platz voll ausnutzt und keine weißen Ränder an den Seiten
entstehen. Dafür muss man allerdings eine minimale Verzerrung in Kauf nehmen,
wenn das Seitenverhältnis des Fotos nicht mit dem des Blatts übereinstimmt.

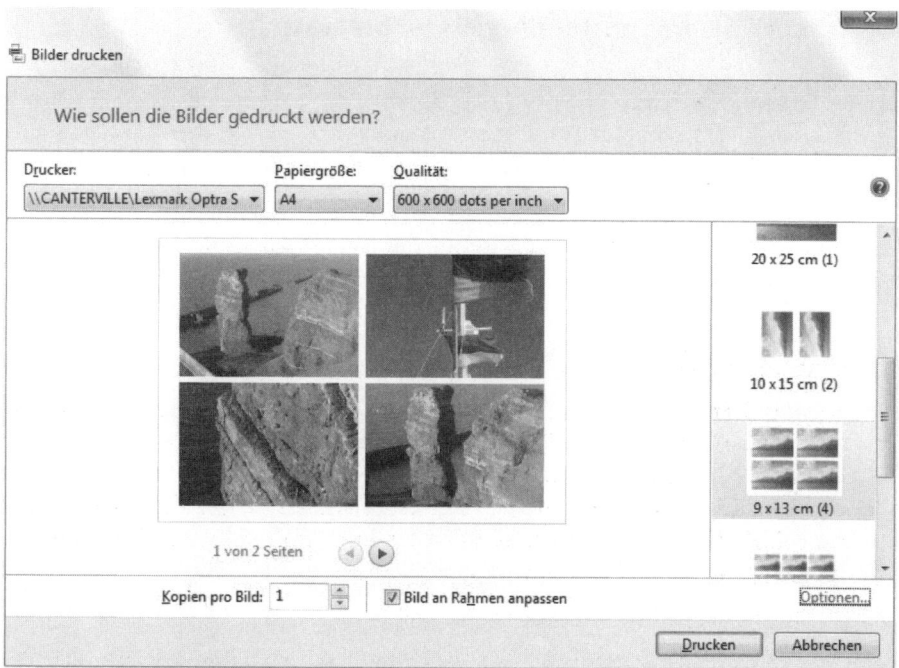

Bild 5.35: Druckeinstellungen festlegen.

Die Schaltfläche *Drucken* startet anschließend den Ausdruck der Bilder auf dem ausgewählten Drucker.

5.10   Bildabzüge günstig im Onlinefotolabor bestellen

Eine viel bessere Bildqualität zu günstigeren Preisen bekommt man, wenn man Fotos nicht selbst druckt, sondern bei einem der zahlreichen Onlinefotodienste bestellt, die die Bilder in professioneller Qualität auf Fotopapier drucken. Die Windows Live Fotogalerie bietet eine direkte Schnittstelle zu diversen solcher Fotodienste, sodass man die Bilder nicht mühsam über Webbrowser einzeln hochladen muss.

Fotolabor wählen, Format festlegen und bestellen

Wählen Sie die gewünschten Fotos in der Galerieansicht aus und klicken Sie dann auf der Registerkarte *Erstellen* auf *Abzüge bestellen*. Im nächsten Dialogfeld können Sie aus einer Liste bekannter Fotodienste einen auswählen, mit dem Sie schon gute Erfahrungen gemacht haben oder bei dem Sie bereits ein Benutzerkonto haben. Die Liste der hier angezeigten Fotoanbieter kann variieren.

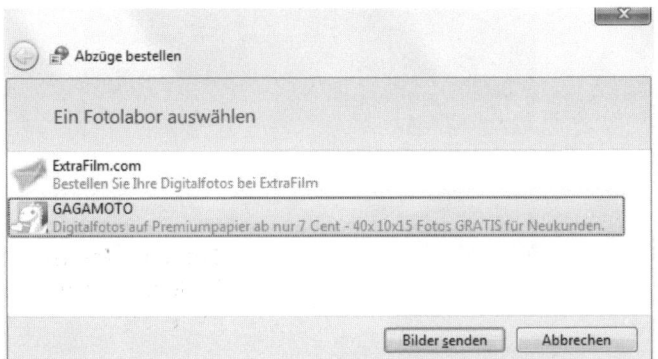

Bild 5.36: Auswahl eines Fotolabors.

Beim Klick auf *Bilder senden* erscheint noch ein Datenschutzhinweis, den Sie aber für zukünftige Fotobestellungen ausblenden können. Danach wird die Startseite des jeweiligen Fotolabors angezeigt, auf der Sie sich anmelden müssen und zwischen Fotos, Fotobüchern sowie anderen Fotoartikeln auswählen können. Sie sieht bei jedem Fotoanbieter etwas anders aus. Nach der Anmeldung werden die Fotos zum Fotolabor hochgeladen, was je nach Anzahl der Bilder einige Minuten dauern kann.

Auch die folgenden Schritte können je nach ausgewähltem Fotolabor unterschiedlich sein, sind aber prinzipiell immer ähnlich. Sie wählen Größe und Anzahl der Fotos aus, meistens können Sie auch noch eine automatische Qualitätsoptimierung einschalten.

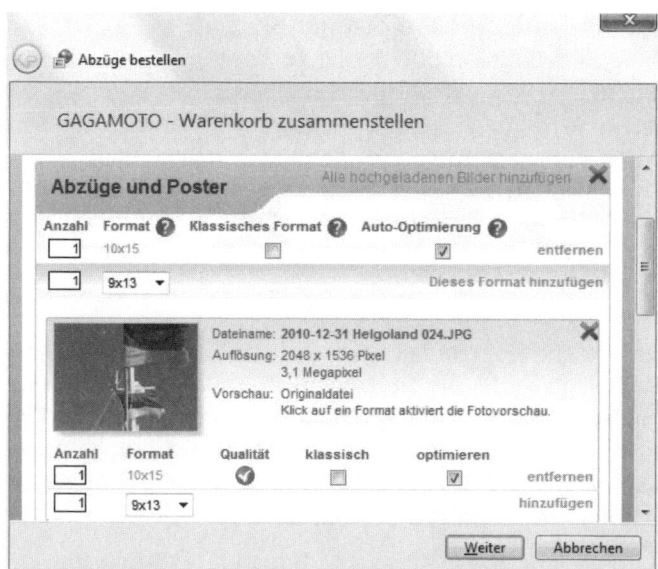

Bild 5.37: Format festlegen und Abzüge bestellen.

Bestellung abschließen und bezahlen

Danach folgt der übliche Anmeldevorgang zur Bezahlung, außerdem müssen Sie natürlich Ihre Adresse für den Postversand angeben oder – was meistens deutlich kostengünstiger ist – eine Filiale der entsprechenden Ladenkette wählen, in der Sie die Bilder vor Ort abholen können.

5.11 Fotos im Web veröffentlichen

Natürlich kann man Urlaubsfotos an zu Hause gebliebene Freunde per E-Mail verschicken, aber auf die Dauer ist das doch sehr mühsam, besonders wenn man vielen Leuten Bilder schicken möchte. Viel einfacher ist es, die Fotos auf einer eigenen Website zu veröffentlichen. Man braucht dann nur noch einen Link zu verschicken, und alle Bekannten können sich die Bilder im Webbrowser ansehen. Statt einer E-Mail reicht sogar ein einfacher Hinweis per Telefon, SMS oder altmodischer Postkarte: »Alles Weitere findest du auf meiner Webseite unter www ...«

Windows Live bietet eine besonders einfache Form, ohne HTML-Kenntnisse, Server oder aufwendige Technik Texte und Bilder im Internet zu veröffentlichen. Als Benutzer braucht man sich auch um die Struktur und Navigation innerhalb der Seite nicht zu kümmern. Neue Einträge werden automatisch auf die persönliche Startseite gestellt. Über die Kommentarfunktion können Besucher Bilder kommentieren und so mit dem Autor in Kontakt treten. Den notwendigen Serverplatz (Webspace) stellt Microsoft unter dem Namen *SkyDrive* kostenlos zur Verfügung.

Live-Anmeldung und Fotoalbum auswählen

Wählen Sie in der Galerieansicht der Windows Live Fotogalerie die gewünschten Bilder aus und klicken Sie dann in der oberen Symbolleiste unter *Veröffentlichen* auf das SkyDrive-Symbol. Spätestens jetzt müssen Sie sich mit Ihrer Windows Live ID anmelden, wenn Sie nicht bereits angemeldet sind. Die Windows Live Fotogalerie zeigt oben rechts den gerade angemeldeten Benutzer. Diese Live ID haben Sie sicher bereits für andere Windows Live-Dienste gebraucht. Wenn Sie mehrere Live IDs haben, können Sie auch eine andere wählen.

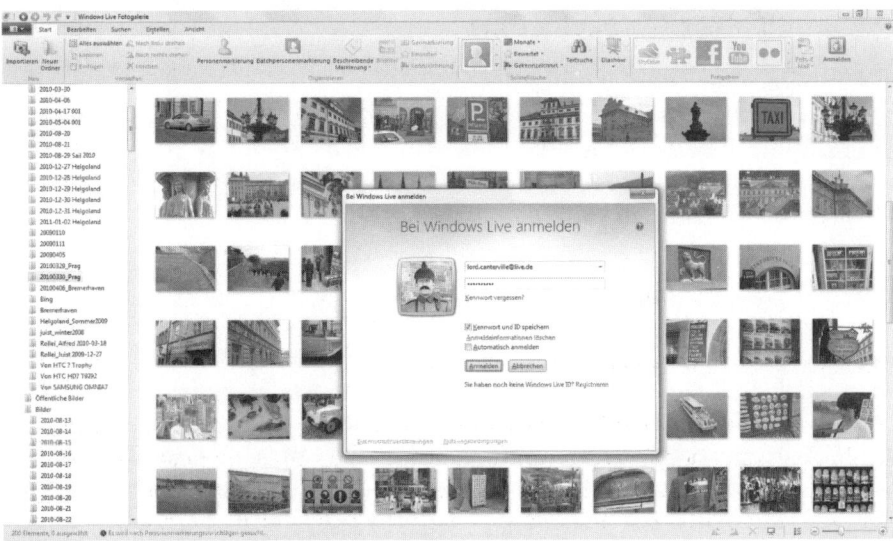

Bild 5.38: Bei Windows Live anmelden.

Im nächsten Schritt legen Sie einen Namen für das neue Onlinealbum fest. Es erscheint unter Ihren Fotoalben auf Ihrem Windows Live SkyDrive. Haben Sie bereits Onlinefotoalben veröffentlicht, werden diese zur Auswahl mit angezeigt, sodass Sie weitere Fotos in ein bestehendes Album einfügen können.

Legen Sie darüber hinaus fest, wer das Fotoalbum sehen darf: nur Sie selbst, alle Freunde, nur Freunde, die in Windows Live eigens eingeladen wurden oder jeder im Internet.

Bild 5.39: Album zur Veröffentlichung auswählen.

Oben rechts bei *Größe des hochgeladenen Fotos* stellen Sie ein, in welcher Auflösung die Bilder hochgeladen werden sollen. Fotos in voller Auflösung der Digitalkamera hochzuladen ist sinnlos, da das nur lange dauert und viel Speicherplatz wegnimmt. Der von Microsoft zur Verfügung gestellte Speicherplatz ist zwar großzügig bemessen, aber dennoch begrenzt. Die Größe von 1.600 Pixeln reicht zur Darstellung auf jedem Monitor aus. Bei kleineren Bildschirmen werden die Fotos automatisch skaliert. Die kleine Größe von 600 Pixeln ist besonders für Weblogs geeignet.

Bilder hochladen und online betrachten

Nach einem Klick auf *Veröffentlichen* werden die Fotos hochgeladen, was je nach Anzahl und Auflösung einige Minuten dauern kann. Sind alle Fotos hochgeladen, zeigt die abschließende Meldung gleich einen Link an, der dahin verweist, wo man sein neues Onlinefotoalbum ansehen kann.

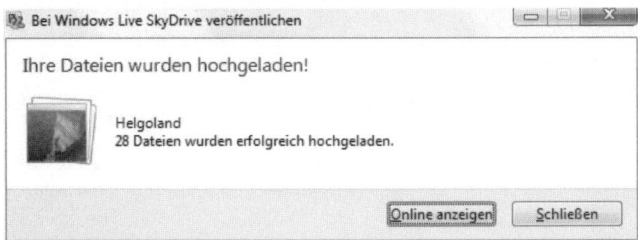

Bild 5.40: Hochladen der Bilddateien.

Das neue Fotoalbum wird auch auf der eigenen Windows Live-Profilseite angezeigt. Eine Übersichtsseite zeigt alle Bilder. Ein Klick auf ein Bild öffnet dieses im Großformat und liefert weitere Informationen. Hier können Ihre Besucher auch Kommentare hinterlassen.

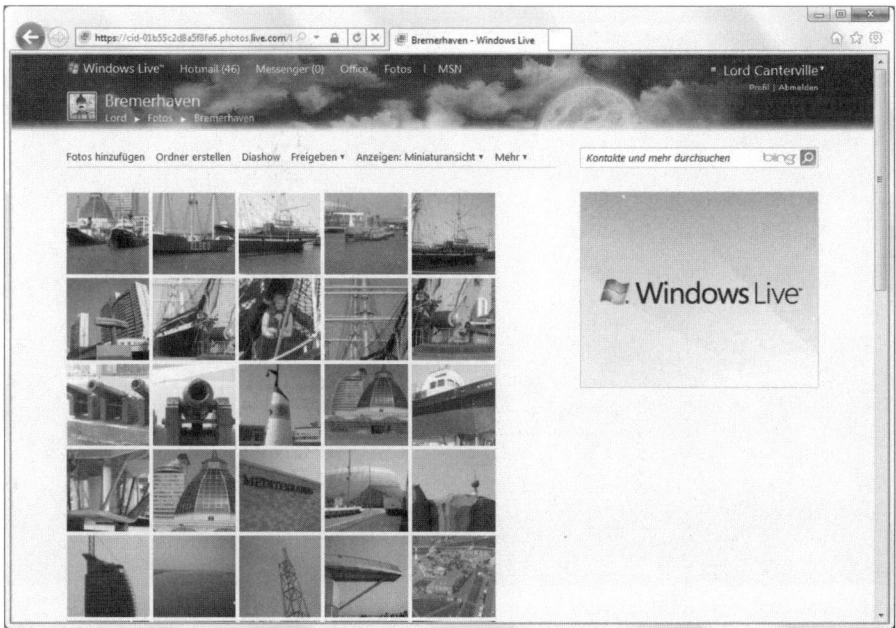

Bild 5.41: Fotoalbum online betrachten.

Windows Live bietet ebenfalls eine Diashowfunktion an. Schalten Sie den Browser in den Vollbildmodus, haben Sie eine Onlinediashow ohne störende Elemente, vergleichbar mit der Diashowfunktion der Windows Live Fotogalerie.

Bild 5.42: Diashow im Browser.

6 Musik rippen und brennen

Eines der Highlights von Windows 7 ist die gelungene Integration neuer Multimedia-Technologien. Allerdings soll nicht verschwiegen werden, dass viele der Multimedia-Funktionen nur in Windows Home Premium, in Windows 7 Professional und in Windows 7 Ultimate enthalten sind. So fehlen die DVD-Wiedergabe und das Windows Media Center in der auf vielen Netbooks vorinstallierten Windows 7 Starter-Version und in der hierzulande nicht erhältlichen Version Windows 7 Home Basic.

Der Windows Media Player ist das zentrale Programm zum Abspielen von Musik und Videos in Windows. Er vereinigt Abspielprogramme für verschiedene Multimedia-Technologien unter einer gemeinsamen Oberfläche und ist, mit Ausnahme der sogenannten N-Versionen, in alle Windows 7-Versionen integriert.

6.1   Musik in der Medienbibliothek

Der Windows Media Player beinhaltet eine eigene Verwaltung der Musikdateien auf dem Computer. In der Medienbibliothek finden Sie in einer Explorer-ähnlichen Baumstruktur alle Musikstücke, allerdings nicht nach Verzeichnissen auf der Festplatte, sondern nach Interpreten oder Alben geordnet.

Bild 6.1: Musik in der Medienbibliothek.

Ziehen Sie das Fenster des Windows Media Players etwas größer auf, um alle Informationen sehen zu können. In der Medienbibliothek haben Sie einen Überblick über alle Musiktitel, die Sie von unterschiedlichen CDs kopiert oder aus dem Internet auf den PC übertragen haben. Hier können Sie die Titel auch direkt abspielen. Die Musikstücke werden automatisch nach Interpreten und Alben sortiert. Jeder Titel taucht also mehrfach auf, obwohl er nur einmal auf der Festplatte gespeichert wurde.

Über den Menüpunkt *Organisieren/Bibliotheken verwalten/Musik* können Sie der Musikbibliothek weitere Verzeichnisse hinzufügen.

Eigene und automatische Wiedergabelisten erstellen

In der Medienbibliothek haben Sie die Möglichkeit, mit Titeln, die Sie häufig anhören wollen, eigene Wiedergabelisten zu erstellen.

Die Schaltfläche *Wiedergabeliste erstellen* in der Symbolleiste beinhaltet zwei Methoden, neue Wiedergabelisten anzulegen. Bei einfachen Wiedergabelisten gibt man einen Namen an und kann anschließend die gewünschten Musiktitel aus der Medienbibliothek in die Liste ziehen.

Im rechten Teilfenster werden auf der Registerkarte *Wiedergabe* die aktuelle Wiedergabeliste und die zuletzt gespielten Titel angezeigt. Hier kann man die Wiedergabeliste auch bearbeiten, die Reihenfolge verändern oder bestimmte Titel wieder herausnehmen.

Bild 6.2: Wiedergabelisten in der Medienbibliothek.

Automatische Wiedergabelisten werden nach bestimmten Kriterien erstellt, beispielsweise anhand von besonders guten Bewertungen, der Interpreten oder Albumnamen oder einfach der am häufigsten gespielten Titeln.

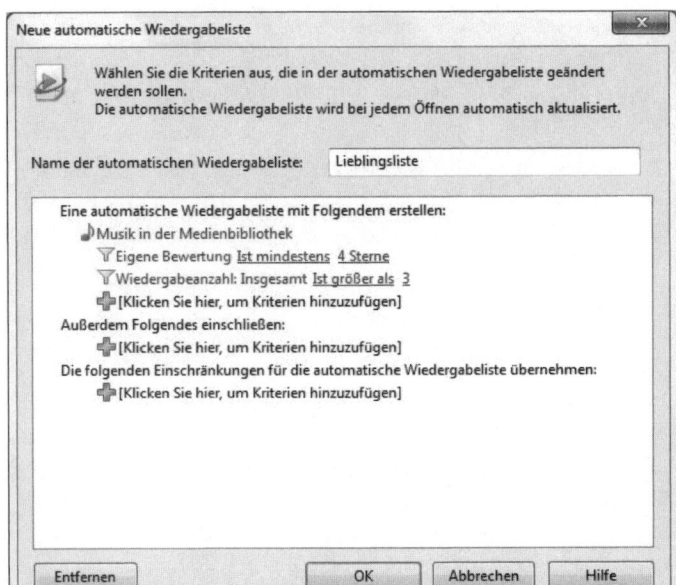

Bild 6.3: Eine neue automatische Wiedergabeliste erstellen.

Im Dialogfeld *Neue automatische Wiedergabeliste* können Sie verschiedene Kriterien hinzufügen, die alle erfüllt sein müssen, damit ein Titel in die Liste aufgenommen wird. Bevor Sie die Liste speichern, geben Sie ihr noch einen aussagekräftigen Namen. Diese Wiedergabelisten werden bei jedem Öffnen automatisch anhand der Kriterien aktualisiert.

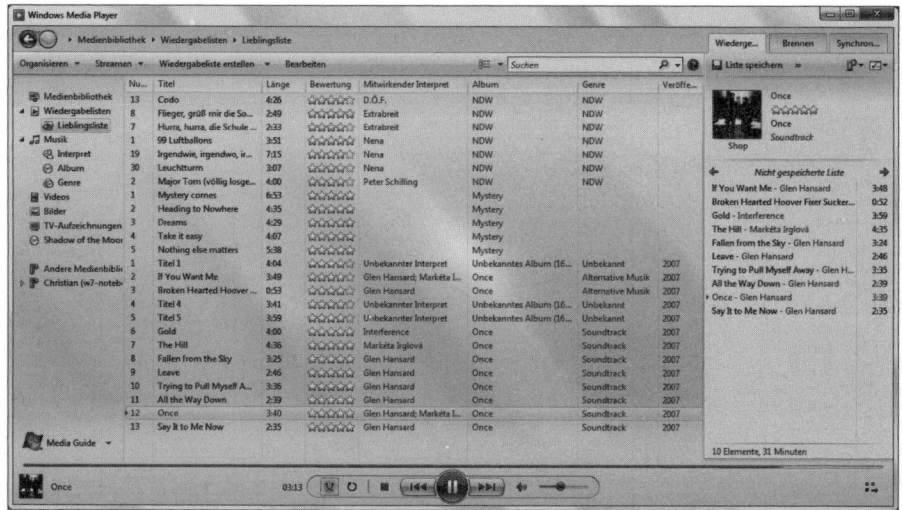

Bild 6.4: Natürlich können Sie auch ohne Wiedergabeliste jede Musikdatei einfach mithilfe eines Doppelklicks abspielen.

Musik auch aus dem Explorer heraus abspielen

Musik kann per Doppelklick auch direkt aus dem Windows Explorer heraus abgespielt werden. Musikordner werden in der Detailanzeige im Windows Explorer anders dargestellt als übliche Ordner. Anstelle von Datum und Dateigröße sehen Sie hier die aus dem Windows Media Player übernommenen Detailinformationen zu den Musikstücken.

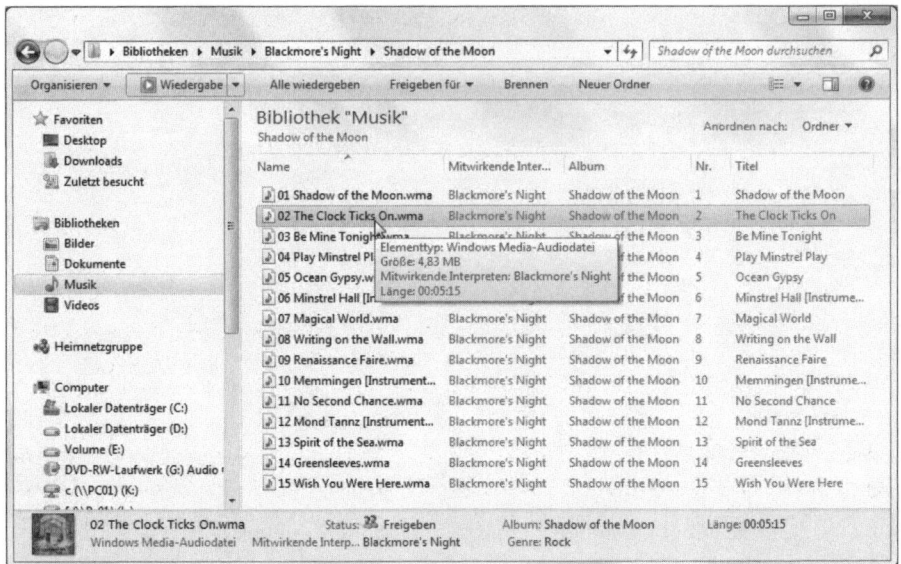

Bild 6.5: In der Symbolleiste oben finden Sie eine Schaltfläche zur Wiedergabe der Musik im Windows Media Player. Im Detailfenster ganz unten können Sie die Daten zu jedem Musiktitel nachträglich ändern.

6.2   Audio-CDs in MP3/WMA konvertieren

Moderne, leistungsstarke Festplatten bieten Platz für Tausende von Musikdateien. Um jederzeit Zugriff auf eine umfangreiche Musiksammlung zu haben, braucht man nicht jedes Mal die passende CD einzulegen. Einfacher ist es, die Musik auf die Festplatte zu kopieren.

Der Windows Media Player enthält eine Funktion, die Musikdaten von Audio-CDs in das Windows Media- oder MP3-Format extrahiert.

Audio-CD einlegen und einen Standard festlegen

Solange kein anderer Medienplayer installiert ist, wird der Windows Media Player automatisch auch zum Abspielen von Audio-CDs verwendet. Legt man eine Audio-CD in das CD-ROM-Laufwerk ein, startet der Windows Media Player automatisch im Modus *Aktuelle Wiedergabe,* einem kleinen Fenster unten links auf dem Bild-schirm. Ist keine Standardaktion definiert, erscheint ein Dialogfeld zur Auswahl einer Aktion.

Bild 6.6: Legt man eine Audio-CD ein, während der Windows Media Player geöffnet ist, wird die CD automatisch ohne weitere Nachfrage abgespielt.

Bestätigen Sie hier die Standardaktion *Audio-CD wiedergeben mit Windows Media Player.* Wenn Sie das Kontrollkästchen *Immer für Audio-CDs durchführen* aktivie-ren, erscheint dieser Dialog in Zukunft nicht mehr. Die Audio-CD wird sofort abgespielt.

Sogenannte Enhanced Audio-CDs enthalten zusätzlich eine Software, mit der die Musik von der CD auf dem PC abgespielt werden kann und meistens auch noch Bilder oder Videos zu sehen sind. Diese Software kann beim Einlegen der CD anstelle des Windows Media Players automatisch gestartet werden.

Die Einstellung zum automatischen Abspielen von Audio-CDs können Sie in der *Systemsteuerung* unter *Hardware und Sound/Automatische Wiedergabe* jederzeit ändern.

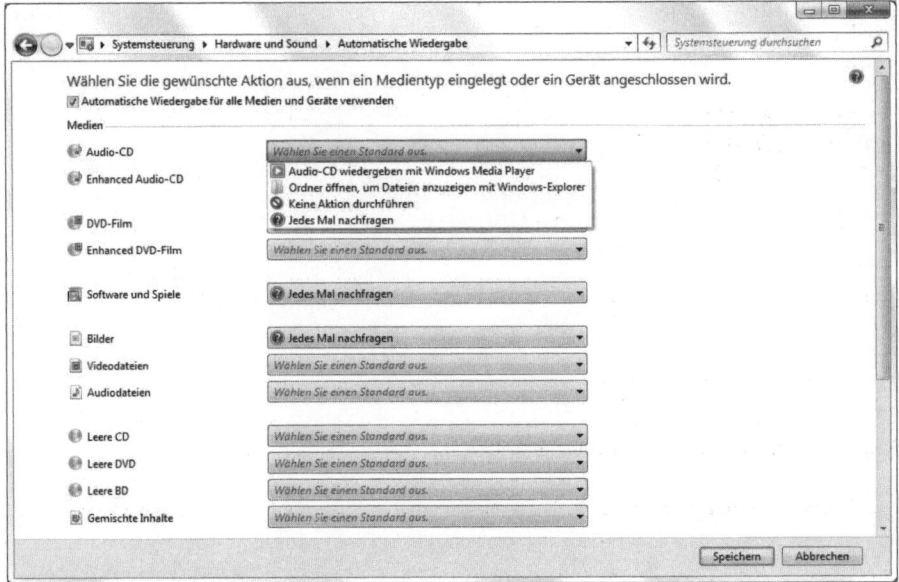

Bild 6.7: *Audio-CD* oder *Enhanced Audio-CD* als Standard festlegen.

So holen Sie Albuminformationen aus dem Internet

Der Windows Media Player kann Detailinformationen zur eingelegten Audio-CD und eine Titelliste anzeigen. Je nach Datenschutzeinstellungen erscheint aber möglicherweise nur ein unbekanntes Album.

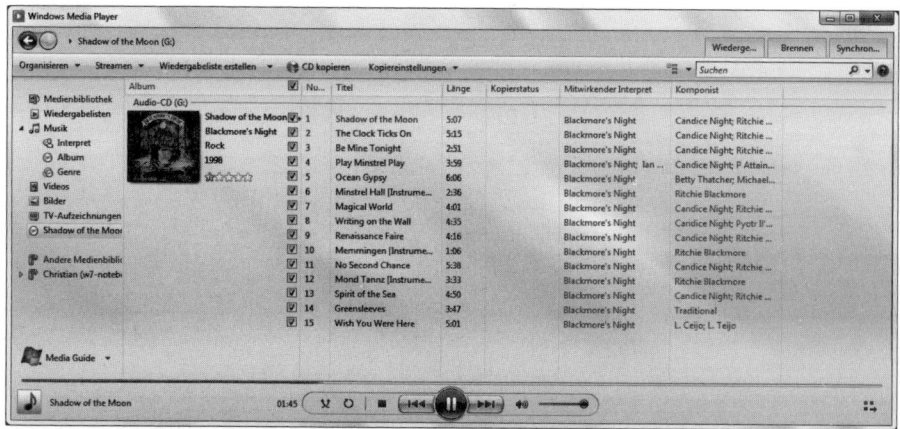

Bild 6.8: Hier werden alle Albumdetails angezeigt.

Möchten Sie solche fehlenden Albumdetails angezeigt bekommen, klicken Sie mit der rechten Maustaste auf die obere Zeile im Windows Media Player, wählen im Menü *Extras/Optionen* und schalten dort auf der Registerkarte *Datenschutz* das Kontrollkästchen *Medieninformationen aus dem Internet anzeigen* ein. Die übrigen Schalter sollten Sie aus Sicherheitsgründen deaktiviert lassen.

Bild 6.9: Erweiterte Wiedergabe-
und Gerätefunktionen festlegen.

Sobald Sie die Datenschutzeinstellungen geändert haben, wird beim Einlegen einer
Audio-CD automatisch eine Internetverbindung aufgebaut, die Kennung der CD
übermittelt und die Titelliste sowie das Albumcover heruntergeladen, soweit diese
Informationen in der Onlinedatenbank verfügbar sind.

Sollte das Albumtitelbild nicht automatisch gefunden werden, klicken Sie mit der
rechten Maustaste auf das Dummybild im Windows Media Player und wählen im
Kontextmenü *Albuminformationen suchen*. Die Datenbank wird jetzt nach passenden Alben durchsucht. Oft gibt es mehrere Hundert Treffer, wobei der richtige aber
in den meisten Fällen relativ weit vorne zu finden ist. Wählen Sie das passende
Album aus und klicken Sie auf *Weiter*.

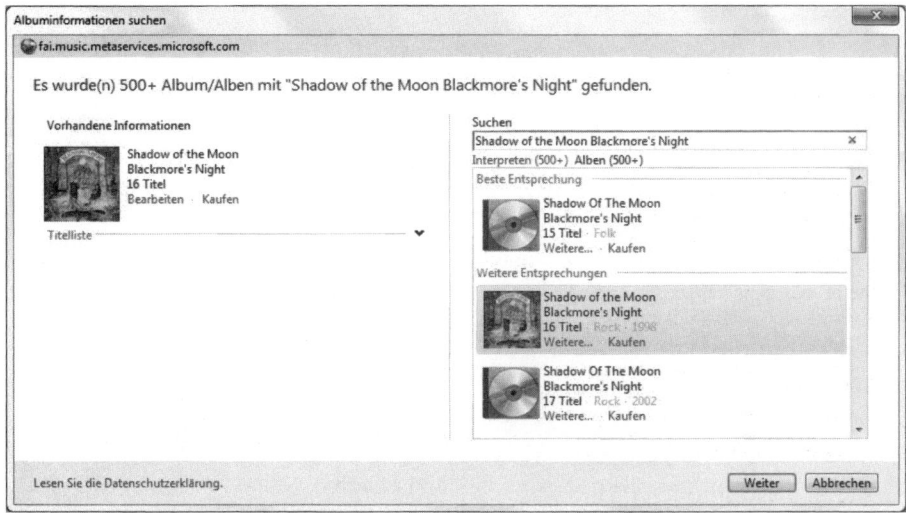

Bild 6.10: Albuminformationen suchen.

Jetzt wird eine Titelliste des gewählten Albums angezeigt, und Sie müssen noch einmal bestätigen, dass es das richtige ist. Die Albuminformationen werden in der Medienbibliothek gespeichert. Später können Sie dann ganz einfach einen bestimmten Titel abspielen, indem Sie doppelt auf diesen Titel in der Liste klicken.

Abspielen urheberrechtlich bedenklicher Audio-CDs
Bedenken Sie, dass bei der Anzeige von Albumdetails Microsoft grundsätzlich erfährt, welche CDs Sie abspielen. Besondere Vorsicht ist beim Abspielen urheberrechtlich bedenklicher Kopien geboten.

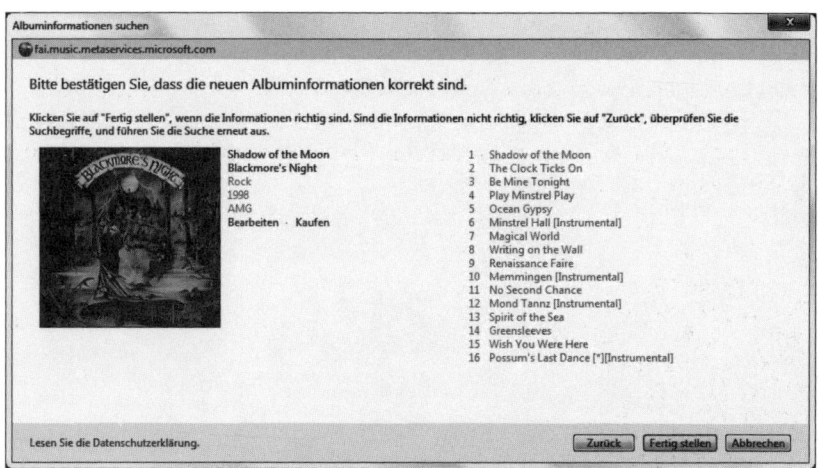

Bild 6.11: Bestätigen Sie die neuen Albuminformationen.

Seltenere Musik-CDs sind im Internet nicht zu finden. In solchen Fällen zeigt der Windows Media Player nur *Unbekanntes Album* sowie Titelnummern an. Klicken Sie mit der rechten Maustaste auf den Albumnamen oder einen Titel und wählen Sie im Kontextmenü *Bearbeiten*. Jetzt können Sie die Daten eintragen, die in der Medienbibliothek gespeichert werden.

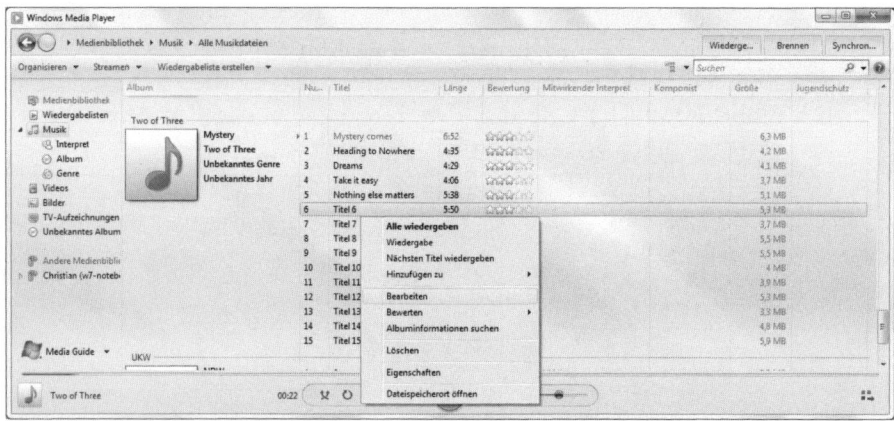

Bild 6.12: Albuminformationen korrigieren.

6.3   Audio-CDs kopieren

Der Windows Media Player enthält mit der Schaltfläche *CD kopieren* eine Funktion zum Extrahieren der Musikdaten von Audio-CDs in das Windows Media- oder MP3-Format. Diese Schaltfläche steht in der Bibliotheksansicht und auch im Fenster *Aktuelle Wiedergabe* zur Verfügung.

Bild 6.13: *CD kopieren* starten.

Trackinformationen für die Dateinamen festlegen

Beim Kopieren werden die Daten standardmäßig im Ordner *Musik* unterhalb des eigenen Benutzerordners abgelegt. Dieser Ordner kann aber unter *Weitere Optionen,* zu finden im Kontextmenü von *CD kopieren,* jederzeit geändert werden. Im Dialogfeld *Optionen* öffnen Sie die Registerkarte *Musik kopieren* und nehmen dort Ihre Einstellungen vor.

Bild 6.14: Kopiereinstellungen festlegen.

An dieser Stelle entspricht der Windows Media Player absolut nicht den gängigen Windows-Standards. Man kann beim Kopieren der Musik von der CD weder Ordner noch Dateinamen über den üblichen Windows-Dateidialog auswählen. Die Dateinamen der Audiodateien werden automatisch aus den Trackinformationen der CD gebildet. Welche Elemente dabei verwendet werden sollen, können Sie über die Schaltfläche *Dateiname* festlegen.

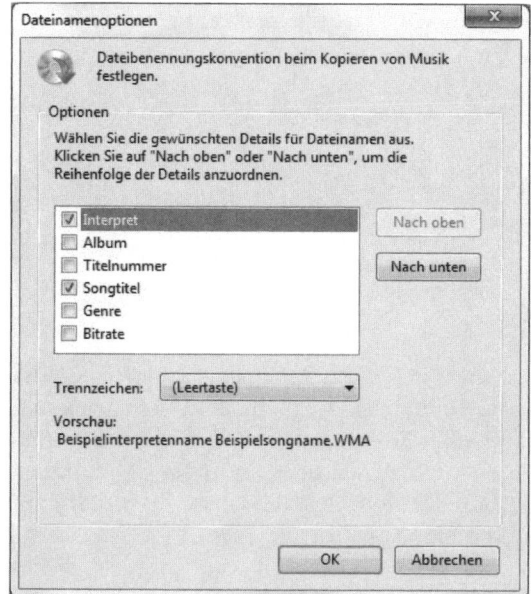

Bild 6.15: Trackinformationen festlegen.

Format, Aufzeichnungsqualität und Titelinformationen

Welches Format Sie für die aufgenommenen Musikdateien verwenden möchten, können Sie über *Kopiereinstellungen/Format* jedes Mal neu festlegen.

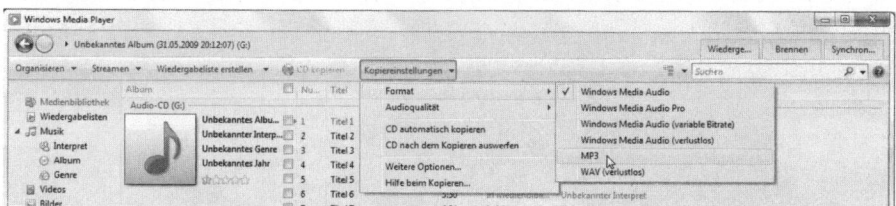

Bild 6.16: MP3 oder WMA?

Im Menü *Audioqualität* legen Sie die Qualität der aufgenommenen Dateien fest. Eine bessere Qualität hat auch hier ihren Preis, die Dateien werden deutlich größer.

Der Speicherbedarf für eine komplette Audio-CD liegt je nach eingestellter Qualitätsstufe zwischen 22 und 86 MByte.

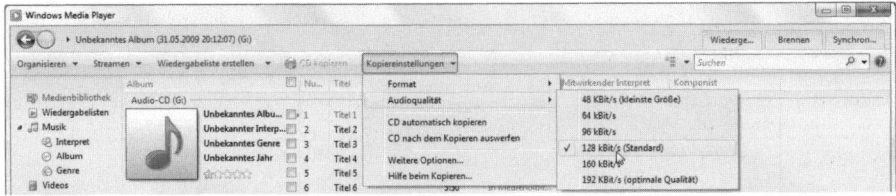

Bild 6.17: Aufzeichnungsqualität einstellen.

Sobald alle Einstellungen vorgenommen sind, klicken Sie im Hauptfenster des Windows Media Players auf *CD kopieren*. Eine Liste zeigt alle Titel der eingelegten CD mit Informationen zu Länge, Interpreten, Komponisten sowie Genre an. Natürlich können Sie auch in dieser Ansicht einzelne Titel oder die ganze CD anhören. Welche Informationen angezeigt werden sollen, legen Sie mit einem Rechtsklick auf einen Spaltentitel fest. Wählen Sie dazu im Menü *Spalten auswählen*.

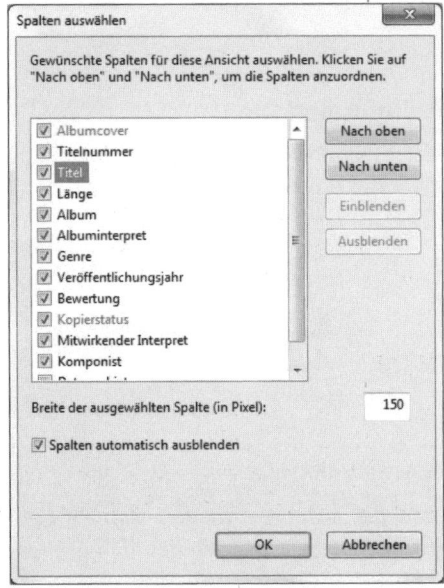

Bild 6.18: Titelinformationen prüfen.

Die Daten werden in den kopierten Dateien gespeichert. Falls eine Information nicht stimmt, was immer mal vorkommen kann, sollten Sie sie vor dem Kopieren noch korrigieren. Klicken Sie dazu mit der rechten Maustaste in das betreffende Feld in der Liste und wählen Sie im Kontextmenü *Bearbeiten*. Jetzt können Sie den Text in diesem Feld ändern.

Markieren Sie, wenn alle Daten stimmen, in der Spalte ganz links nur die Titel, die Sie auf die Festplatte kopieren möchten. Klicken Sie dann auf die Schaltfläche *CD kopieren*.

Bild 6.19: Kopiervorgang starten.

Kopierte Dateien werden im angezeigten Verzeichnis abgelegt und können von dort aus oder aus der Medienbibliothek jederzeit mit dem Windows Media Player abgespielt werden. Eine CD ist dafür nicht mehr erforderlich.

Was verbirgt sich hinter dem Begriff DRM?

Microsoft bewirbt mit dem Windows Media Player ein eigenes Datenformat: WMA für Audio- bzw. WMV für Videodateien. Dieses Windows Media-Format soll nach den Vorstellungen von Microsoft das beliebte MP3-Format ersetzen. Dabei stieß Microsoft in der Musikindustrie anfangs auf offene Ohren, die in MP3 erhebliche Umsatzeinbußen sah.

Das Windows Media-Format bietet Möglichkeiten, Dateien so zu sperren, dass sie nur auf einem bestimmten Gerät abgespielt werden können. Auch lässt sich eine

Zeitsperre einbauen, mit deren Hilfe ein Titel nach dem ersten Ansehen unbrauchbar gemacht wird.

Dieses Verfahren wird als DRM (Digital Rights Management) bezeichnet. Sie können es bei der Aufnahme von Windows Media-Dateien von Audio-CDs zurzeit noch deaktivieren, indem Sie das Kontrollkästchen *Kopierschutz für Musik* auf der Registerkarte *Musik kopieren* in den Optionen des Windows Media Players ausschalten. Microsoft behält sich vor, in zukünftigen Versionen des Windows Media Players einen Zwangskopierschutz einzuführen.

Mittlerweile gehen aber immer mehr Onlinemusikshops dazu über, Musik im ungeschützten MP3-Format zu verkaufen, da DRM den ehrlichen Kunden zu sehr einschränkt, sodass viele aus Bequemlichkeit auf illegale Musikquellen umsteigen.

6.4   Audio-CDs brennen

Der Windows Media Player kopiert nicht nur Musik von Audio-CDs auf die Festplatte, sondern kann umgekehrt auch eigene Audio-CDs brennen. Beim Brennen auf eine CD werden die Daten im normalen Audio-CD-Format abgelegt, sodass die fertige CD nicht nur im Computer, sondern in jedem Audio-CD-Player abgespielt werden kann.

Einstellungen vor dem Brennen der Audio-CD

Legen Sie einen CD-Rohling in den Brenner. Klicken Sie dann im Windows Media Player rechts auf die Registerkarte *Brennen*.

In der Ansicht sehen Sie links Ihre Medienbibliothek und rechts die CD, auf die die Daten kopiert werden sollen. Ziehen Sie die Musiktitel, die auf die CD gebrannt werden sollen, einfach in den rechten Bereich unter das CD-Symbol. Innerhalb der Liste können Sie die Reihenfolge der Musikstücke auf der CD verändern, indem Sie einzelne Titel per Drag-and-drop an eine andere Position ziehen. Sollten nicht alle Titel auf eine CD passen, wird automatisch eine zweite angelegt. Vor dem Brennen können Sie die Titel beliebig zwischen den beiden CDs hin- und herschieben.

Bild 6.20: Titel auswählen.

Wenn Sie die CD fertig zusammengestellt haben, klicken Sie rechts oben auf *Brennen starten*, um den Brennvorgang anzustoßen.

In den Optionen des Windows Media Players können Sie auf der Registerkarte *Brennen* eine automatische Lautstärkeregelung für alle Titel auf der CD einschalten. Damit hört sich die CD gleichmäßig laut an, auch wenn die aus verschiedenen Quellen bezogenen Titel im Original unterschiedliche Lautstärken aufweisen.

Bild 6.21: Automatische Lautstärkeregelung aktivieren.

Hier können Sie auch die Brenngeschwindigkeit festlegen. Sollte es beim Abspielen der CD in einem normalen Audio-CD-Player zu Problemen kommen, verwenden Sie eine geringere Brenngeschwindigkeit. Viele Audio-CD-Player können CDs, die schneller als 8-fach gebrannt wurden, nicht mehr abspielen.

Statt einer Audio-CD eine Daten-CD brennen

Wenn Sie statt einer Audio-CD eine Daten-CD mit dem Windows Media Player brennen, werden die Dateien im Originalformat WMA oder MP3 auf die CD kopiert und nicht in Audiotracks konvertiert. Die Umschaltung zwischen Audio-CD und Daten-CD finden Sie direkt im Menü *Brennoptionen*.

Bei Daten-CDs können Sie automatisch eine Wiedergabeliste generieren und mit auf die CD schreiben. Dafür stehen zwei Formate zur Verfügung: WPL, das Dateiformat der Wiedergabelisten im Windows Media Player, und M3U, das Dateiformat der Wiedergabelisten im WinAmp-Player (*de.winamp.com*). Dieses Format verwenden auch zahlreiche andere Musikabspielprogramme.

6.5   Musik mit dem MP3-Player synchronisieren

Mit dem neuen Windows Media Player ist es ein Leichtes, Musik vom Computer auf den MP3-Player zu bringen. Für diese Synchronisierung werden die meisten MP3-Player mit USB-Anschluss sowie Windows-Phones und auch Symbian- und Android-Smartphones unterstützt. Speicherkarten in Kartenlesern und auch alle Handys mit anderen Betriebssystemen mit Ausnahme des iPhones, die beim Anschluss an den PC via USB oder Bluetooth als Laufwerk erkannt werden, können ebenfalls verwendet werden. Per Kartenleser können auch viele Handys, die nicht Windows Media Player-kompatibel sind, genutzt werden, indem man einfach die Speicherkarte ausbaut und in den PC steckt.

Einstellungen für die manuelle Synchronisation

Beim ersten Anschließen eines tragbaren Medienplayers oder beim Einstecken einer Speicherkarte in den Kartenleser erscheint eine Abfrage, die wissen möchte, ob die Synchronisierung in Zukunft automatisch erfolgen soll (diese Einstellung können Sie später jederzeit wieder ändern). Das Gerät erhält dann einen Namen, unter dem der Windows Media Player es jedes Mal wiederfindet, wenn es angeschlossen wird. Dieser Schritt fällt bei Speicherkarten und USB-Sticks weg, die einfach ihre Laufwerkbezeichnung haben.

Im Synchronisationsfenster können Sie dann eine Synchronisationsliste aus den gewünschten Titeln zusammenstellen, indem Sie die Titel mit der Maus in den rechten Teil des Fensters unter die Abbildung des Geräts ziehen.

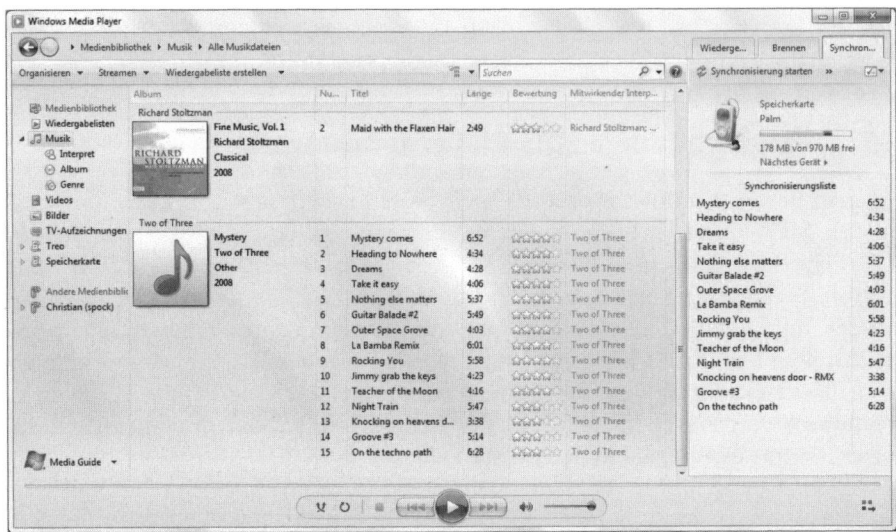

Bild 6.22: Synchronisationsliste zusammenstellen.

Nachdem Sie alle Titel zur Synchronisation ausgewählt haben, können Sie die Übertragung mit einem Klick auf *Synchronisierung starten* in Gang setzen. Je nach Gerätetyp, Datenmenge und Dateiformat kann das einige Zeit dauern.

Einstellungen für die automatische Synchronisation

Noch einfacher als diese manuelle Synchronisation ist die automatische Synchronisation. Hier müssen Sie nur noch auswählen, welche Wiedergabelisten synchronisiert werden sollen. Wenn Sie mehrere mobile Geräte zusammen mit dem Windows Media Player verwenden, wählen Sie zunächst im Synchronisierungsbereich mit Klick auf *Nächstes Gerät* das gewünschte Gerät aus.

Mithilfe des kleinen Symbols *Synchronisierungsoptionen* rechts neben *Synchronisierung starten* im Synchronisierungsbereich des Windows Media Players blenden Sie ein Menü ein. Darin können Sie über den Menüpunkt *Synchronisierung einrichten* genau das tun und Wiedergabelisten zur automatischen Synchronisation auswählen.

Bild 6.23: Die Synchronisierung einrichten.

Sollte das angeschlossene Gerät bereits sehr voll mit Daten sein, werden Sie gefragt, ob Sie diese Daten auf dem Gerät lassen oder vor der Synchronisation entfernen wollen.

Bei der automatischen Synchronisation, die bei Geräten ab 4 GByte Speicher standardmäßig eingerichtet wird und bei kleineren Geräten manuell festgelegt werden kann, gibt man Wiedergabelisten an, die automatisch mit dem Gerät synchronisiert werden. Das können einfache oder automatische Wiedergabelisten sein.

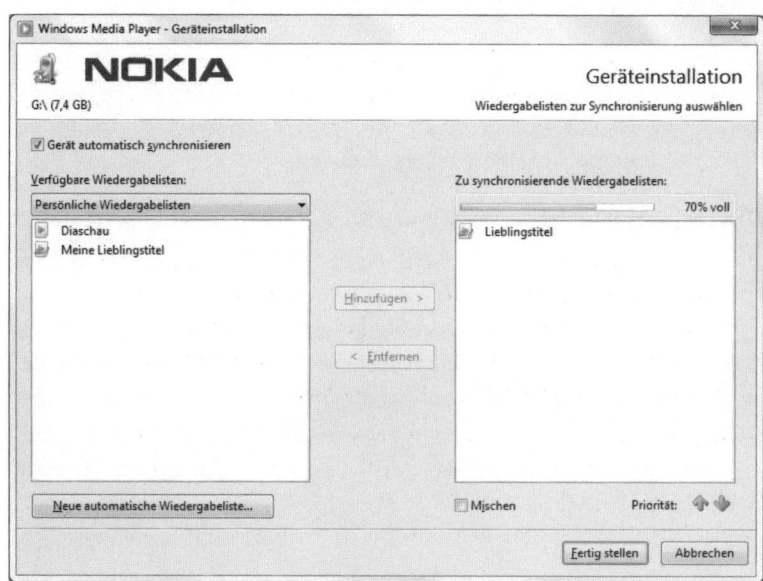

Bild 6.24: Durchführen der Geräteinstallation.

Jedes Mal, wenn das Gerät später wieder angeschlossen wird, werden die Wiedergabelisten verglichen. Neue Musiktitel in zur Synchronisation markierten Wiedergabelisten werden automatisch übertragen.

Bild 6.25: Der Media Player vergleicht die Wiedergabelisten.

Jedes Handy kann nur mit einer Windows-Medienbibliothek synchronisiert werden. Falls Sie das Handy schon einmal mit einem anderen PC synchronisiert hatten, erscheint eine entsprechende Abfrage.

Über den Menüpunkt *Einstellungen auswählen* im Untermenü des jeweiligen Geräts im *Synchronisieren*-Menü legen Sie mit einem Klick auf *Eigenschaften* unter anderem fest, ob die Synchronisierung beim Anschließen des Geräts automatisch starten soll.

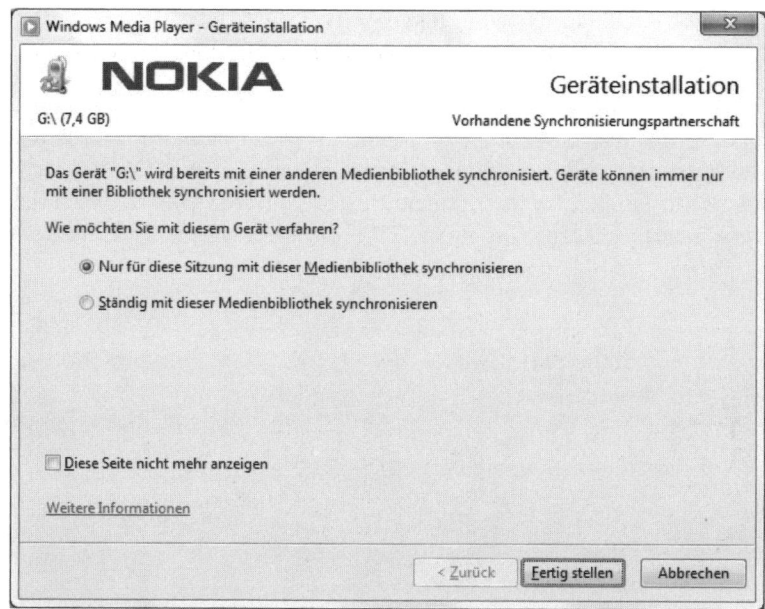

Bild 6.26: Immer nur mit einer Medienbibliothek synchronisieren.

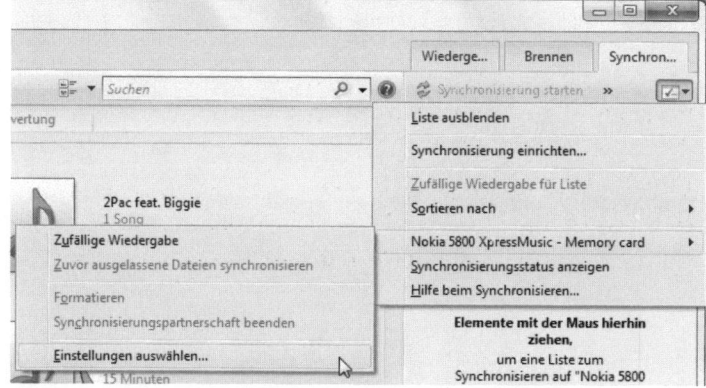

Bild 6.27: Erweiterte Synchronisierungseinstellungen.

Stellen Sie ebenfalls ein, wie viel Speicherplatz für die Verwendung durch andere Programme auf dem Gerät frei bleiben muss. Das ist besonders bei Smartphones wichtig, weil auch andere Anwendungen die Speicherkarte nutzen.

Auf der Registerkarte *Qualität* können Sie festlegen, ob die Musik beim Übertragen weiter komprimiert werden soll. Bei höherer Komprimierung gibt es Qualitätsverluste, die allerdings auf einigen Geräten ohnehin nicht zu hören sind, sodass man die Verluste verschmerzen kann, um mehr Titel auf dem Gerät speichern zu können.

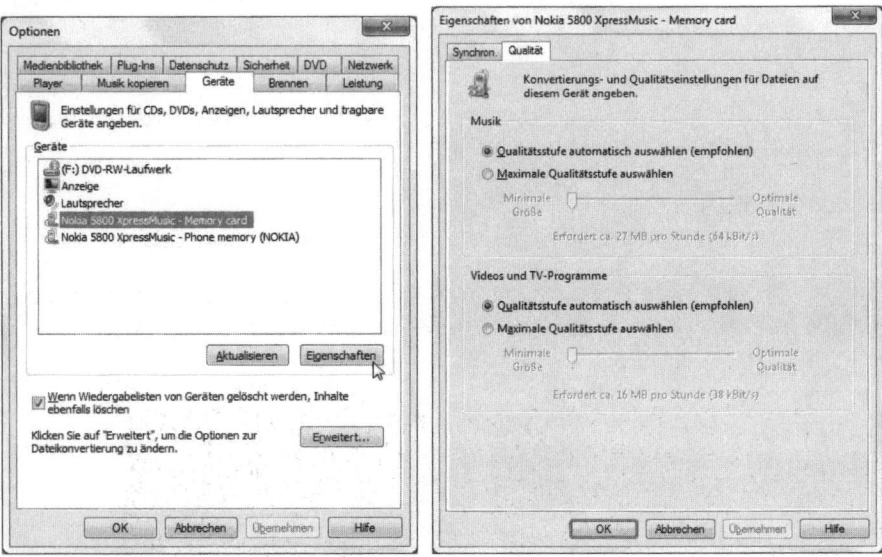

Bild 6.28: Auch die Qualitätsstufe kann automatisch ausgewählt werden.

7 Windows Media Center

Das Windows Media Center ist eine zentrale Komponente zur Darstellung digitaler Medien. Gegenüber dem Windows Media Player bietet es zwei große Vorteile in Sachen Wohnzimmerunterhaltung: Es läuft auf dem Fernseher und lässt sich per Fernbedienung steuern. Natürlich kann das Media Center auch ganz normal auf dem Computerbildschirm per Maus und Tastatur genutzt werden. Windows 7 liefert eine aktualisierte Version des Windows Media Centers in den Versionen Home Premium, Professional und Ultimate mit. Die Windows 7 Starter-Version und die N-Versionen enthalten kein Windows Media Center.

7.1 Grundlegende Einstellungen

Bevor Sie das Windows Media Center nutzen können, treffen Sie – mal wieder – auf einen Setup-Assistenten, der beim ersten Aufruf automatisch startet.

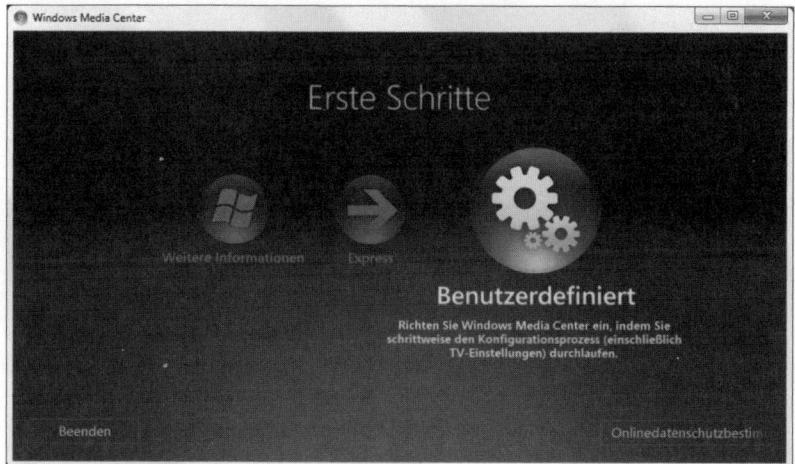

Bild 7.1: Erste Schritte.

Wählen Sie das benutzerdefinierte Setup

Auch hier gilt: Wählen Sie das benutzerdefinierte und nicht das Express-Setup, da Sie damit Microsoft und allen Musikanbietern nahezu freien Zugriff auf Ihren Computer gewähren.

▶ Hardwareprüfung durch den Assistenten

Der Assistent überprüft jetzt die eingebaute Hardware, um festzustellen, welche Geräte für das Windows Media Center genutzt werden können. Diese müssen nun konfiguriert werden. Das Setup ist in zwei Bereiche aufgeteilt: Das erforderliche Setup muss in jedem Fall ausgeführt werden, das optionale Setup bietet zusätzliche Funktionen, die auch später noch konfiguriert werden können. Danach müssen Sie einer Datenschutzerklärung zustimmen, ohne die das Windows Media Center nicht verwendet werden kann, die aber andererseits immer wieder ins Kreuzfeuer öffentlicher Kritik gerät. (Warum sind z. B. IP-Adresse und eine eindeutige Hardware-ID notwendig, um lokal gespeicherte Musik zu hören oder Fotos zu betrachten?)

▶ Ja zu den Datenschutzbestimmungen

Die Datenschutzbestimmungen können nicht abgelehnt werden, wohl aber der nächste Schritt, in dem der PC regelmäßig anonyme Berichte an Microsoft senden möchte, angeblich um mitzuhelfen, das Windows Media Center zu verbessern. Diese Daten enthalten zwar keinen Namen, aber eine eindeutige Kennung des PCs sowie die IP-Adresse und Informationen über verwendete digitale Medien. Wenn Sie dem Windows Media Center erlauben, Internetverbindungen aufzubauen, können darüber Coverbilder von CDs und DVDs, Musik- und Filminformationen sowie TV-Programmlisten heruntergeladen werden.

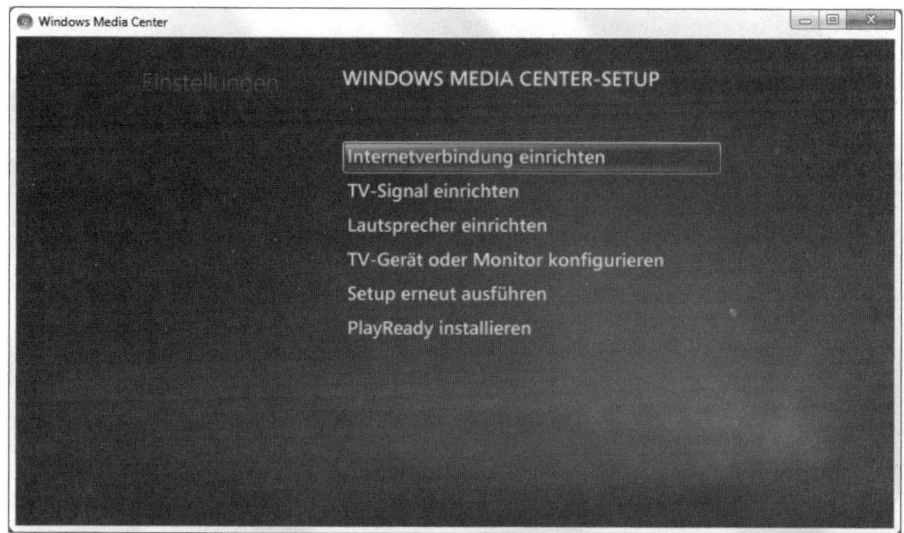

Bild 7.2: Anschließend folgt das optionale Setup, das Sie auch noch später über *Aufgaben/Einstellungen/Allgemein/Windows Media Center-Setup* durchführen können.

▶ **Bedienungseinstellungen festlegen**

Ganz Windows-untypisch über ein sich bewegendes Menü ist das Windows Media Center zu bedienen. Innerhalb dieses Menüs können Sie mit der Maus, mit dem Mausrad, mit den Cursortasten oder mit der Windows Media Center-Fernbedienung navigieren.

Mit dem Pfeil in der oberen Symbolleiste gehen Sie jederzeit einen Navigationsschritt innerhalb des Windows Media Centers zurück. Die Symbolleiste zur Mediensteuerung am unteren Fensterrand blendet sich nach einer bestimmten Zeit oder beim Drücken einer Taste automatisch aus.

Bild 7.3: Symbolleiste zur Mediensteuerung am unteren Fensterrand.

Vollbildauflösung für den Fernseher einstellen

Das Windows Media Center-Programmfenster hat eine Auflösung, die sich auch auf Fernsehern darstellen lässt. Es kann also entweder als kleines Fenster innerhalb des Windows-Bildschirms, formatfüllend auf dem PC-Monitor oder ebenso auf einem Fernseher laufen, der über den TV-Ausgang der Grafikkarte angeschlossen ist.

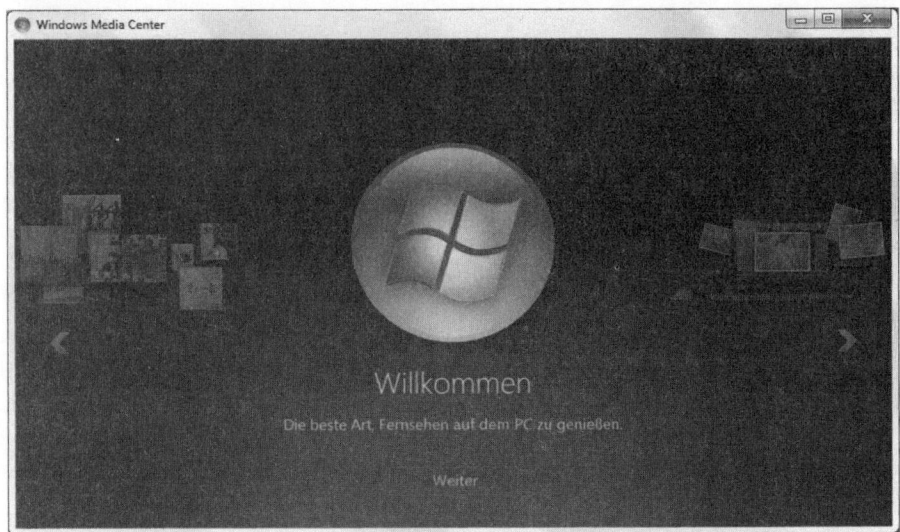

Bild 7.4: Der Begrüßungsbildschirm des Media Centers

Die Fensterdarstellung bietet sich an, wenn man auf dem PC arbeitet und nur nebenbei Medien anhören oder Bilder betrachten möchte. Die formatfüllende Variante empfiehlt sich, wenn man in großem Abstand vor dem Monitor sitzt und den Computer ausschließlich zur Medienwiedergabe verwendet.

Im Vollbildmodus auf einem Fernseher hat das Windows Media Center keine höhere Bildschirmauflösung als im Fenster unter Windows. Fernseher haben nur eine sehr geringe Auflösung, die dem Fenster des Windows Media Centers entspricht.

Zwischen den beiden Darstellungen schaltet man über das *Maximieren*-Symbol in der oberen rechten Ecke um. Die Symbolleiste erscheint im Windows Media Center-Vollbildmodus nur, wenn man die Maus bewegt.

Media Center nur im Medienmodus betreiben

Verwenden Sie den PC ausschließlich zum Betrachten von Medien und wollen zum Beispiel auf öffentlich nutzbaren PCs nicht, dass die Nutzer andere Windows-Anwendungen aufrufen, können Sie das Windows Media Center unter *Aufgaben* im Hauptmenü in den Modus *Nur Medien* versetzen.

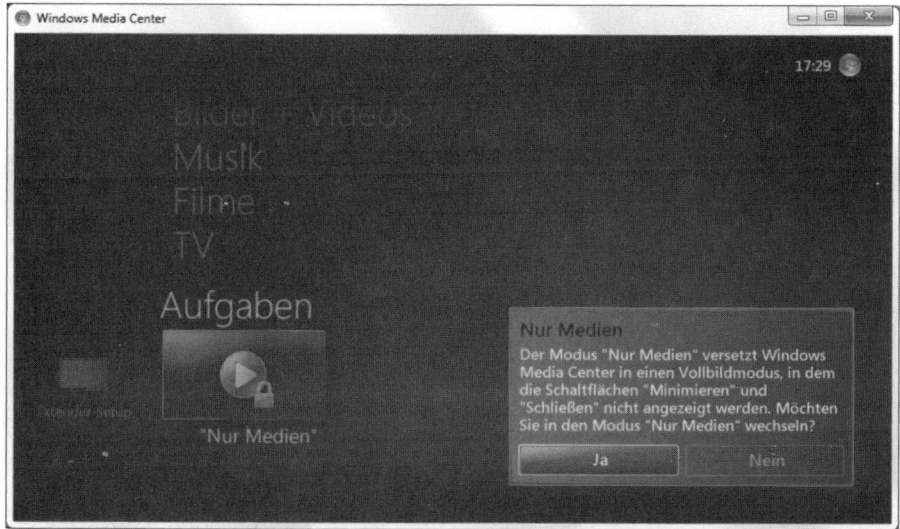

Bild 7.5: Das Media Center in den Vollbildmodus versetzen.

In diesem speziellen Vollbildmodus werden die Schaltflächen zum Minimieren und Schließen nicht angezeigt, sodass man das Windows Media Center nur noch über *Aufgaben/Modus beenden* verlassen kann. Wenn Sie das Windows Media Center dann noch in die Autostart-Gruppe des Startmenüs ziehen, brauchen Sie auf einem Wohnzimmer-PC überhaupt keine Tastatur oder Maus mehr.

Via Fernbedienung im Media Center navigieren

Media Center-PCs sollen vor allem abseits vom Arbeitsplatz als Unterhaltungsgeräte im Wohnzimmer eingesetzt werden. Hier hat man nicht immer Platz für eine Tastatur. Einfacher ist es, eine Fernbedienung zu verwenden, wie man sie von Fernsehern und anderen Unterhaltungsgeräten kennt.

Bild 7.6: Die Media Center-Fernbedienung.

Bei einer Infrarotfernbedienung muss immer Sichtkontakt zwischen der Fernbedienung und dem Empfänger am PC bestehen. Aktuelle Media Center-PCs haben den Infrarotempfänger in der Frontblende eingebaut. Es gibt aber auch externe Infrarotempfänger, die am USB-Port angeschlossen werden. Verwenden Sie hier den USB-Port an der Gehäusevorderseite oder legen Sie den Anschluss mit einem Verlängerungskabel so nach vorn, dass er für die Fernbedienung zu sehen ist. Bei Funkfernbedienungen ist kein Sichtkontakt notwendig.

Die Fernbedienung funktioniert nur innerhalb der Windows Media Center-Anwendung und kann nicht für andere Programme wie zum Beispiel den Windows Explorer genutzt werden. Allerdings besitzen die Fernbedienungen eine spezielle Taste, um die Media Center-Anwendung zu starten. Wird der PC also ausschließlich zusammen mit dem Windows Media Center verwendet, ist zum Start des Programms keine Maus oder Tastatur notwendig. Windows 7 unterstützt nur spezielle Infrarot- und Funkfernbedienungen. Die meisten frei programmierbaren Fernbedienungen sowie die Fernbedienungen, die bei TV-Karten und Multimedia-Software von Drittanbietern mitgeliefert werden, werden nicht unterstützt.

7.2   Musik im Windows Media Center

Das Windows Media Center kann dazu verwendet werden, Musik über den PC oder eine Stereoanlage zu hören, wenn diese an der Soundkarte des PCs angeschlossen ist. Die Musik kann auf Audio-CDs vorliegen oder als Datei im MP3- oder WMA-Format auf der Festplatte. Bestimmte kopiergeschützte Audio-CDs können vom Media Center in Windows 7 nicht abgespielt werden.

Um Musik vom Computer oder von Audio-CDs abzuspielen, wählen Sie im Windows Media Center den Menüpunkt *Musik*.

So richten Sie eine Musikbibliothek ein

Zuerst müssen, wie in allen Windows Media Center-Modulen, die Verzeichnisse hinzugefügt werden, in denen Musikdateien liegen. Standardmäßig werden nur Musikdateien im *Musik*-Ordner des Benutzers und im Verzeichnis *Öffentliche Musik* angezeigt. Bei der Installation liefert Windows 7 in diesen Verzeichnissen bereits Beispielmusik mit.

Wählen Sie jetzt zusätzliche Verzeichnisse aus, in denen sich Musik befindet und die der Medienbibliothek hinzugefügt werden sollen.

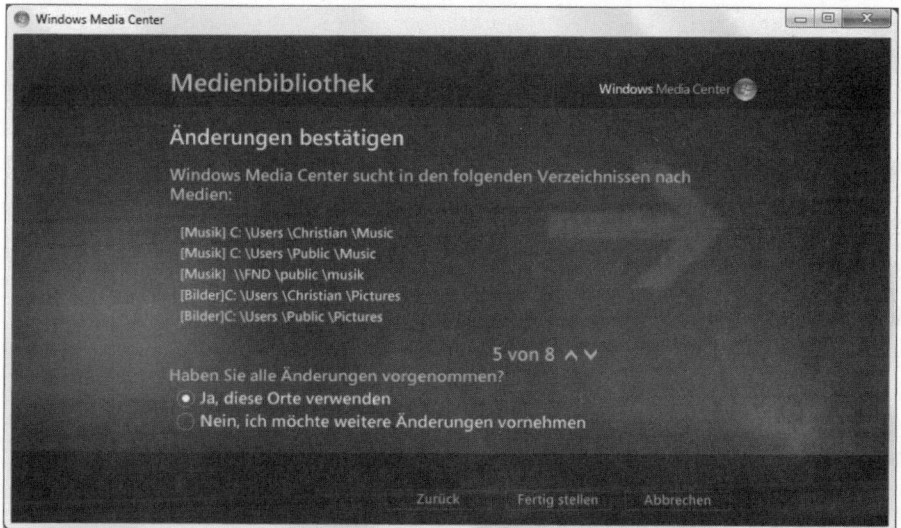

Bild 7.7: Während die Einrichtung läuft, die je nach Anzahl vorhandener Musiktitel einige Zeit dauern kann, können Sie das Windows Media Center bereits nutzen.

Eine eingelegte Musik-CD wird direkt angezeigt und kann abgespielt oder auf den PC kopiert werden. Die Musik auf dem PC wird ebenfalls nach Alben verwaltet, wobei bei bestehender Internetverbindung auch das Albumcover und Informationen zu den Titeln heruntergeladen und angezeigt werden können. Diese Informationen stehen allerdings nicht für alle Musik-CDs zur Verfügung.

Bild 7.8: Albumcover und Titelinformationen.

Medieninformationen aus dem Internet laden

Viele aktuelle Musik-CDs enthalten bereits die Namen der einzelnen Titel in einer für CD-Player und das Windows Media Center lesbaren Form. Weitere Medieninformationen und das Titelbild können beim Abspielen der CD automatisch aus dem Internet heruntergeladen werden.

Dazu muss eine Internetverbindung verfügbar sein, die entweder permanent läuft oder jederzeit automatisch aufgebaut werden kann. Zusätzlich muss im Windows Media Center unter *Aufgaben/Einstellungen/Allgemein/Optionen für automatische Downloads* das Kontrollkästchen *CD-Cover, Medieninformationen für DVDs und Filme und Internetdienste vom Internet beziehen* aktiviert sein.

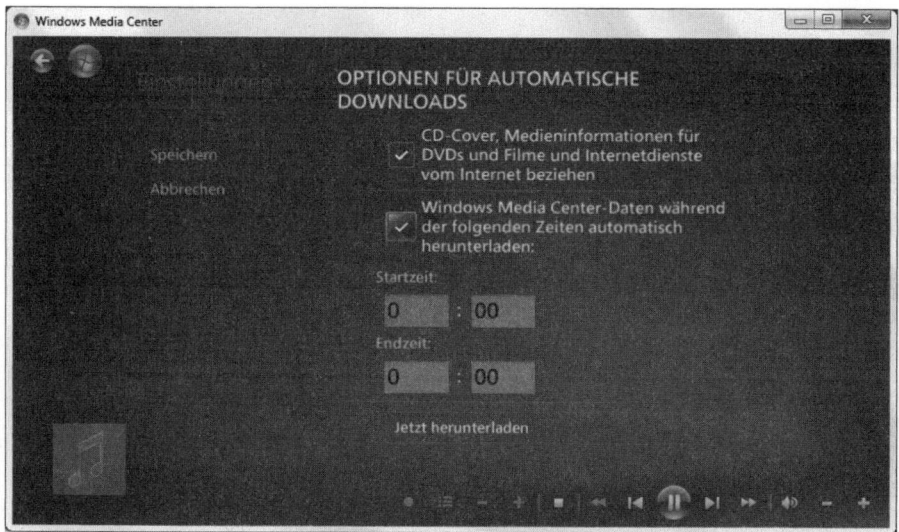

Bild 7.9: Optionen für automatische Downloads.

Audio-CDs auf der Festplatte archivieren

Mit dem Windows Media Center können Sie auf einfache Weise Musik-CDs auf die Festplatte kopieren und so die Musik auch hören, ohne die CD einlegen zu müssen. Sie können dann ebenfalls Playlisten zusammenstellen, die aus Titeln mehrerer CDs bestehen.

Bild 7.10: Eine Audio-CD in die Musikbibliothek kopieren.

Während eine Audio-CD eingelegt ist, können Sie mit der Schaltfläche *CD kopieren* die Daten auf die Festplatte übertragen. Dieses Kopieren geht deutlich schneller als das Abspielen. Während ein Titel läuft, kann also bereits der übernächste kopiert sein.

Ein animiertes CD-Symbol kennzeichnet den Titel, der gerade kopiert wird. Häkchen zeigen alle Titel an, die bereits kopiert sind.

Standardmäßig werden die Musikdateien im WMA-Format in Unterverzeichnissen des Musikverzeichnisses abgelegt. Das Windows Media Center selbst bietet keine Möglichkeit, diese Einstellung zu ändern, die Einstellungen des Windows Media Players werden übernommen. Um sie zu ändern, starten Sie den Windows Media Player und wählen im Menü *Kopiereinstellungen* das Format aus.

Titelinformationen eines Albums bearbeiten

Leider werden die Medieninformationen und auch die Titel von Alben nicht immer richtig eingetragen. Dies gilt besonders für Sampler und Musik-CDs, die Zeit-schriften beiliegen. Hier sind manchmal die Titel unvollständig, oder der Albumname stimmt nicht. In solchen Fällen können auch keine gültigen Medieninformationen aus dem Internet heruntergeladen werden.

Das Windows Media Center bietet die Möglichkeit, bei den archivierten Titeln fehlerhafte Daten zu korrigieren.

Klicken Sie auf einen Titel und dann auf *Infos bearbeiten*. Anschließend können Sie den Namen des Titels und des Interpreten verändern und auch eine Bewertung abgeben.

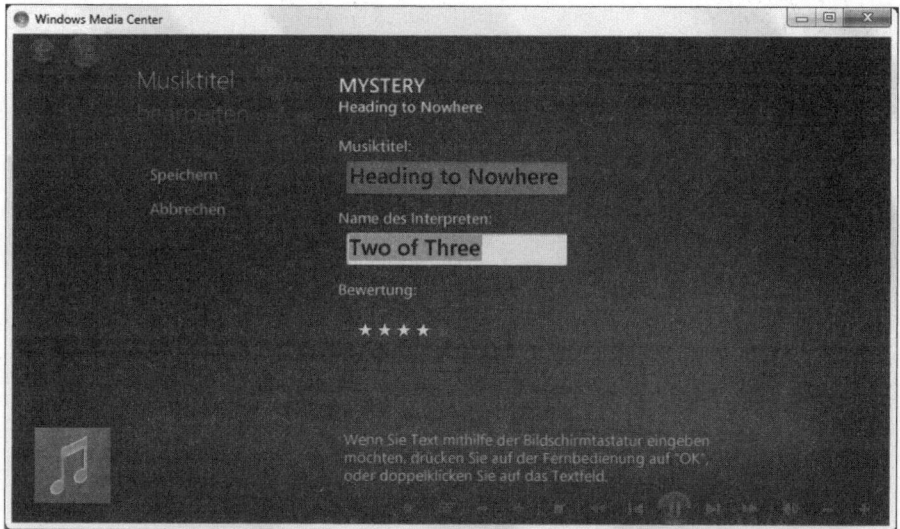

Bild 7.11: Name des Interpreten korrigieren.

Wenn Sie das Windows Media Center mit der Fernbedienung steuern, können Sie die Titel über die Zifferntasten eingeben. Je nach Buchstabe muss eine Zifferntaste mehrfach gedrückt werden. Mit den Tasten CH+ und CH- kann das Tastenfeld zwischen Kleinbuchstaben, Großbuchstaben und Sonderzeichen umgeschaltet werden.

Auf die gleiche Weise können Sie in der Albumansicht auch Albumtitel und Interpreten ändern, sollten diese falsch oder gar nicht erkannt worden sein.

Musikdateien direkt im Media Center löschen

Möchten Sie Musikdateien löschen, sollten Sie das direkt im Windows Media Center vornehmen. In der Titelansicht kann der gewählte Titel mit der Option *Musiktitel löschen* gelöscht werden. Dabei wird er automatisch auch aus der Medienbibliothek entfernt. Genau so können Sie in der Albumansicht ein ganzes Album löschen.

Löschen Sie eine Musikdatei mit dem Windows Explorer, bleibt der entsprechende Eintrag in der Medienbibliothek stehen, obwohl die Datei nicht mehr existiert. Das Windows Media Center führt aber regelmäßig automatische Datenbankkorrekturen durch, sodass solche Einträge nach einiger Zeit selbstständig gelöscht werden.

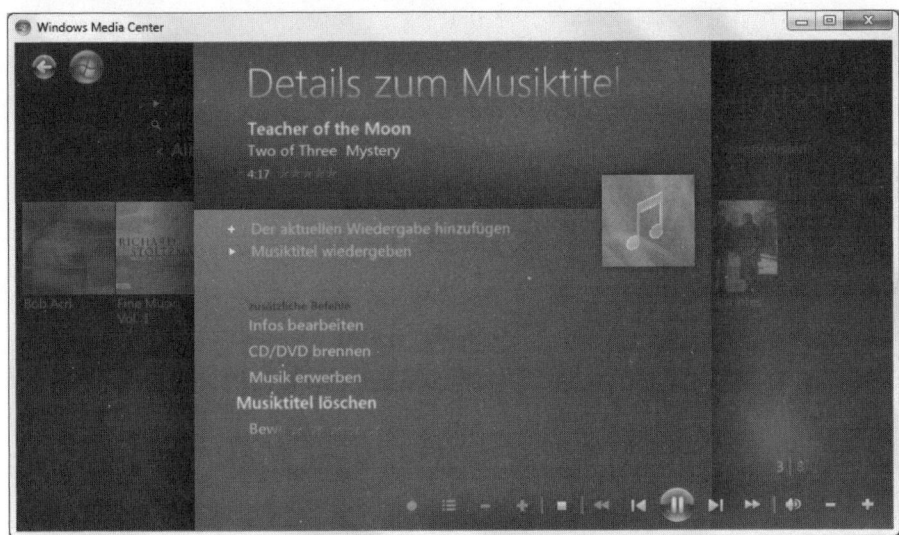

Bild 7.12: Details zum Musiktitel.

7.3   DVDs im Media Center abspielen

Das Windows Media Center in Windows 7 kann ohne Umweg direkt DVDs abspielen. In der aktuellen Windows 7-Version liefert Microsoft die notwendigen Decoder sogar mit Windows mit. Anders als in Windows XP braucht hier also keine eigene DVD-Playersoftware installiert zu werden.

DVD-Wiedergabeeinstellungen vornehmen

Wählen Sie im Hauptmenü des Windows Media Centers den Menüpunkt *Filme/DVD-Wiedergeben*. Beim Abspielen von DVDs können die Tasten der Fernbedienung genutzt werden, oder Sie blenden sich mit der Maus die Steuerelemente am unteren Bildschirmrand ein.

Bild 7.13: Die Wiedergabe des Films läuft.

Mit dem Schieber bewegen Sie sich zu einem beliebigen Punkt im Film, die Pfeile springen kapitelweise. Nach kurzer Zeit verschwinden die Steuerelemente automatisch, sodass der Bildschirm wieder voll für die DVD-Wiedergabe zur Verfügung steht.

Standardmäßig zeigt das Windows Media Center DVD-Filme ohne Untertitel in der Standardsprache an. Wenn Sie fremdsprachige DVDs abspielen und dabei die deutschen Untertitel sehen möchten, können Sie das Standardverhalten umschalten. Wählen Sie dazu im Hauptmenü des Media Centers unter *Aufgaben/Einstellungen* die Option *DVD*.

In einem weiteren Untermenü können Sie zwischen verschiedenen Einstellungs-
kategorien wählen. Das Menü *Sprache* enthält Einstellungen für Untertitel, Ton
und die Sprache der Menüs.

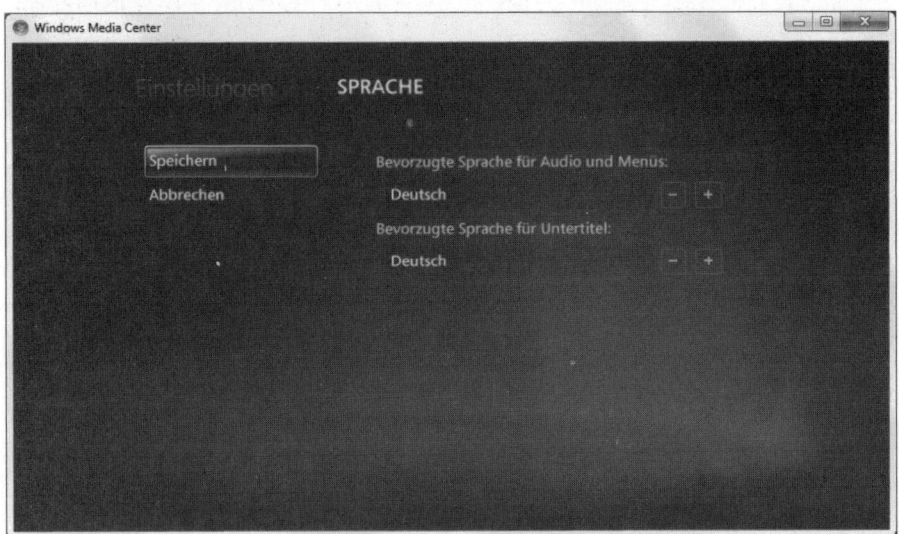

Bild 7.14: Im Menüpunkt *Untertitel* legen Sie fest, ob Untertitel bei ausgeschaltetem
Ton automatisch dargestellt werden.

Der Menüpunkt *Fernbedienungsoptionen* steuert das Verhalten der Tasten *Überspringen* und *Wiederholen* sowie der Tasten CH+ und CH- auf der Fernbedienung.
Diese Einstellung betrifft nur das Abspielen von DVDs und hat keinen Einfluss auf
die Wiedergabe von Bilderserien oder Musik.

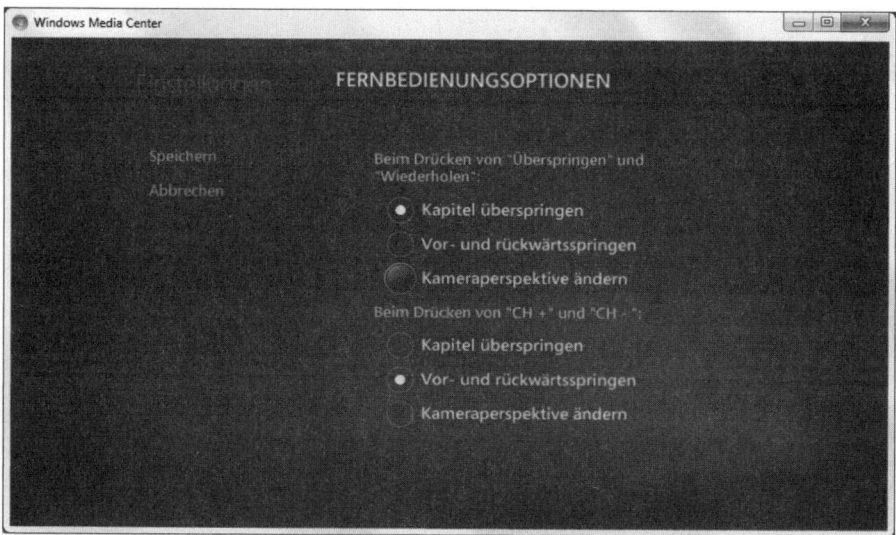

Bild 7.15: Die Fernbedienung nutzen.

So stellen Sie den DVD-Regionalcode ein

Viele DVDs sind mit einem Regionalcode versehen, der dafür sorgen soll, dass sie nur in bestimmten Regionen der Welt abgespielt werden können. Dazu passend muss auf dem DVD-Player ebenfalls der passende Regionalcode eingestellt sein. Bei eigenständigen DVD-Playern ist der Regionalcode fest vorgegeben oder wird über das Menü eingetragen, wobei er sich nicht beliebig oft ändern lässt.

Bei DVD-Laufwerken in PCs und Notebooks kann man den Regionalcode über die Windows-Systemsteuerung eintragen. Auch hier wird der Regionalcode direkt auf einem speziellen Speicherbaustein im Laufwerk gespeichert und nicht innerhalb von Windows. Es sind maximal fünf Änderungen möglich, auch wenn das Laufwerk zwischenzeitlich in einem anderen PC betrieben wird.

Klicken Sie in der Ansicht *Computer* im Explorer mit der rechten Maustaste auf das DVD-Laufwerk und wählen Sie im Kontextmenü *Eigenschaften*. Gehen Sie im nächsten Dialogfeld auf die Registerkarte *Hardware* und wählen Sie dort erneut Ihr DVD-Laufwerk aus.

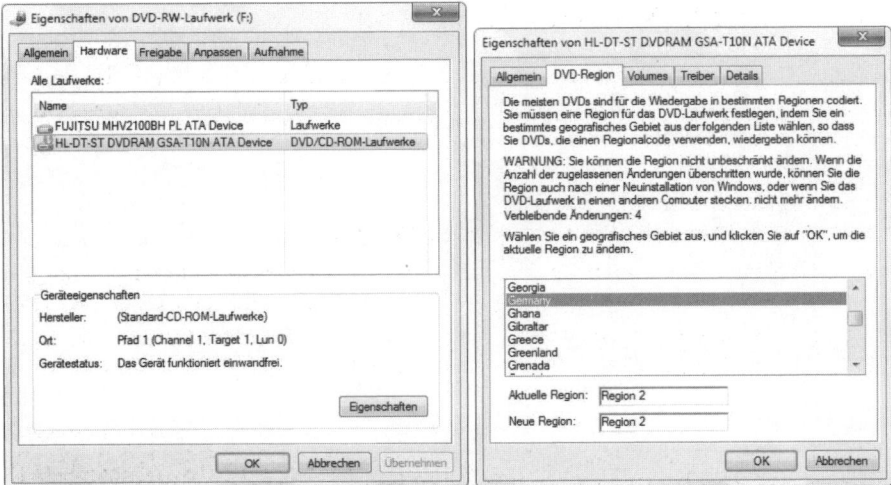

Bild 7.16: DVD-Regionalcode einstellen.

Klicken Sie auf *Eigenschaften* und wählen Sie im nächsten Dialogfeld die Registerkarte *DVD-Region*. Hier sehen Sie den aktuell auf dem Laufwerk eingestellten
Regionalcode und können bei Bedarf eine neue Region aussuchen. Bestätigen Sie
anschließend die Einstellung mit *OK*.

DVD-Regionalcodes	
1	USA, Kanada und US-Außenterritorien.
2	West- und Mitteleuropa (mit den französischen Überseegebieten und Grön-land), Südafrika, Ägypten und Naher Osten, Japan.
3	Südostasien, Südkorea, Hongkong, Indonesien, Philippinen, Taiwan.
4	Australien, Neuseeland, Mexiko, Zentralamerika, Südamerika.
5	Russland und andere Länder der ehemaligen UdSSR, Osteuropa, Indien und andere Länder Asiens, Afrika (außer Ägypten und Südafrika).
6	Volksrepublik China.
7	Reserviert für zukünftige Nutzung, gelegentlich für Presse-Samples genutzt.
8	Internationales Territorium, zum Beispiel in Flugzeugen oder auf Schiffen, in der Antarktis und auf Weltraummissionen.

7.4 Fotos im Windows Media Center

Mit dem Windows Media Center können Sie Sammlungen von Fotos als Diashow auf dem Fernseher oder dem Computermonitor betrachten. Das Windows Media Center verwaltet Bilder ähnlich wie die Windows Live Fotogalerie in Bibliotheken.

Neue Fotos laden und als Diashow abspielen

Die Fotos finden Sie im Hauptmenü unter *Bilder + Videos/Bildbibliothek*. Hier werden automatisch alle Bilder gefunden, die in der Bildbibliothek im Windows Explorer angezeigt werden. Weitere Ordner mit Bildern können Sie nachträglich dem Windows Media Center hinzufügen.

Bild 7.17: Die Bildbibliothek im Media Center

Das Hinzufügen von Bilderordnern funktioniert genau so wie das Hinzufügen von Video- oder Musikordnern. Klicken Sie mit der rechten Maustaste in den Bildschirm *Bildbibliothek* und wählen Sie im Menü die Option *Bibliothek verwalten*. Fügen Sie in den nächsten Schritten die gewünschten Ordner der Bildbibliothek hinzu.

Die Bilderordner erscheinen als Symbole im Windows Media Center. Von jedem Ordner werden die ersten drei Bilder verkleinert dargestellt, sodass man einen ersten Überblick über den Inhalt des Ordners bekommt.

Bild 7.18: Die Bildordner im Media Center

Ein Klick auf *Diashow wiedergeben* startet eine automatisch ablaufende Diashow aller Fotos im markierten Ordner. Sie können sie aber mit den Steuerelementen am unteren Bildschirmrand oder mit der Fernbedienung steuern. Läuft gerade Musik, kann sie im Hintergrund der Diashow als Untermalung weiterlaufen.

Bild 7.19: Diashow im Windows Media Center.

Wollen Sie die Bilder in Ruhe betrachten und stören die ewigen Bewegungen der Bilder nur, können Sie sie abschalten, sodass die Diashow zwar von einem zum nächsten Bild umschaltet, die einzelnen Bilder aber ruhig stehen lässt.

Wählen Sie dazu im Hauptmenü des Windows Media Center *Aufgaben/Einstellungen/ Bilder/Diashows*. Hier können Sie das Schwenken und Zoomen ausschalten und auch einstellen, wie lange jedes Bild dargestellt werden soll.

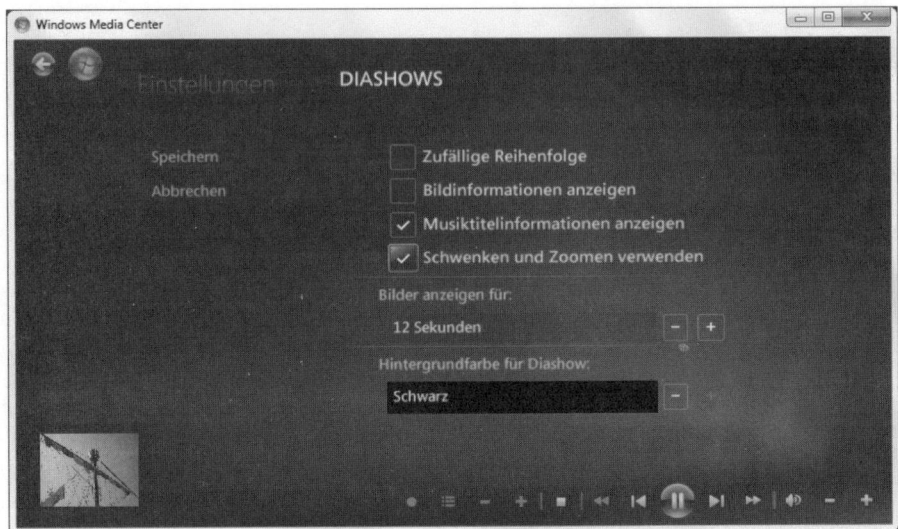

Bild 7.20: Diashoweinstellungen festlegen.

Die Hintergrundfarbe ist wichtig, wenn Bilder unterschiedlicher Größe angezeigt werden. Bei kleinen Bildern erscheint üblicherweise ein schwarzer Rand. Sie können diese Farbe zwar ändern, die Wirkung der Bilder ist aber mit einem schwarzen Hintergrund am besten.

Bildschirmschoner mit persönlichen Favoriten

Das Windows Media Center kann einen eigenen Bildschirmschoner mit persönlichen Lieblingsbildern anzeigen, der natürlich nur im Vollbildmodus zur Geltung kommt. Wählen Sie dazu zunächst unter *Aufgaben/Einstellungen/Bilder/Lieblingsbilder* aus, nach welchen Kriterien entschieden wird, welches Bild ein Lieblingsbild ist und welches nicht.

Jetzt brauchen Sie nur noch unter *Aufgaben/Einstellungen/Bilder/Diashow-Bildschirmschoner* die Zeit anzugeben, nach der der Bildschirmschoner starten soll, wenn keine Benutzeraktionen im Windows Media Center stattgefunden haben.

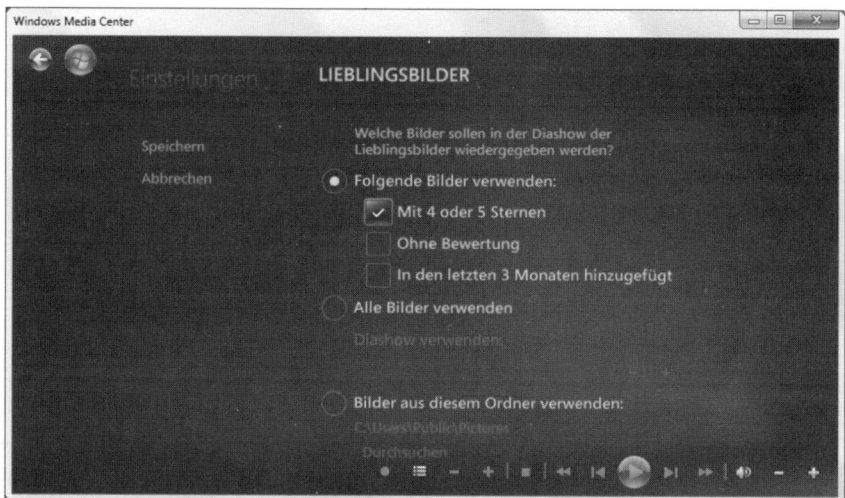

Bild 7.21: Hier können Sie nach Bewertung sortieren lassen, eine vorgefertigte Diashow verwenden oder ein bestimmtes Verzeichnis wählen, aus dem die Bilder angezeigt werden sollen.

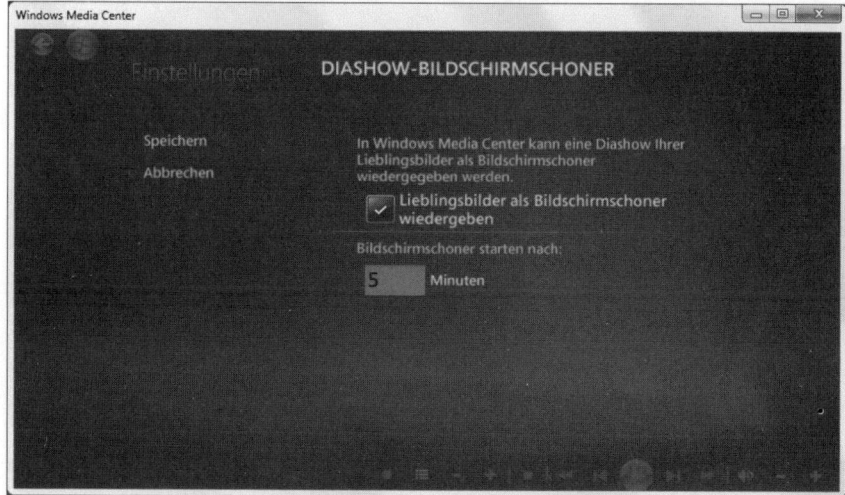

Bild 7.22: Der Bildschirmschoner startet nach *5 Minuten*.

7.5   Eine Diashow auf CD/DVD brennen

Das Windows Media Center bietet eine eigene Brennfunktion, mit der sich eine Diashow auf CD oder DVD brennen lässt, um sie später auf einem anderen Computer abzuspielen. Dabei stehen verschiedene Optionen zur Verfügung, in einer Version können die DVDs sogar in herkömmlichen DVD-Playern ganz ohne Computer abgespielt werden.

Diashow erstellen, speichern und brennen

Erstellen Sie zuerst eine Diashow, die Sie auch auf dem PC, ohne eine CD zu brennen, betrachten können. Wählen Sie dazu unter *Bilder und Videos/Bildbibliothek* im Bereich *Diashows* die Aktion *Diashow erstellen*.

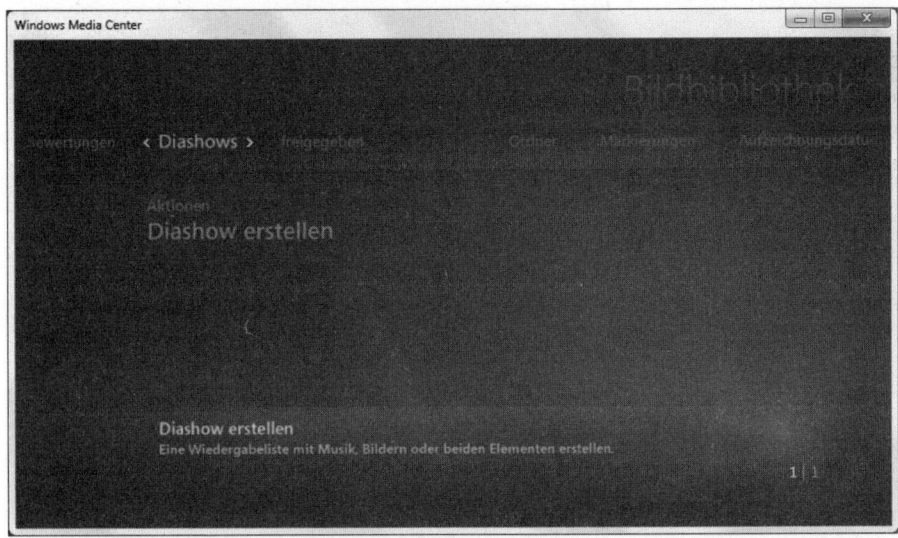

Bild 7.23: Eine Wiedergabeliste mit Bildern erstellen.

Geben Sie im nächsten Schritt der neuen Diashow einen Namen. Mit der Taste $\boxed{\text{OK}}$ auf der Fernbedienung oder mit einem Doppelklick in das Texteingabefeld kann die Bildschirmtastatur genutzt werden.

Im nächsten Fenster geben Sie an, wo nach den Bildern gesucht werden soll. In den meisten Fällen wird das die Bildbibliothek sein. Danach werden die Ordner der Bildbibliothek angezeigt. Wählen Sie den gewünschten Ordner aus und markieren Sie danach die Bilder, die in der Diashow gezeigt werden sollen.

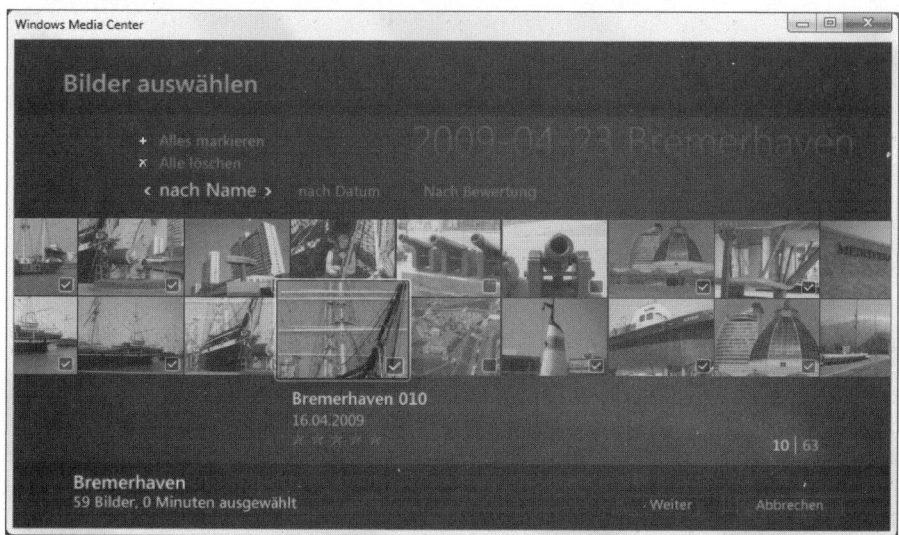

Bild 7.24: Bilder für die Diashow auswählen.

Im nächsten Dialog können Sie noch die Reihenfolge der Bilder ändern, einzelne herausnehmen oder weitere Bilder aus anderen Verzeichnissen hinzufügen.

Die Diashow wird gespeichert und kann jederzeit auf dem PC abgespielt werden. Auf diese Weise können Sie diverse Diashows mit unterschiedlichen Bildern auf dem PC speichern.

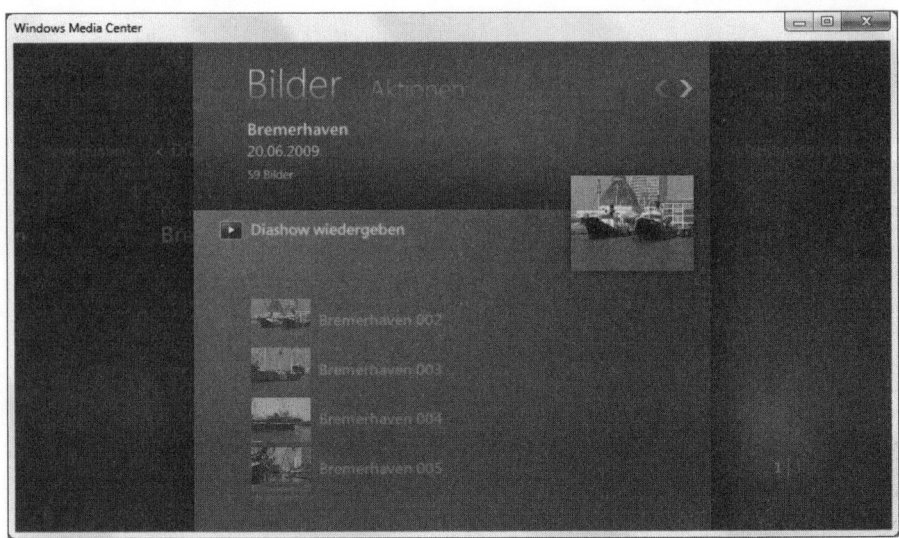

Bild 7.25: Speichern der Diashow.

Ein Klick auf *Aktionen* blendet eine Liste weiterer Aktionen ein. Hier können Sie die Diashow auf eine CD oder DVD brennen. Je nach eingelegtem Rohling (CD oder DVD) werden unterschiedliche Auswahlmöglichkeiten angezeigt.

Daten-DVDs eignen sich besonders zur Verwendung auf einem anderen Computer, da alle Bilder neben der Diashow auch einzeln betrachtet oder kopiert werden können, unabhängig von einer bestimmten Abspielsoftware. Die meisten DVD-Player können heute Daten-CDs oder -DVDs mit Fotos darstellen.

Bild 7.26: Die neue Diashow in Aktion.

Das Windows Media Center bietet zusätzlich eine Funktion zum Brennen einer animierten Diashow mit Bildern und Musik, die auf einem DVD-Player abgespielt werden kann. Dazu müssen Sie im nächsten Schritt der DVD einen Namen geben. Die Reihenfolge innerhalb der Diashow kann jetzt noch verändert werden.

Diashows, die als DVD-Film gebrannt wurden, können in jedem DVD-Player, im Windows Media Player oder im Windows Media Center als Film abgespielt werden. Die Fotos befinden sich aber nicht als einzelne Bilddateien auf der DVD und können daher im Gegensatz zu Daten-DVDs nicht einzeln in Bildbetrachtern oder Bildbearbeitungssoftware geöffnet werden.

8 Windows 7 Service Pack 1

Die meisten fabrikneuen Computer werden mit einem vorinstallierten und betriebsbereiten Windows 7 ausgeliefert. Sollte das bei Ihrem PC nicht der Fall sein, erfahren Sie hier, wie eine saubere Neuinstallation des Windows-Betriebssystems abläuft.

Das Windows 7 Service Pack 1 muss auf jeden Fall extra installiert werden. Nach derzeitigem Stand (Januar 2011) sind noch keine PCs mit vorinstalliertem Windows 7 Service Pack 1 lieferbar.

8.1   Durchführen einer sauberen Neuinstallation

Haben Sie einen Computer selbst zusammengebaut oder ohne Betriebssystem gekauft, müssen Sie eine Neuinstallation von Windows 7 vornehmen. Die Installation von Windows 7 wurde gegenüber Windows Vista und früheren Windows-Versionen wesentlich vereinfacht. Während der Installation sind kaum noch Neustarts und Benutzereingaben erforderlich.

Letzteres hat allerdings den Nachteil, dass auch keine optionalen Komponenten ausgewählt werden können, sondern immer alles installiert wird. Nach der Installation kann man auch nicht mehr, wie früher unter Windows XP, überflüssige Zusatztools und Spiele manuell wieder entfernen. Diese Komponenten lassen sich zwar in der *Systemsteuerung* deaktivieren, verbleiben aber auf der Festplatte.

Ändern Sie die Bootsequenz im BIOS

Damit die Installation durch Booten von der Original-DVD funktioniert, muss im BIOS des Computers die Option, von CD-ROM/DVD zu booten, aktiv sein. In vielen BIOS-Versionen werden verschiedene Bootreihenfolgen zur Auswahl angeboten. Sorgen Sie also dafür, dass das DVD-Laufwerk vor der ersten bootfähigen Festplatte steht, und zwar in folgender Reihenfolge:

A, CDROM, C

Diese Bootsequenz bedeutet, dass zuerst nach einer Bootdiskette in Laufwerk A: gesucht wird. Besitzt Ihr Computer kein Diskettenlaufwerk bzw. ist dort keine Diskette vorhanden, wird nach einer bootfähigen CD-ROM oder DVD gesucht. Wenn diese ebenfalls nicht vorhanden ist, bootet der Computer von der Festplatte C:.

Diese Reihenfolge ist für eine Betriebssysteminstallation gut geeignet, auch wenn bereits ein lauffähiges Betriebssystem auf der Festplatte C: installiert ist. Allerdings sollten Sie darauf achten, dass Sie im Normalbetrieb nie eine Windows 7-DVD beim Ausschalten im Laufwerk zurücklassen. Beim nächsten Einschalten käme sonst die Frage, ob Sie Windows 7 neu installieren möchten.

Sprache und Uhrzeitformat festlegen

Nachdem Sie mit der Windows 7-DVD gebootet haben, erscheint als Erstes eine Maske, in der Sie Installationssprache, Uhrzeitformat und Eingabesprache auswählen können. Lassen Sie hier alles auf *Deutsch* stehen. Damit legt Windows 7 automatisch auch die Tastatursprache fest, sodass Sie nicht mehr wie in früheren Windows-Versionen während der Installation mit der englischen Tastaturbelegungarbeiten müssen. Alle Abbildungen und Bezeichnungen in diesem Buch beziehen sich auf die deutsche Windows 7-Version.

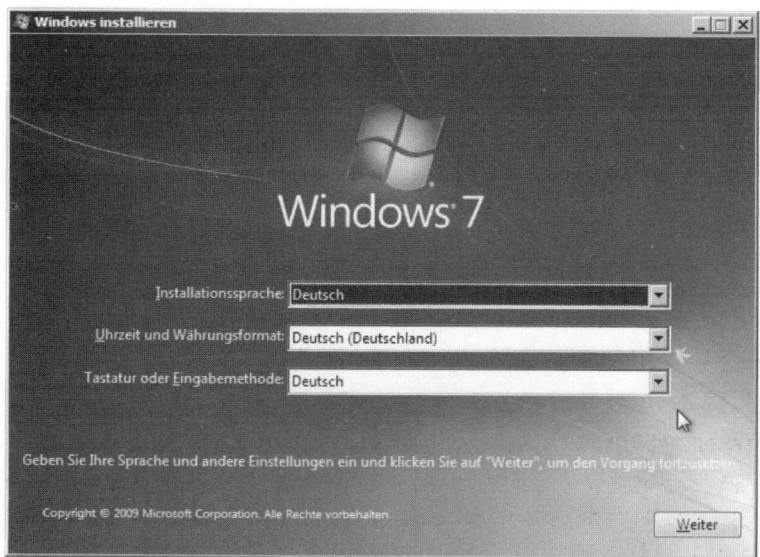

Bild 8.1: Installationssprache, Uhrzeit und Tastatur festlegen.

Anzeige der Computerreparaturoptionen

Im nächsten Schritt haben Sie alternativ die Möglichkeit, sich Computerreparatur-
optionen anzeigen zu lassen, um ein beschädigtes Betriebssystem zu retten. Halten
Sie schon aus diesem Grund eine Windows 7-DVD immer in Reichweite Ihres
Computers bereit – für den Fall der Fälle.

Lizenzvertrag und Neuinstallation bestätigen

Nachdem Sie den Lizenzvertrag bestätigt haben, kann die eigentliche Installation
starten. Sie haben die Auswahl zwischen einer kompletten Neuinstallation und
einer Parallelinstallation auf einer zweiten Festplatte oder Partition.

Partitionieren Sie die Festplatte

Wurde von der Windows 7-DVD gebootet, erscheint jetzt das neue Partitionie-
rungsprogramm. Hier können Sie eine vorhandene Partition auswählen und bei

Bedarf neu formatieren oder aber im freien Bereich der Festplatte eine neue Partition anlegen, in der Windows 7 installiert werden soll. In Windows 7 ist es sogar möglich, eine bestehende Festplattenpartition ohne Datenverlust zu vergrößern – ein Novum für Microsoft-Betriebssysteme, bisher waren dafür immer externe Tools nötig.

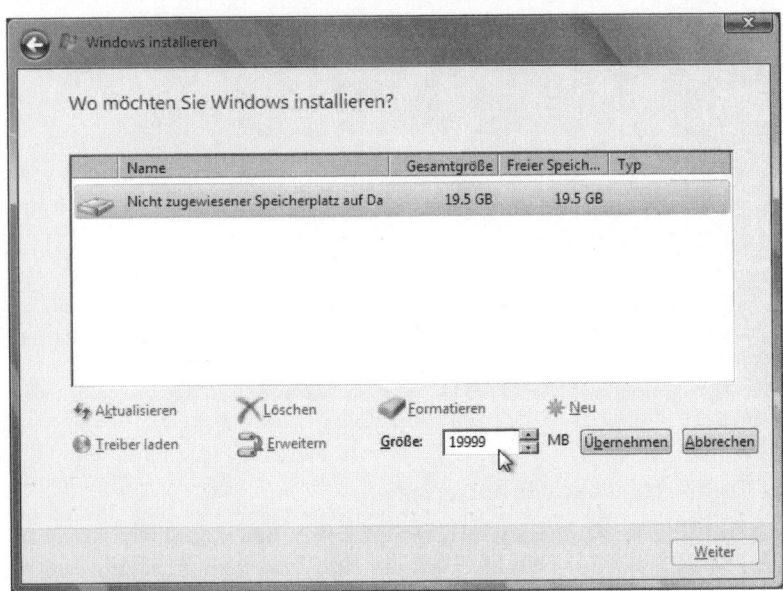

Bild 8.2: Gesamtgröße der Partition einstellen.

Bei der Neupartitionierung wird automatisch eine zusätzliche 100 MByte große System Reserved-Partition angelegt, die für die Systemwiederherstellung und die BitLocker-Festplattenverschlüsselung benötigt wird.

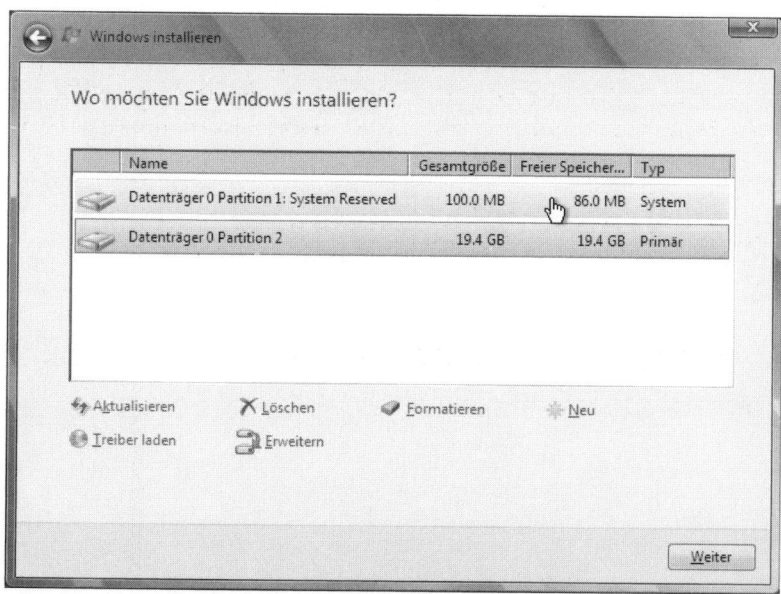

Bild 8.3: Einstellungen der neuen Partition abschließen.

Jetzt startet die eigentliche Installationsprozedur, die zwar gegenüber Windows Vista und Windows XP deutlich schneller abläuft, aber trotzdem dem Anwender ausreichend Zeit für eine gemütliche Kaffeepause gibt.

Legen Sie Benutzer- und Computername fest

Sobald alle Betriebssystemdateien auf die Festplatte übertragen sind, startet der PC automatisch neu. Nach dem Neustart werden Sie aufgefordert, einen *Benutzernamen* für den Hauptbenutzer und einen *Computernamen* einzugeben. Verzichten Sie bei beiden Namen auf internationale Sonderzeichen und Satzzeichen.

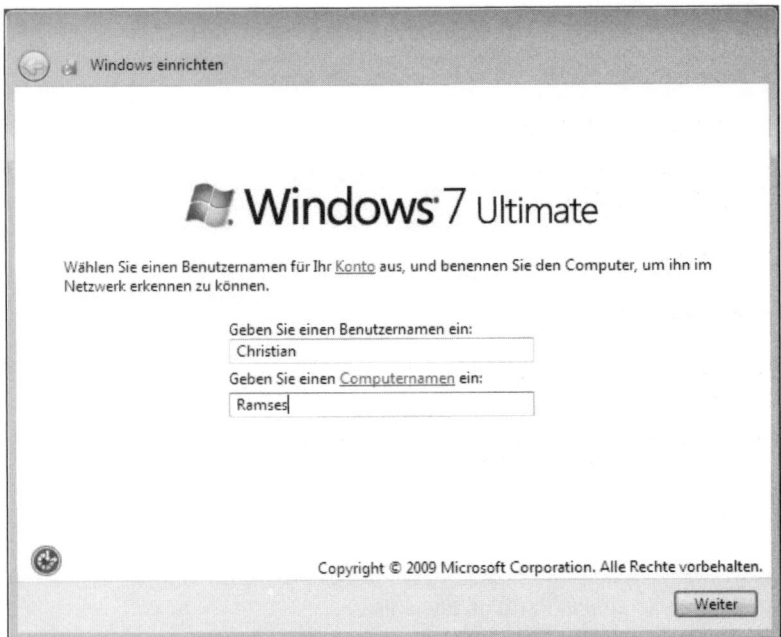

Bild 8.4: Benutzername und Computername festlegen.

Windows mit oder ohne Benutzerkennwort?

Für den neuen Benutzer kann ein Kennwort (Passwort) festgelegt werden. Das müssen Sie dann bei der Benutzeranmeldung eingeben. Sicherheitshalber muss bei der Definition eines Kennworts dieses zweimal eingegeben werden, um Tippfehler auszuschließen. Zusätzlich zum Kennwort kann auf der Willkommensseite noch ein Kennworthinweis gezeigt werden, um den Benutzer an sein Kennwort zu erinnern. Dieser Hinweis sollte aber nicht zu eindeutig sein, damit andere Benutzer das Kennwort nicht herausfinden können.

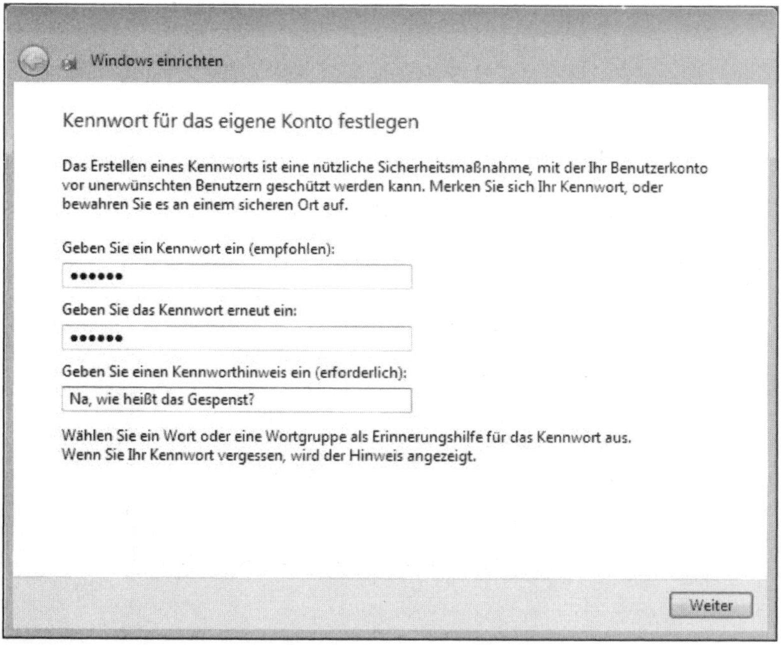

Windows einrichten

Kennwort für das eigene Konto festlegen

Das Erstellen eines Kennworts ist eine nützliche Sicherheitsmaßnahme, mit der Ihr Benutzerkonto vor unerwünschten Benutzern geschützt werden kann. Merken Sie sich Ihr Kennwort, oder bewahren Sie es an einem sicheren Ort auf.

Geben Sie ein Kennwort ein (empfohlen):

••••••

Geben Sie das Kennwort erneut ein:

••••••

Geben Sie einen Kennworthinweis ein (erforderlich):

Na, wie heißt das Gespenst?

Wählen Sie ein Wort oder eine Wortgruppe als Erinnerungshilfe für das Kennwort aus. Wenn Sie Ihr Kennwort vergessen, wird der Hinweis angezeigt.

Weiter

Bild 8.5: Kennwort für das Benutzerkonto festlegen.

Windows-Produkt-Key eingeben

Jetzt werden Sie aufgefordert, den Windows-Produkt-Key einzugeben, den Sie auf der Verpackung Ihrer Windows 7-Version finden. Er besteht aus fünf Gruppen zu je fünf Ziffern oder Buchstaben. Der Produkt-Key legt auch fest, welche Windows 7-Version installiert wird. Auf der DVD sind alle Versionen enthalten. Zusätzlich können Sie hier festlegen, ob Windows 7 automatisch aktiviert werden soll, wenn eine Internetverbindung besteht.

Sagen Sie Ja zu wichtigen Updates

Im nächsten Schritt legen Sie fest, ob Sie wichtige Updates herunterladen möchten. Das sollten Sie immer tun, denn nur so können Sie sicherstellen, dass sicherheitsrelevante System-Patches stets zeitnah installiert werden. Allerdings werden in den empfohlenen Einstellungen bei Problemen automatisch Daten an Microsoft übertragen. Wenn Sie das nicht wollen, schalten Sie auf *Nur wichtige Updates installieren* um.

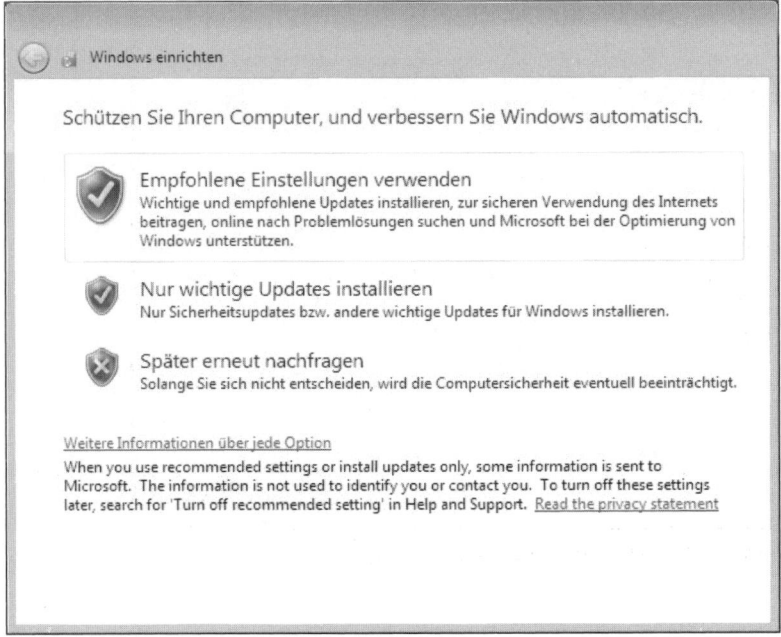

Bild 8.6: Sagen Sie Ja zu wichtigen Updates.

Datum, Uhrzeit und Zeitzone prüfen

Überprüfen Sie anschließend Datum, Uhrzeit und vor allem die Zeitzone. Diese Werte werden aus der Systemuhr des PCs übernommen. Sollte diese falsch gehen, haben Sie hier die Gelegenheit, die richtigen Werte einzustellen.

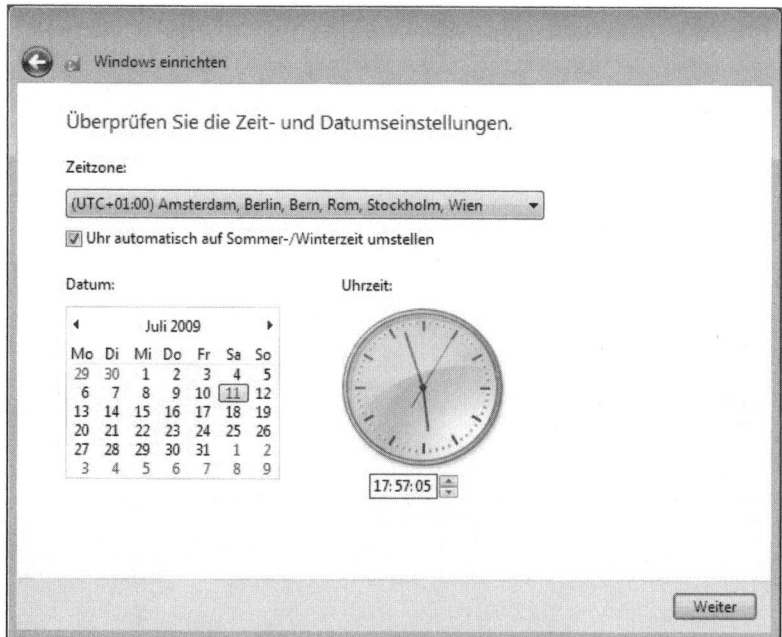

Bild 8.7: Prüfen Sie die Zeit- und Datumseinstellungen.

Wählen Sie einen Netzwerkstandort aus

Wählen Sie im nächsten Bildschirm einen Netzwerkstandort aus. Damit legen Sie Grundeinstellungen für die Freigabe von Dateien auf dem eigenen Computer für das Netzwerk fest. Legen Sie den Typ fest, der Ihrem Netzwerk am besten entspricht. In der Einstellung *Heimnetzwerk* können Sie die einfache Freigabe mithilfe der neuen Heimnetzgruppen nutzen.

Wählen Sie *Arbeitsplatznetzwerk*, wenn sich alle Netzwerkrechner an Ihrem Arbeitsplatz befinden. Die Einstellung *Öffentliches Netzwerk* sollte immer dann verwendet werden, wenn der Computer direkt und ohne hauseigenen Router über ein DSL-Modem, eine Mobilfunkverbindung per Surfstick oder Handy oder über ein öffentliches WLAN mit dem Internet verbunden ist.

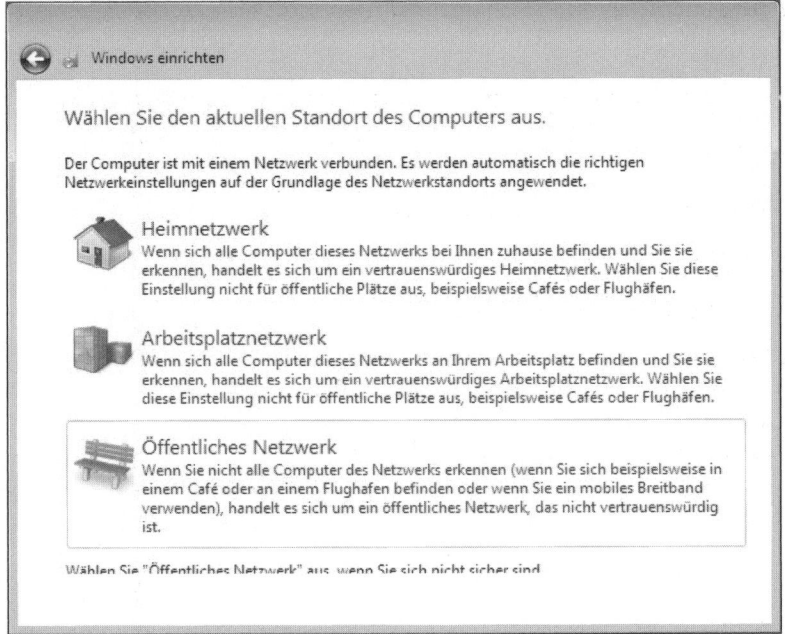

Bild 8.8: *Heimnetzwerk, Arbeitsplatznetzwerk* oder *Öffentliches Netzwerk*?

Standort	Heimnetzgruppe	Netzwerkerkennung
Heimnetzwerk	Ja	Ja
Arbeitsplatznetzwerk	Nein	Ja
Öffentliches Netzwerk	Nein	Nein

Legen Sie Ihre Heimnetzgruppe an

Bei Auswahl des Netzwerkstandorts *Heimnetzwerk* erscheint die Aufforderung, eine Heimnetzgruppe anzulegen. Ist bereits eine Heimnetzgruppe im Netzwerk vorhanden, können Sie dieser beitreten und eigene Ordner auf dem neu installierten PC freigeben. Zum Eintreten in die Heimnetzgruppe ist das Heimnetzgruppenkennwort erforderlich. Ist dieser PC der erste Windows 7-PC im Netzwerk, wird die Heimnetzgruppe angelegt und ein zufälliges Kennwort generiert. Sie können die

Einrichtung der Heimnetzgruppe auch überspringen und sie später noch einrichten.

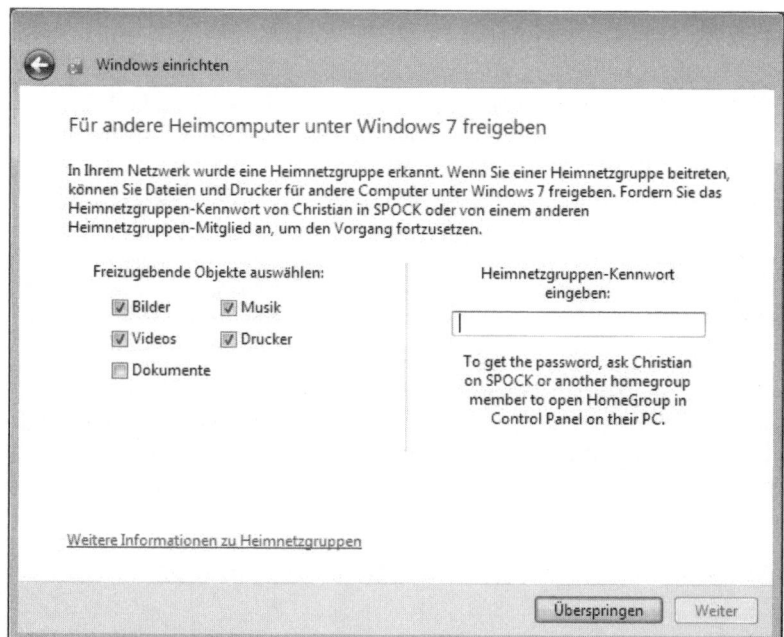

Bild 8.9: Freigaben einrichten.

Abschließender Neustart des Systems

Zum Abschluss der Installation wird der Desktop für den neuen Benutzer eingerichtet, und Windows 7 wird gestartet, was beim ersten Mal etwas länger dauert als bei zukünftigen Systemstarts.

Was ist eine Heimnetzgruppe?

Heimnetzgruppen sind ein neues Verfahren zur besonders einfachen Dateifreigabe zwischen mehreren Windows 7-Computern im Netzwerk. In jedem Netzwerk mit dem Standorttyp *Heimnetzwerk* kann eine solche Heimnetzgruppe existieren. Der

Zugriff wird über ein gemeinsames, zufällig generiertes Heimnetzgruppenkennwort geschützt, das einmalig auf jedem Computer eingegeben werden muss.

8.2   Windows 7 aktivieren

Beim ersten Start des neuen Windows 7 erscheint eine Aufforderung zur Aktivierung, falls diese nicht bereits bei der Eingabe des Produkt-Keys im Installationsprogramm durchgeführt wurde. Nach einem Zeitraum von 30 Tagen muss das Betriebssystem spätestens bei Microsoft aktiviert werden – ein Versuch, möglichen Raubkopierern das Handwerk zu legen.

Für die Aktivierung wird auf dem eigenen Computer anhand verschiedener Daten, über die Microsoft nur wenig Auskunft gibt, eine Installations-ID zusammengestellt. Diese muss online über das Internet an Microsoft übermittelt werden.

Eine Aktivierung per Telefon ist anders als in Windows XP standardmäßig nicht mehr vorgesehen, funktioniert aber weiterhin. Die Telefonnummern finden Sie, wenn Sie im Aktivierungsbildschirm auf *Andere Aktivierungsmethoden anzeigen* klicken. Leider wird der Benutzer absolut im Dunkeln darüber gelassen, welche Daten tatsächlich übertragen werden.

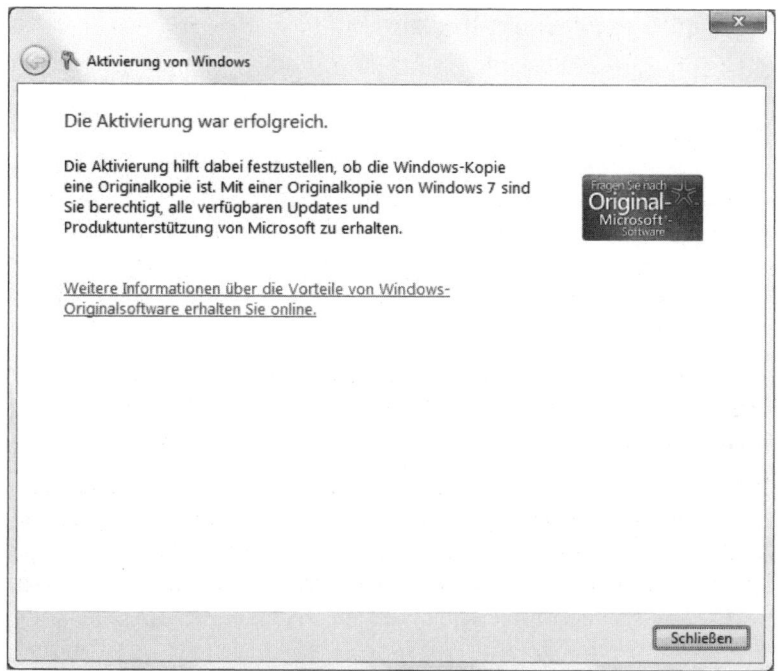

Bild 8.10: Windows bestätigt die erfolgreiche Aktivierung.

Noch x Tage bis zur Zwangsaktivierung

Die *Systemsteuerung* zeigt unter *System und Sicherheit/System* einen Informationsbildschirm mit Details zum Computer. Diese Anzeige können Sie auch ohne viele Klicks mit der Tastenkombination [Win]+[Pause] aufrufen. Dort finden Sie ganz unten eine Anzeige, die Ihnen mitteilt, wie viele Tage noch bis zur Zwangsaktivierung verbleiben.

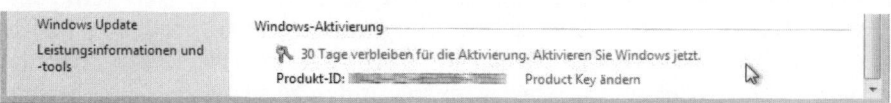

Bild 8.11: Anzeige der Anzahl der Tage bis zur Zwangsaktivierung

Geben Sie Ihren gültigen Produkt-Key ein

Haben Sie bei der Installation keinen Produkt-Key angegeben, können Sie das jetzt nachholen. Windows 7 erkennt das beim Versuch der Aktivierung automatisch und bietet jetzt die Möglichkeit, einen gültigen Produkt-Key einzugeben. Dieser muss mit der installierten Windows-Version übereinstimmen, da Windows 7 andernfalls komplett neu installiert werden muss.

Aktivierung später manuell vornehmen

Sie haben 30 Tage Zeit, Windows 7 zu aktivieren. Sie können also ruhig den Aktivierungsbildschirm beim ersten Neustart übergehen und die Aktivierung später manuell vornehmen.

Mit der Aktivierung etwas zu warten, hat den Vorteil, dass man eventuell noch inkompatible Hardware umbauen oder austauschen kann. Der Aktivierungscode ist von der Hardware abhängig. Bei mehr als drei ausgetauschten Komponenten muss neu aktiviert werden.

Allerdings werden bei der Aktivierung auch Daten installierter Software übertragen. Wer nicht möchte, dass Microsoft erfährt, welche Programme auf seinem PC installiert sind, aktiviert sein jungfräuliches Windows direkt nach der Installation.

Diese Aktivierung hat nichts mit der freiwilligen persönlichen Registrierung zu tun. Diese beiden Vorgänge werden von vielen Benutzern leicht verwechselt. Nach der Aktivierung wird zwar ein Formular zur Registrierung gezeigt, das aber problemlos übersprungen werden kann.

8.3   Das bringt Windows 7 Service Pack 1

Keine Software ist perfekt; das gilt auch für Betriebssysteme. Immer wieder tauchen neue Fehler und Sicherheitslücken auf, die von Softwareherstellern durch Updates oder Patches behoben werden. Hacker konzentrieren sich auf weit verbreitete Systeme, da dort die Wahrscheinlichkeit, einen ungeschützten Computer zu finden, besonders hoch ist. Dementsprechend sind Windows-Computer weitaus gefährdeter, von Viren, Trojanern und Ähnlichem angegriffen zu werden, als zum Beispiel Linux oder Macintosh.

Leider laden die wenigsten Anwender regelmäßig Sicherheitsupdates herunter. Die Windows Update-Funktion erledigt das zwar automatisch, wird aber gerade in Firmennetzen häufig nicht eingesetzt, da sie datenschutztechnisch relativ bedenklich ist. Diverse Daten des eigenen Computers werden bei der Suche passender Updates an Microsoft übertragen.

Warum sind Sicherheitsupdates wichtig?
Viele der Sicherheitslücken, für die Updates bereitgestellt werden, würden in der Praxis normalerweise höchst selten in Erscheinung treten. Allerdings erscheinen kurz nach Bekanntwerden einer Sicherheitslücke auf einschlägigen Hackerseiten Tipps und Scripts (Exploits), mit denen jeder Hobbybastler diese Sicherheitslücke für Angriffe auf beliebige fremde Computer ausnutzen kann. Deshalb ist es wichtig, auch die scheinbar unbedeutenden Sicherheitsupdates regelmäßig zu installieren.

Die Service Packs zu Windows fassen alle Patches, die bis zum Veröffentlichungstag des Service Pack erschienen sind, zu einem Installationspaket zusammen. In den Windows XP Service Packs kamen auch neue Funktionen hinzu. Wichtigste Neuerung des ersten Service Pack zu Windows XP war die Funktion *Programmzugriff und Standards festlegen* unter *Systemsteuerung/Software.*

Damit konnte man systemweit Standardbrowser, E-Mail-Programm und Media Player verändern und gegen komfortablere oder sicherere Programme anderer Hersteller austauschen. Mit dem Windows XP Service Pack 2 kam das neue Sicherheitscenter hinzu. Das erste Service Pack zu Windows 7 enthält nun wieder nur eine Sammlung aller Windows-Updates bis zum Jahresende 2010.

Alle wichtigen Neuerungen im Überblick

Um es vorwegzunehmen: Die für den Benutzer sichtbaren Änderungen sind minimal. Man sieht keinen Unterschied in der Benutzeroberfläche nach der Installation des Windows 7 Service Pack 1 außer einem Eintrag in der *Systemsteuerung* unter *System und Sicherheit/System.*

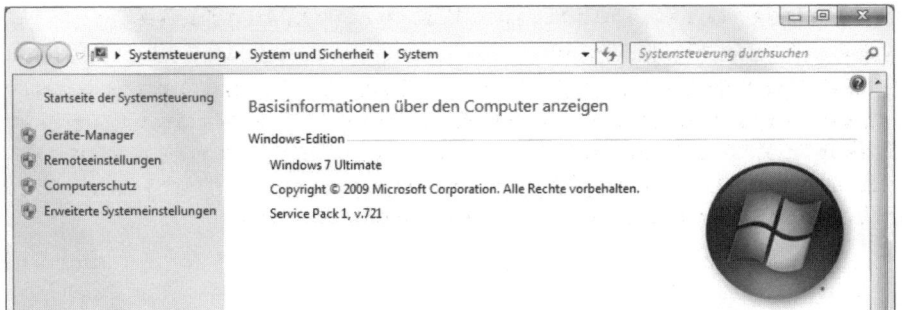

Bild 8.12: Auf der Startseite der *Systemsteuerung* finden Sie eine Info zu dem installierten Service Pack 1.

Das Windows 7 Service Pack 1 enthält alle Patches, die seit dem offiziellen Erscheinungstermin von Windows 7 erschienen sind. Das Service Pack 1 ist gleichzeitig auch für Windows Server 2008 R2 verfügbar, der technisch dem Windows 7-Betriebssystem sehr ähnlich ist. Für die Serverversion bringt das Service Pack 1 einige weitere neue Funktionen.

▶ **Verbesserte Unterstützung der Kommunikation mit Anmeldediensten von Drittanbietern**

Um die Zusammenarbeit mit verschiedenen Plattformen zu vereinfachen, wurden die Funktionen verbessert, die Identitäts- und Anmeldedaten zwischen Organisationen kommunizieren.

▶ **Verbesserte Performance bei HDMI-Audiogeräten**

Einige Nutzer haben Probleme damit, dass die Verbindung zwischen dem Computer und einem angeschlossenen HDMI-Audiogerät nach dem Neustart des Systems verloren geht. Das Windows 7 Service Pack 1 stellt sicher, dass die Verbindungen zwischen Windows 7-Computern und HDMI-Audiogeräten erhalten bleiben.

▶ **XPS-Dokumente mit unterschiedlicher Seitenorientierung**

Wurden Dokumente mit Seiten im Hoch- und Querformat mithilfe des XPS-Viewers gedruckt, kam es vor, dass alle Seiten ganz im Hoch- oder Querformat gedruckt wurden. Dieses Problem ist mit dem Windows 7 Service Pack 1 behoben.

▶ **Verändertes Verhalten der Funktion Vorherige Ordnerfenster bei der Anmeldung wiederherstellen**

Bei eingeschalteter Option *Vorherige Ordnerfenster bei der Anmeldung wiederherstellen* in den Ordneroptionen im Explorer wurden zuvor geöffnete Ordnerfenster in kaskadierter Anordnung zur Position des zuletzt aktiven Ordners wiederhergestellt. Das Verhalten ändert sich mit dem Windows 7 Service Pack 1, sodass alle Ordner in ihrer vorherigen Positionen wiederhergestellt werden.

Bild 8.13: Vorherige Ordnerfenster bei der Anmeldung wiederherstellen.

▶ **Erweiterte Unterstützung für weitere Identitäten in RRAS und IPSec**

Im Identifizierungsfeld des IKEv2-Authentifizierungsprotokolls wurden neue Identifikationstypen aufgenommen. Das ermöglicht eine Vielzahl von zusätzlichen Formen der Identifikation, z. B. E-Mail-ID oder Certificate Subject.

▶ **Unterstützung für Advanced Vector Extensions (AVX)**

Advanced Vector Extensions (AVX) ist eine 256-Bit-Befehlssatzerweiterung für Prozessoren. AVX wurde entwickelt für eine verbesserte Leistung von Anwendungen, die gleitkommaintensive Berechnungen durchführen. Mit dem Windows 7 Service Pack 1 unterstützt Windows 7 den AVX-Befehlssatz.

Auf was Sie vor der Installation achten müssen

Das Windows 7 Service Pack 1 wird über ein vorhandenes Windows 7 installiert, und damit wird das System auf den neuesten Stand gebracht. Vor der Installation des Windows 7 Service Pack 1 sind einige Voraussetzungen zu beachten:

Natürlich muss Windows 7 auf dem Computer laufen, um das Service Pack zu installieren. Das Windows 7 Service Pack 1 ist auch keine Lösung zur Reparatur eines beschädigten Systems. Eventuelle Probleme müssen Sie vorher beseitigen. Sollten Sie eine ältere Release-Candidate-Version des Windows 7 Service Pack 1 installiert haben, deinstallieren Sie diese vor der Installation der finalen Version. Sie werden ab 30. August 2011 daran erinnert, dass die Release-Candidate-Version am 30. November 2011 abläuft.

Windows 7 Service Pack 1 auf Notebooks installieren
Wenn Sie das Windows 7 Service Pack 1 auf einem Notebook installieren, muss dieses unbedingt am Stromnetz angeschlossen sein. Das ist eine reine Sicherheitsmaßnahme, die verhindern soll, dass die Installation abbricht, weil der Akku leer ist. Dies wäre fatal, denn eine abgebrochene Service Pack-Installation lässt ein nicht mehr funktionsfähiges System zurück. Der Computer würde ohne Neuinstallation des Betriebssystems nicht mehr starten.

▶ Daten sichern

Wie bei jedem größeren Eingriff ins System sollten alle persönlichen Daten auf einer zweiten Partition, einer externen Festplatte oder einem anderen Speichermedium gesichert werden. Bei der Installation gehen zwar normalerweise keine Daten verloren, da Fehler aber nie auszuschließen sind, sollte man sich die Zeit für eine Datensicherung auf jeden Fall nehmen.

▶ Gerätetreiber aktualisieren

Aktualisieren Sie alle Gerätetreiber über Windows Update oder direkt mit den Installationsdateien von den Webseiten der Hersteller. Nur so können Sie vor Inkompatibilitäten des Windows 7 Service Pack 1 mit älteren Treibern sicher sein.

In Windows Update werden Gerätetreiber als optionale Updates angezeigt. Besonders systemkritische Treiber werden sogar als wichtige Updates angeboten und, wenn nicht anders eingestellt, automatisch installiert.

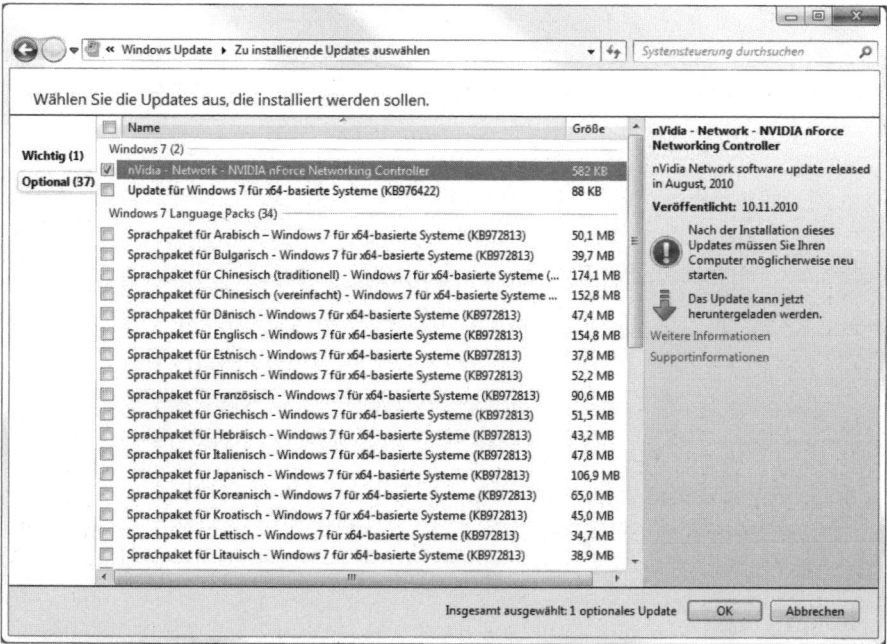

Bild 8.14: Updates auswählen, die installiert werden sollten.

In vielen Fällen verursachen aber gar nicht die Treiber, sondern deren Installer, die keine automatische Installation nach Microsoft-Richtlinien unterstützen, die Probleme. Lässt sich zum Beispiel ein Grafikkartentreiber nicht automatisch installieren, kann es passieren, dass das Windows 7 Service Pack 1 zwar installiert wird, nach dem Neustart aber nichts auf dem Bildschirm zu sehen ist, weil der Grafikkartentreiber fehlt.

Um solchen Problemen aus dem Weg zu gehen und den Geräteherstellern Zeit zu geben, Treiber zu bauen und zu verbreiten, die den Spezifikationen von Windows 7 entsprechen, wird das Windows 7 Service Pack 1 erst mal für eine gewisse Zeit als Betaversion ausgeliefert.

▶ Vorbereitendes Update-Patch installieren

Microsoft hat im Januar 2011 ein Update mit der Nummer *KB976902* über Windows Update als wichtiges Update ausgeliefert. Dieses Update hat ein Veröffentlichungsdatum vom 11.01.2011 und kann – für alle, die keine automatische Windows Update-Funktion nutzen – auch direkt aus der Microsoft-Knowledgebase heruntergeladen werden. Dieses Update-Patch ersetzt diverse Systemdateien. Erst wenn dieses Update installiert ist, kann Windows 7 Service Pack 1 installiert werden.

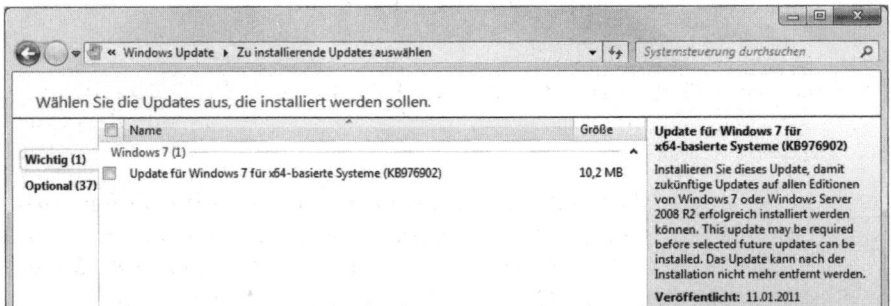

Bild 8.15: Erst wenn das Update *KB976902* installiert ist, kann Windows 7 Service Pack 1 installiert werden.

▶ Ausreichend freier Speicherplatz

Während der Installation des Windows 7 Service Pack 1 muss ausreichend freier Speicherplatz auf dem Systemlaufwerk zum temporären Entpacken der Service Pack-Dateien und zum Zwischenspeichern vorhanden sein.

Version	Benötigter Speicherplatz
32-Bit-Version:	1.800 MByte
64-Bit-Version:	3.300 MByte

Nach der Installation wird dieser Speicherplatz wieder freigegeben.

Windows 7 Service Pack 1 herunterladen

Das Windows 7 Service Pack 1 aktualisiert alle Windows 7-Versionen: Windows 7 Starter, Windows 7 Home Premium, Windows 7 Professional und Windows 7 Ultimate. Für die unterschiedlichen Windows-Versionen sind keine verschiedenen Service Pack-Versionen nötig.

Windows Server 2008 R2 kann ebenfalls mit dem Service Pack 1 aktualisiert werden. Hier ist keine separate Installationsdatei erforderlich. Der eigenständige Installer funktioniert mit Windows 7 und Windows Server 2008 R2. Windows Update erkennt automatisch die richtige Version.

Für Windows 7 und Windows Server 2008 R2 gibt es je zwei verschiedene Installationspakete, eine 32-Bit-Version und eine 64-Bit-Version. Welche Service Pack-Version die richtige ist, hängt davon ab, welche Windows-Version auf dem Computer läuft.

Dies stellen Sie ganz einfach mit der Tastenkombination $\boxed{\text{Win}}$+$\boxed{\text{Pause}}$ fest. Alternativ können Sie auch in der *Systemsteuerung* das Modul *System und Sicherheit/System* wählen. Die Zeile *Systemtyp* im Fenster *Basisinformationen über den Computer anzeigen* zeigt, ob die 32-Bit-Version oder die 64-Bit-Version läuft.

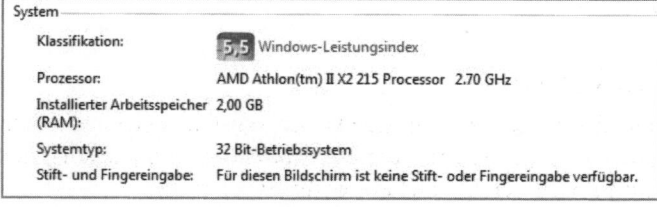

Bild 8.16: Anzeige des Windows-Leistungsindex.

Laden Sie sich die richtige Version des Windows 7 Service Pack 1 bei Microsoft herunter. Bei der Installation von einer Installations-DVD wird die verwendete Version automatisch erkannt.

In diesem Zusammenhang noch ein wichtiger Hinweis, der gar nicht oft genug gegeben werden kann: **Laden Sie sich das Windows 7 Service Pack 1 nur von der offiziellen Downloadseite von Microsoft oder über Windows Update herunter,** nicht bei irgendwelchen dubiosen Anbietern, die möglicherweise sogar Geld für den Download verlangen.

▶ **Vorsicht vor gefälschten E-Mails**

Immer wieder nutzen Hacker die Angst der Anwender vor Sicherheitsproblemen böswillig aus. So werden im Namen von Microsoft E-Mails mit angeblichen Sicherheitspatches und Service Packs verschickt. In Wirklichkeit enthält der Anhang der Mail aber einen Trojaner, einen Virus oder sonstige Malware. Besorgen Sie sich das Windows 7 Service Pack 1 und alle anderen Windows-Patches nur von einer vertrauenswürdigen Quelle! Derart gefälschte E-Mails sind anhand verschiedener Kriterien leicht zu identifizieren:

- Microsoft-E-Mails enthalten nie einen Dateianhang oder einen direkten Downloadlink, sondern immer nur Links auf das entsprechende Security Bulletin im Internet.

- Microsoft-E-Mails werden auch von Microsoft-E-Mail-Adressen verschickt. Im Zweifelsfall überprüfen Sie den Absender im Quelltext der Mail.

- Microsoft-E-Mails, die vom Security Response Center und nicht von einer Werbeabteilung kommen, sind immer digital signiert.

- Alle Dateien von Microsoft enthalten eine digitale Signatur.

- Gefälschte E-Mails sind meistens in ausgesprochen schlechtem Deutsch formuliert.

Beispiel einer gefälschten E-Mail mit Downloadlink auf Malware. Auffällige Stellen sind fett markiert:

```
Von: Microsoft-Updateservice [mailto:support@microsoft-
updateservice.de]
Gesendet: Sonntag, 21. November 2010 17:18
An: ..........
Betreff: Microsoft Security Patch

Lieber Microsoft-Kunde,

wir freuen uns Ihnen mitteilen zu dürfen,daß wir Ihnen zum
bestehenden
Sicherheitsproblem bzgl. Internet Explorer 9 und Firefox 3.x einen
Update-Patch bereitstellen können.
Kompatibel mit Windwos XP / VISTA und Windows 7.
```

Ihren Patch können Sie hier direkt downloaden.
http://microsoft-updateservice.de/web update.exe

oder unter
http://microsoft-updateservice.de/

Update for Windows XP, VISTA, WIN7

Installation:
1. Downloaden Sie den Update-Patch
2. Update-Patch ausführen durch Doppelklick oder Rechtsklick/öffnen
3. Nach der Installation starten Sie Ihr Betriebssystem neu.

Mit freundlichen Grüßen

Steve Lipner
Director of Security Assurance
Microsoft Corp.

Neben den teilweise holprigen Formulierungen wird eine Domain verwendet, die nicht zu Microsoft gehört. Die E-Mail enthält einen direkten Downloadlink und versucht sogar, Firefox-Nutzer anzusprechen. Microsoft würde nie so plump für den Erzrivalen werben. »Microsoft Corp.« ist alles andere als die korrekte Firmenbezeichnung, und kein professioneller Softwarehersteller verwendet seine eigenen Marken in falscher Schreibweise (VISTA, WIN7).

Wer auf so eine E-Mail hereinfällt, ist schlicht und einfach selbst schuld. Zur zusätzlichen Sicherheit wurde die verwendete Domain mittlerweile vom Provider gesperrt.

Bild 8.17: Alle aktuellen Microsoft Security Bulletins sind hier aufgelistet: *www.microsoft.com/germany/technet/sicherheit/bulletins*.

▶ Die Installation benötigt Administratorrechte

Zur Installation des Windows 7 Service Pack 1 müssen Sie als Administrator oder als anderer Benutzer mit Administratorrechten angemeldet sein. Achten Sie darauf, dass keine weiteren Benutzer auf dem PC angemeldet sind.

▶ Alle Programme beenden

Vor der Installation des Windows 7 Service Pack 1 müssen alle laufenden Programme geschlossen werden. Dies gilt ausdrücklich für alle Programme, auch solche, die nicht in einem eigenen Fenster, sondern nur als kleines Symbol im Infobereich der Taskleiste laufen! Diese Programme lassen sich üblicherweise beenden, indem man mit der rechten Maustaste auf das Symbol klickt und im Kontextmenü einen Menüpunkt *Beenden* oder *Exit* wählt.

Auch Virenscanner sollten während der Installation des Service Pack deaktiviert werden. Starten Sie während der Service Pack-Installation keine Programme, machen Sie keine Netzwerkzugriffe und lassen Sie auch keinen Webbrowser und kein E-Mail-Programm laufen. So geht das Risiko, sich während der etwa eine halbe Stunde dauernden Installation mit einem Virus zu infizieren, gegen null.

▶ Unterbrechungsfreie Stromversorgung abklemmen

Für den Fall, dass Sie den Computer an eine unterbrechungsfreie Stromversorgung (USV) angeschlossen haben, entfernen Sie das serielle Kabel zur Steuerung des Computers. Die Installation des Windows 7 Service Pack 1 versucht, seriell ange-schlossene Geräte zu erkennen. Eine USV kann diesen Erkennungsprozess stören. Die Stromversorgung kann weiter über die USV laufen. Nach der Installation können Sie das serielle Kabel wieder anschließen.

Windows 7 Service Pack 1 installieren

Nachdem alle Voraussetzungen erfüllt und alle laufenden Programme beendet sind, starten Sie die Installation des Windows 7 Service Pack 1 aus dem Windows Explorer mit einem Doppelklick auf die Installationsdatei. Es erscheint der Begrüßungsdialog des Installationsprogramms.

Bild 8.18: Windows Service Pack installieren.

Wenn Sie sich nicht sicher sind, ob Sie alle notwendigen Vorkehrungen zur prob-
lemlosen Installation des Windows 7 Service Pack 1 getroffen haben, klicken Sie auf
den Link *Wichtige Informationen...* in diesem Fenster. Daraufhin öffnet sich ein
Browserfenster mit einem Hilfetext zur Installation.

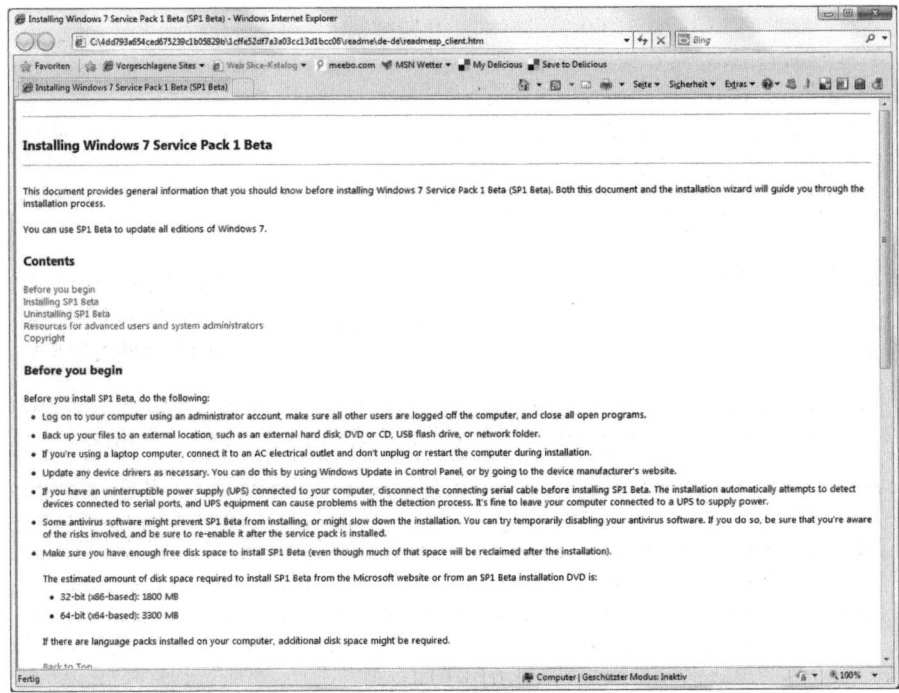

Bild 8.19: Wichtige Informationen vor dem Beginn der Installation lesen.

Nach einem Klick auf *Weiter* im Begrüßungsdialog überprüft der Installer, ob das
Windows 7 Service Pack 1 bereits installiert ist. In diesem Fall wird die Installation
mit einer entsprechenden Meldung abgebrochen. Das gilt auch, wenn eine
Vorabversion des Service Pack installiert ist. Diese muss zuerst deinstalliert werden.

Im nächsten Schritt müssen Sie einen Lizenzvertrag für das Windows 7
Service Pack 1 bestätigen. Kaum jemand liest diese Lizenzverträge. In diesem sind
gegenüber dem Original-Windows 7-Lizenzvertrag nur Kleinigkeiten geändert
worden.

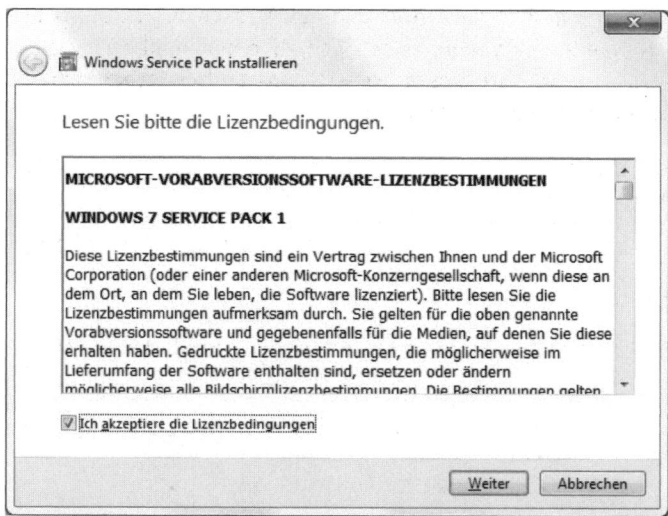

Bild 8.20: Lesen und Akzeptieren der Lizenzbedingungen.

Danach startet der Assistent zur Installation. Er überprüft, ob tatsächlich genügend Speicherplatz zur Verfügung steht, bevor die eigentliche Installation beginnt.

Jetzt erscheint eine Meldung, die Ihnen sagt, dass Daten gesichert und Programme geschlossen werden müssen. Im Gegensatz zu anderen Installationsprogrammen, bei denen entsprechende Meldungen unbegründet sind, sollten Sie bei der Installation eines Windows Service Pack wirklich alle anderen Programme schließen, besonders die von Microsoft, da zahlreiche Systemdateien ersetzt werden müssen. Das gilt auch für Programme, die im Hintergrund laufen, wie Virenscanner oder Systemtools, die auf bestimmte Ereignisse warten.

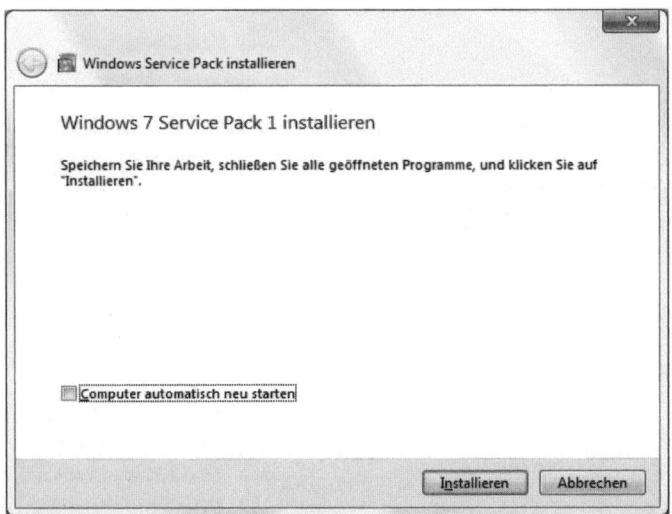

Bild 8.21: Starten der eigentlichen Installationsroutine.

Während der Installation wird der Computer mindestens einmal neu gestartet. Wenn Sie das Kontrollkästchen *Computer automatisch neu starten* aktivieren, können Sie die Installation unbeaufsichtigt laufen lassen und müssen den Neustart nicht manuell bestätigen. Haben Sie mehrere Betriebssysteme mit einem Bootmanager installiert, sollten Sie diesen Schalter deaktivieren. So werden Sie vor dem Neustart benachrichtigt und können eine eventuell notwendige Auswahl im Bootmanager tätigen.

Zu Beginn der Installation wird ein Systemwiederherstellungspunkt gesetzt, über den sich im Fall eines Problems der Zustand vor der Service Pack-Installation wiederherstellen lässt.

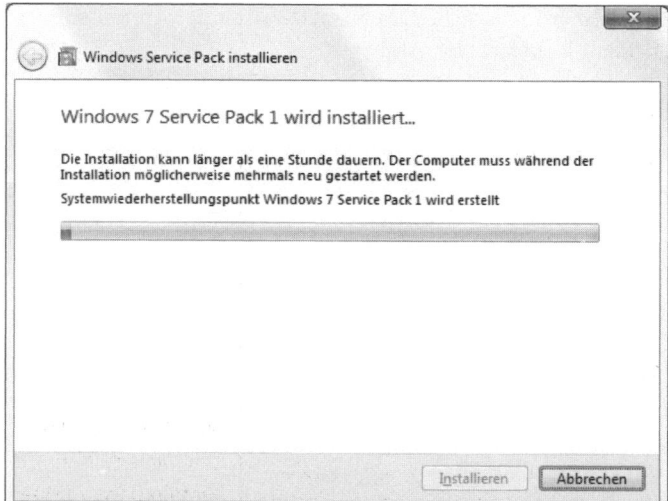

Bild 8.22:
Der Systemwieder-
herstellungspunkt
Windows 7 Service
Pack 1 wird erstellt.

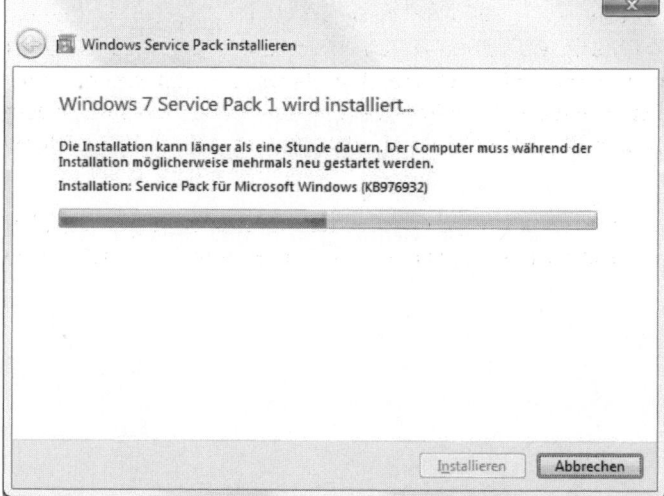

Bild 8.23:
Der Installations-
prozess läuft.

Wenn das Kontrollkästchen *Computer automatisch neu starten* aktiviert ist, können Sie jetzt in Ruhe Kaffee trinken gehen. Bis zum Abschluss der Installation sind keine Benutzereingaben mehr erforderlich. Das kann eine halbe Stunde dauern. Andernfalls erscheint vor dem Neustart eine Abfrage.

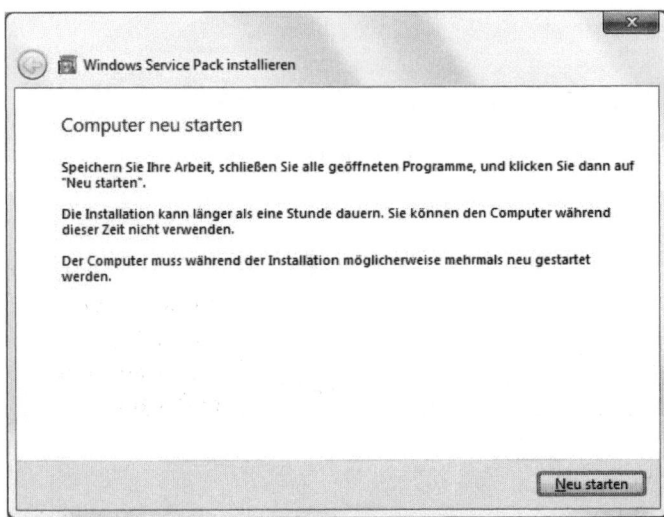

Bild 8.24: Nach der Installation wird der Computer neu gestartet.

Schalten Sie den Computer auf gar keinen Fall während der Installation aus und machen Sie auch keinen Neustart, wenn sich scheinbar nichts tut. Eine abgebrochene Service Pack-Installation lässt ein beschädigtes System zurück. In diesem Fall müssten Sie Windows 7 komplett neu installieren.

Nach dem letzten Neustart erscheint eine Meldung, die Ihnen mitteilt, dass das Windows 7 Service Pack 1 installiert wurde.

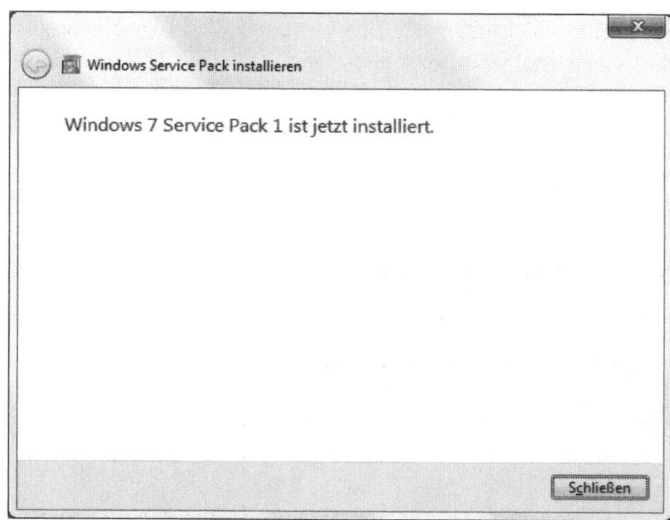

Bild 8.25: Die erfolgreiche Installation wird bestätigt.

▶ Virenscanner aktivieren

Denken Sie daran, jetzt Ihren Virenscanner zu aktivieren. Danach können Sie Windows 7 wieder ganz normal weiterverwenden. Nach der Installation des Windows 7 Service Pack 1 zeigt Windows 7 die Versionsnummer *6.1.7601*.

Automatische Installation verhindern

Erst einige Zeit nachdem das Windows 7 Service Pack 1 in der finalen Version erschienen ist, wird es als wichtiges Update gelistet und damit auf den meisten Computern automatisch installiert.

Wer Sorgen hat, das Windows 7 Service Pack 1 könnte auf seinem Computer zu Inkompatibilitäten führen, kann die automatische Installation per Windows Update verhindern, ohne das Windows Update komplett abschalten zu müssen. Außerdem können Sie auf diese Weise bei einem Notebook Kosten für teure Onlineverbindungen über UMTS/HSDPA vermeiden.

Administratoren in großen Firmennetzen wollen ebenfalls vermeiden, dass Hunderte Nutzer per Windows Update alle das gleiche Service Pack bei Microsoft herunterladen. Betriebssystemupdates werden in großen Netzwerken sinnvollerweise von einem lokalen Server auf alle Computer installiert.

Microsoft bietet ein »Windows Service Pack Blocker Tool Kit für Windows 7 Service Pack 1« an, das bis ein Jahr nach dem offiziellen Veröffentlichungstermin des Service Pack die automatische Installation per Windows Update verhindert. Die Installation von einer CD oder einer Installationsdatei wird damit nicht unterbunden. Den aktuellen Downloadlink finden Sie bei *bit.ly/b2V64I*.

Das Tool *SPblockingTool.exe /B* muss mit Administratorrechten in einem Kommandozeilenfenster gestartet werden. Klicken Sie dazu mit der rechten Maustaste im Startmenü auf *Eingabeaufforderung* und wählen Sie *Als Administrator ausführen*.

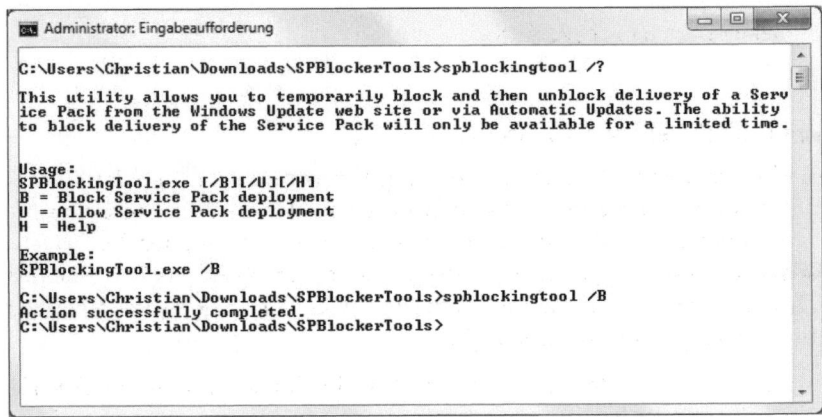

Bild 8.26: *SPblockingTool.exe /B* starten.

Das Tool legt in der Registry unter *HKEY_LOCAL_MACHINE\SOFTWARE\ Policies\Microsoft\Windows\WindowsUpdate* den neuen Parameter *DoNotAllowSP* mit dem Wert *1* an.

Natürlich können Sie diesen Wert auch manuell anlegen. Um die automatische Installation des Windows 7 Service Pack 1 wieder zuzulassen, braucht der Wert nur wieder gelöscht zu werden. *SPblockingTool.exe /U* erledigt das ebenfalls.

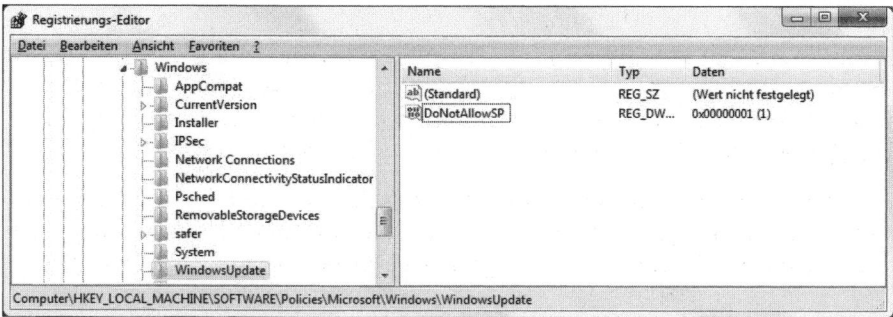

Bild 8.27: Kleiner Eingriff in der Registry.

Was kommt nach Windows 7 Service Pack 1?

Ob es ein weiteres Service Pack zu Windows 7 geben wird, ist noch unklar. Microsoft wird den Mainstream-Support für Windows 7 bis Januar 2015 aufrechterhalten. Für die Enterprise-Version gibt es sogar einen erweiterten Support bis ins Jahr 2020, sodass voraussichtlich weitere Service Packs für Windows 7 erscheinen werden. Die genauen Daten zu Produktlebenszyklen von Microsoft-Produkten finden Sie unter *support.microsoft.com/lifecycle*.

Über den Windows 7-Nachfolger, bei dem noch nicht einmal sicher ist, ob er wirklich Windows 8 heißen wird, ist bisher wenig Konkretes bekannt. Wir informieren Sie in unserem Blog *www.windowsacht.de* über den Stand der Dinge.

S Stichwortverzeichnis

Ann-Katrin Heger
Adventsgeschichten

Ann-Katrin Heger

Adventsgeschichten

Illustriert von Betina Gotzen-Beek

www.leseloewen.de

ISBN 978-3-7855-7821-6
1. Auflage 2015
© Loewe Verlag GmbH, Bindlach 2015
Umschlagillustration: Betina Gotzen-Beek
Printed in Italy

www.loewe-verlag.de

Inhalt

Linas Wichtelgeschenk

„Nimm dir nun einen Namenszettel aus dem Korb", sagt Frau Blume, die Lehrerin der Klasse 2c. „Und warte mit dem Aufklappen, bis alle Kinder ihren Zettel haben."

„Ich hoffe, ich ziehe
Lotta oder Marie", flüstert Lina,
als sie in den Korb greift.

Sie freut sich. Die ganze Klasse hat sich gewünscht, in der Adventszeit zu wichteln. Linas Blick fällt auf die vielen Wattebällchen und Goldsternchen, die von der Decke hängen. Das sieht so hübsch aus, findet sie. Wie goldener Schnee. Und wenn Frau Blume morgens die Kerzen am Adventskranz anzündet und die ganze Klasse „Leise rieselt der Schnee" singt, dann fühlt sich Lina so richtig feierlich und froh.

„Guck mal!

Der Neue meldet sich wieder.

Dieser Schlaustreber Rupert",

sagt Lina und stupst Lotta an.

Lotta wohnt nicht nur im Haus neben Lina, sie ist auch ihre Banknachbarin und beste Freundin.

Sie schauen sich mit ihrem „Der-Neue-nervt-echt"-Blick an und kichern.

„Frau Blume, Frau Blume, wann sollen wir unser Wichtelgeschenk denn dabeihaben?", platzt Rupert heraus.

„Gut, dass du fragst, Rupert. Aber warte das nächste Mal, bis du aufgerufen wirst. An alle – bitte bringt eure Geschenke übermorgen mit", sagt Frau Blume.

„Ich hab schon eine Idee
für mein Wichtelgeschenk. Und du?",
fragt Lina Lotta.

„Ich weiß noch nicht richtig.
Ich hoffe nur, ich hab keinen
Jungen gezogen", sagt Lotta.

Einen Jungen? An diese
Möglichkeit hat Lina gar
nicht gedacht. Sie will doch
die niedlichen Kirschhaarspangen verschenken, die sie im
Drogeriemarkt gesehen hat.
Die, die bei jeder Bewegung so
lustig mitwippen.

„Ihr könnt jetzt nachschauen,
für wen ihr wichtelt", sagt Frau
Blume gerade. „Und dann wün-
sche ich euch einen schönen Ad-
ventsnachmittag. Bis morgen!"

Langsam faltet Lina den Zettel auf und liest. Ungläubig
starrt sie auf den Namen, der auf dem Blatt steht: „Rupert
Neumann."

„Rupert Neumann? Oh nein!
Ich habe den Schlaustreber
gezogen", denkt Lina.

Sie knüllt den Zettel zusammen, stopft ihn
in ihren Ranzen und rast aus dem Klassenzimmer.
   „He, Lina, warte", ruft Lotta ihr nach. Aber Lina tut so, als
hätte sie ihre beste Freundin nicht gehört.
   „Was war denn mit dir gestern los?", fragt Lotta Lina am
nächsten Morgen in der Schule.

   „Ach, nichts", seufzt Lina.

   Dass ausgerechnet *sie*

   Ruperts Weihnachtswichtel ist,

   findet sie einfach ungerecht.

Heute kann Lina die Adventsfeier, die
Lieder und die lustige Engelsgeschichte
gar nicht richtig genießen. Immer
wieder muss sie Rupert anschauen.
Ganz allein sitzt er an
einem Zweiertisch.
Er hat einen Pulli
mit einem braunen
Fleck an. Und rie-
chen kann man ihn
quer durch die Klasse.
Eine Mischung aus Kuh-
stall und Misthaufen.

„Kein Wunder, dass er immer

Einsen schreibt. Der lernt so viel,

weil niemand mit ihm spielen will",

knurrt Lina leise.

Sie sieht, wie Lotta und Marie tuscheln. Die haben noch Spaß
an der Wichtelei. Lina ist traurig. Was soll sie bloß tun? Eine
Kirschhaarspange kann sie Rupert nicht schenken, logisch.
Und eine Seife, damit er sich mal richtig wäscht? Das geht
auch nicht. Das wäre richtig gemein. Das Problem ist, sie weiß
einfach gar nichts über Rupert … Vielleicht, wenn sie … Ja,
das ist es!
  Sie geht zu Lotta.

„Kannst du meiner Mutter sagen,
dass ich später heimkomme?
Ich muss etwas erledigen. Allein."

„Was hast du denn vor?" Lotta guckt Lina neugierig an.

„Ich darf nicht darüber reden.
Es ist ein Wichtelgeheimnis!",
antwortet Lina.

Als die Schulglocke läutet, zieht Lina schnell Jacke, Mütze und Schal an. Draußen schneit es. Sie versteckt sich hinter den Mülltonnen auf dem Pausenhof und wartet.

„Wenn Rupert nicht bald kommt,
bin ich ein Schneemann",
bibbert Lina.

Doch plötzlich sieht sie ihn. Er
läuft aus dem Schultor hinaus und hat eine viel zu
große Jacke eng um sich
geschlungen. Unauffäl-
lig folgt Lina ihm.
    Rupert geht die
große Hauptstraße
entlang. Dann am See
vorbei. An den großen
Feldern vor der Stadt
biegt er rechts in einen
winzigen Feldweg ein.
Lina hat Mühe, ihm hinter-
herzukommen.

„Rupert wohnt aber weit draußen",
japst sie. Sie ist richtig außer Atem.

Am Ende des Feldwegs bemerkt Lina ein bunt angemaltes Holztor. Darüber ist ein gebogenes Schild angebracht, auf dem steht: „Heim für alte Tiere – Gnadenhof Neumann". Sie stutzt kurz, doch dann ist es ihr klar: Rupert ist mit seiner Familie auf den Bauernhof gezogen, der so lange leer stand. Warum bloß hat er nie etwas erzählt? Vorsichtig öffnet Lina das Tor, schlüpft hinein und versteckt sich hinter einem Stapel Holz.

Rupert steht an einer Koppel. Er ruft: „Rapunzel, Goldmarie, ich bin von der Schule zurück!"

Sofort kommen zwei Esel zu ihm getrottet und begrüßen ihn wiehernd.

„Sind die aber süß",
haucht Lina.

Rupert gibt Rapunzel und Goldmarie Karotten.

„Es ist ja schließlich bald Weihnachten", sagt er und krault Goldmaries graue, struppige Mähne. Dankbar reibt sie ihr Maul an seinem Arm. Dann lehnt Rupert seinen Kopf an Rapunzels Stirn und seufzt: „Ihr seid meine besten Freunde. Und ich kümmere mich um euch, solange ihr noch lebt."

Lina wird nachdenklich.

„Wir waren so fies zu Rupert",

murmelt sie. „Dabei kümmert er sich

um alte, kranke Tiere."

In diesem Augenblick kommt ein wuscheliger Hirtenhund zur Eselskoppel gelaufen. Er bellt, wedelt mit dem Schwanz und springt an Rupert hoch.

„Rumpelstilzchen, du hast echt kein Benehmen", lacht Rupert. Er streichelt den Hund und tobt mit ihm im tiefen Schnee. Dabei kullern sie übereinander und untereinander. Rumpelstilzchen legt sich auf den Rücken und streckt seine Beine nach oben. Rupert krault den alten Hund liebevoll am Bauch. Rumpelstilzchen leckt ihm die Hand.

Plötzlich spürt Lina einen dicken Kloß im Hals. Lotta und sie haben so grässliche Sachen über Rupert gesagt. Sie schämt sich fürchterlich. Und doch ist sie auch irgendwie froh, hier zu sein.

„Mama sagt immer,
es ist egal, wie jemand aussieht
oder riecht. Es kommt nur
auf das gute Herz an", überlegt Lina.

Und Rupert hat ein gutes Herz. Das kann Lina ganz deutlich spüren. Und soooo schmutzig sind seine Sachen ja auch gar nicht. Stallschmutzig eben.
   Mit einem Mal weiß sie, was sie Rupert schenken wird. Schnell schleicht sie vom Gnadenhof.

„Bis hoffentlich bald, ihr Tiere",
wispert sie. Ihr Herz macht
vor Glück einen Hopser.

Den ganzen Nachmittag schreibt und bastelt
Lina einen Brief für Rupert. Sie hat ihre
dicke Engelskerze angezündet
und isst einen ganzen Tel-
ler von Mamas Vanille-
plätzchen.
Als sie Ruperts Namen
auf den eingepackten
Wichtelbrief schreibt,
ist es draußen schon
dunkel. Vorsichtig legt
sie das Geschenk in
die Büchertasche und
kuschelt sich ins Bett. In dieser Nacht träumt sie
von Goldmarie und Rapunzel. Sie
striegelt ihr Fell und rennt mit ihnen über
die Koppel. Ein schöner Traum!

Am nächsten Morgen
wundert sich Lina:
„Ist das wirklich
unser Klassenzimmer?"

Ihr bleibt der Mund offen stehen. Alles ist in Kerzenlicht getaucht und es duftet weihnachtlich. Auf jedem Tisch liegt eine Orange, die mit Nelken gespickt ist. Frau Blume hat sogar eine CD mit Weihnachtsliedern einge-legt. Alle Kinder sind viel leiser als sonst und setzen sich ohne großes Gepolter an ihren Platz.

"Steckt eure Wichtelgeschenke nun in den Sack auf meinem Pult", bittet Frau Blume.

"Jetzt geht es endlich los",
sagt Lina zu Lotta.

Frau Blume zieht das erste Päckchen aus dem Sack. "Für Lina", liest sie vor und reicht es Lina.

Schnell reißt Lina das Papier weg.

"Die Kirschhaarspangen! Das gibt es doch nicht! Danke, Wichtel!",
ruft sie in die Klasse.

Sofort klippt sie sich die Spangen ins Haar.

„Der Nächste ist … Rupert!", sagt Frau Blume, als Lina sich gerade wieder hinsetzt. Als Rupert den Wichtelbrief öffnet, fühlt sich Lina ganz flau im Bauch.

„Ob er sich wohl freut?
Vielleicht war es
doch keine gute Idee", überlegt sie.

Rupert steht einfach nur da und liest. Erst still und dann laut: „Lieber Rupert, dies ist ein Gutschein für dich: Ich möchte während der Adventszeit nachmittags auf eurem Gnadenhof mithelfen. Tiere füttern und Ställe ausmisten. Und wenn du magst, mach ich nach der Adventszeit weiter …
Frohe Weihnachten! Dein Wichtel Lina"

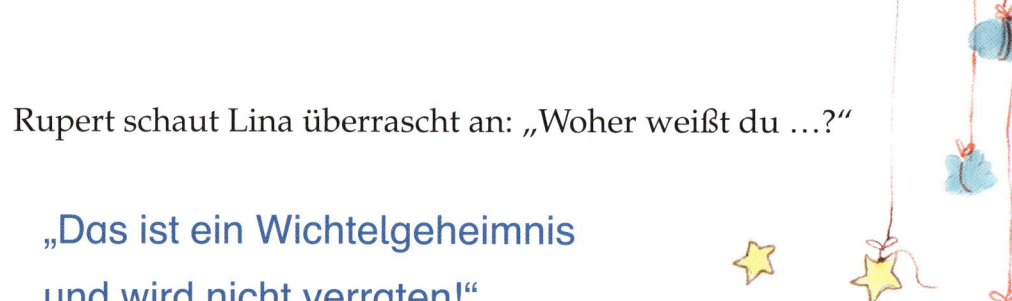

Rupert schaut Lina überrascht an: „Woher weißt du …?"

„Das ist ein Wichtelgeheimnis
und wird nicht verraten!",
antwortet Lina und lacht.

Plötzlich schnattern alle Kinder durch-
einander. Jeder will etwas über den
Gnadenhof wissen. Doch Rupert
wartet geduldig, bis es ruhiger
wird. Dann sagt er:

„Wer mag, ist herzlich zu
uns auf den Hof eingeladen.
Am nächsten Adventssonn-
tag feiern wir nämlich ein
großes Weihnachtsfest. Damit alle den Hof kennenler-
nen können. Es gibt ein Lager-
feuer und auch Kinderpunsch."

Alle jubeln. Nur Lina geht nach
vorne zu Rupert.

„Und ich komme ein wenig früher
und helfe dir", schlägt sie vor.

„Gerne", sagt Rupert und zwinkert Lina zu.

Flügel für Engel Otto

Engel Ottos Wangen glühen vor Aufregung. Endlich, am dritten Adventssonntag, ist der Brief vom Amt da!

Schnell reißt Otto den Umschlag auf. Im Brief steht: „Lieber Otto, du bist nun zum Himmlischen-Flügel-Führerscheintest (HFF) zugelassen. Deine Probeflügel stellt dir das Himmlische-Flügel-Führerschein-Testamt (HFFT) in Kürze zur Verfügung.

Gezeichnet: Erzengel Gabriel"

„Ich darf den Test machen!
Endlich ist es so weit",
freut sich Otto.

Otto wartet schon lange auf eigene Flügel. Und jetzt darf er den Flügel-Führerschein machen. Dazu muss er auf der Erde eine gute Tat vollbringen. Wenn sie gelingt, darf er die Probeflügel behalten.

Otto ist so aufgeregt, dass sein Bauch wie verrückt rumort.

Stundenlang sitzt er auf dem Klo

und überlegt:

„Wo könnte ich nur hinfliegen?"

Sein Blick fällt auf die neueste Ausgabe von *Angelo*, der Himmelszeitung. Eine Reisewerbung mit einem Bild von einer grünen Wiese macht ihn neugierig.

„Weihnachten in England?
Ein himmlischer Platz
für die schönsten Tage im Jahr",
liest Otto über dem Bild.

England? Das ist es! Das Land hat er schon immer einmal sehen wollen. Der perfekte Ort für seine Prüfung. Sobald Gabriel ihm seine Probeflügel vorbeibringt, wird er nach England abdüsen.

Da klingelt es. Ist das etwa schon …? Das wäre ja …

„Ich komme", ruft Otto.
Er klettert vom Klo und
zieht schnell die Hose hoch.

Tatsächlich. Erzengel Gabriel steht vor der Tür. Er hat ein Paar Flügel in der Hand. „Hier sind deine Probeflügel. Und sie gehören dir für immer, wenn du deine Prüfung bestanden hast", sagt er und macht dabei ein ernstes Gesicht.

„Danke", sagt Otto stolz

und zieht sich die Flügel über.

Er geht zusammen mit Gabriel zur Himmelspforte. Otto schwingt die Flügel auf und ab. Dann hopst er durch die Pforte und denkt ganz fest an die grüne Wiese in England. Sttt! Otto rauscht nach unten.

„Das kitzelt!", quietscht er

und macht vor Freude einen Salto.

Doch wenig später kracht er durchs Dach eines Gartenschuppens. Er landet unsanft in einer großen Holzkiste.

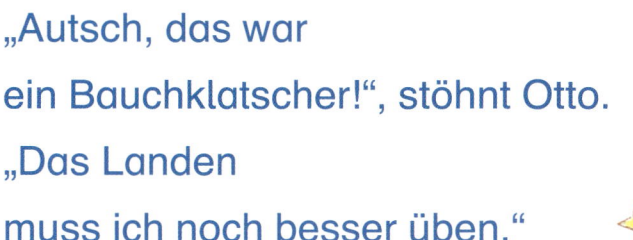

„Autsch, das war
ein Bauchklatscher!", stöhnt Otto.
„Das Landen
muss ich noch besser üben."

Vorsichtig reibt er sich seinen vom Aufprall knallroten Bauch. Im nächsten Augenblick hört Otto einen Jungen rufen: „Oma Rosa! Eine Sternschnuppe ist abgestürzt. Mitten in unser Gartenhäuschen."

Otto kraxelt aus der Kiste, tritt vor die Tür des Schuppens und kichert:

„Ich bin doch keine Sternschnuppe.
Hast du noch nie
einen Engel gesehen?"

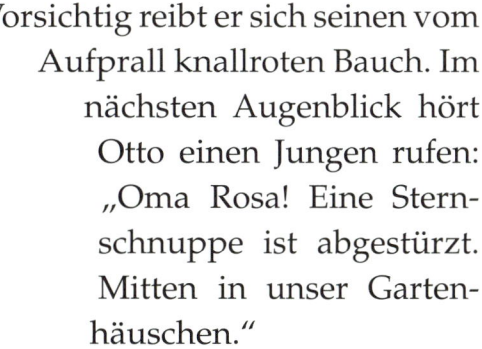

Der Junge kommt näher. Er starrt Otto an. Vor allem seine Flügel. Endlich sagt er: „Wir haben Engel auf dem Adventskranz. Aber die sind nicht so wie du. Nicht so … lebendig."

„Macht ja nichts … Ich heiße Otto.
Ich bin nach England gekommen,
um eine gute Tat zu vollbringen.
Und um eigene Flügel
zu bekommen", erklärt Otto.

Der Junge starrt Otto fassungslos an. Ein Engel, der am dritten Advent ins Gartenhäuschen kracht und eine gute Tat vollbringen will, um eigene Flügel zu haben? Das klingt ziemlich
seltsam …

„Ich *bin* doch hier in England, oder?",

fragt Otto, als der Junge

immer noch schweigt.

„Ja, du bist in England. Auf *Apple Cottage*", sagt der Junge schließlich. „Ich bin übrigens John und wohne hier mit meiner Oma. Aber vielleicht kommst du erst mal rein. Es ist klapperkalt hier draußen."

„Sehr gerne", sagt Otto

und streicht sich die Flügel glatt.

Als Otto ins Wohnzimmer kommt, fühlt er sich sofort wohl. Im Kamin brennt ein Feuer. Am Kaminsims hängen Strickstrümpfe, in denen Tannenzweige und bunte Glaskugeln stecken. Auf dem Tisch dampft eine Teekanne. Daneben steht der Engeladventskranz, auf dem drei Kerzen brennen.

„Ihr feiert den dritten Advent.
Wie schön", haucht Otto
und setzt sich an den Tisch.

In diesem Augenblick kommt Oma Rosa mit einem Tablett
zur Tür herein. Sie setzt sich ebenfalls und sagt: „Na, so was.
John hat mir gerade erzählt, dass du ein Engel bist. Dass ich
das auf meine alten Tage noch erleben darf. Ich hoffe, du
hast dich von deiner Bruchlandung erholt?"
    Otto nickt. Dann schnuppert er.

„Was riecht hier so lecker?
Sind das Lebkuchen?",
fragt er.

„Nimm nur. Das sind Elisenlebkuchen.
Ich liebe ihren Duft auch. Sie erinnern
mich an meine Kindheit in Deutschland. Könnte ich doch nur noch
einmal … Ach nein, es ist zu
spät." Oma Rosa sieht ins Ka-
minfeuer. Otto merkt, dass sie
sich hastig eine Träne aus dem
Augenwinkel wischt.

„Haben Sie Heimweh?
Warum besuchen Sie Deutschland
nicht mal wieder?", fragt Otto.

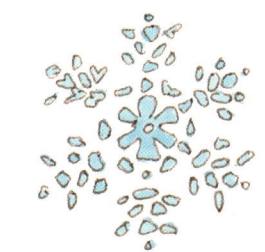

„Ja, das würde ich gerne. Aber für eine Flugreise haben wir nicht genug Geld." Oma Rosa lehnt sich zurück. Dann erzählt sie: „Am meisten vermisse ich das Rodeln. Hier in Südengland ist es für ordentlichen Schnee einfach zu warm. Du hättest mich mal als kleines Mädchen sehen sollen! Ich bin mit meinem Rennschlitten die steilsten Berge hinuntergefahren!" Sie strahlt.

Otto hat plötzlich eine Idee:
„Wir machen deine Oma glücklich",
flüstert er John ins Ohr.

John sieht Otto fragend an. „Was meinst du?"

„Ich sage nur: Es wird rasant."
Otto kichert.

„Na, ihr beiden, was gibt es denn zu flüstern?", fragt Oma
Rosa.

„Ach, nichts", sagt Otto.
„Dürften John und ich
noch etwas draußen spielen?"

„Klar", sagt Oma Rosa. „Aber zieht euch warm an. Obwohl hier nie Schnee fällt, ist es im Dezember ziemlich kalt."

Sobald Otto und John draußen sind, möchte John alles wissen: Wie man sich als Engel fühlt. Was man als Engel macht. Wie man an Probeflügel kommt und, und, und … Otto erklärt ihm alles geduldig und John hört ihm aufmerksam zu.

„Als deine Oma vorhin sagte,

dass sie so gerne rodeln würde,

ist mir die große Kiste

in eurem Schuppen eingefallen",

schließt Otto.

„Das verstehe ich nicht", meint John. „Die Kiste hat keine Kufen und einen Schneehügel haben wir auch nicht."

„Aber hier gibt es viele *grüne* Hügel und dein alter Kinderwagen steht neben der Kiste", antwortet Otto und grinst.

Da versteht John, was Otto vorhat. Er grinst auch. Sie gehen in den Schuppen, schrauben die großen Gummiräder von Johns altem Kinderwagen ab und befestigen sie an der Kiste. Dann bauen sie aus einem Brett eine bequeme Sitzbank. In einer Ecke findet John noch zwei Schaffelle.

„Auf einem kann Oma Rosa sitzen, dann hat sie einen warmen Po, und mit dem anderen kann sie sich zudecken, dann hat sie warme Beine." John ist zufrieden.

„Jetzt bemalen wir die Kiste.
Dann wird sie
wie eine Kutsche aussehen!",
freut sich Otto.

„Und hier ist eine Glocke zum Bimmeln. Die hängen wir neben die Bank", sagt John.

Zwei Stunden später steht ein goldener Kutschen-Schlitten mit Rädern in dem kleinen Gartenhaus. Und Oma Rosa wartet mit verbundenen Augen daneben.

„Bitte einsteigen", ruft Otto
und hilft Oma Rosa auf den Sitz.

„Was habt ihr nur mit mir vor?", fragt Oma Rosa lachend. „Erst haben wir ganz ungewöhnlich ‚englischen' Besuch und dann werde ich auch noch überrascht!" John und Otto schieben den Rollschlitten nach draußen und den Hügel neben dem Haus hoch.

„Sie können die Augenbinde
jetzt abnehmen", sagt Otto.

„Das glaube ich nicht!", haucht Oma Rosa, als sie sieht, worin
sie sitzt. „Ihr habt mir einen Schlitten auf Rädern gebaut? Ich
weiß gar nicht, was ich sagen soll. Das ist … einfach toll!"

„Sind alle bereit? Eins, zwei, drei!",
zählt Otto und gibt dem Schlitten
einen kräftigen Schubs.

Langsam, ganz langsam setzt er sich in Bewegung. Doch allmählich rollt er schneller über das Gras. Otto und John laufen nebenher. Immer wenn der Schlitten über eine Mulde hoppelt, reißt Oma Rosa vor Freude beide Arme nach oben und juchzt. Und die Glocke klingelt dazu. Oma Rosa singt: „Jingle bells, jingle bells, jingle all the way …"

In diesem Augenblick spürt Otto, wie die Flügel an seinem Rücken sich fest an seinen Körper schmiegen. So, als gehörten sie zu ihm und wären nicht nur angebunden. Am Himmel blinkt ein Stern hell und klar auf.

„Das ist das Zeichen.

Ich habe bestanden", freut sich Otto

und fliegt in die Luft.

„Fliegst du jetzt wieder in den Himmel?", fragt John und bleibt traurig stehen.

„Ja. Aber am Heiligen Abend
komme ich zu euch ", versichert Otto
und winkt John fröhlich zu.

Die ganz bäähsondere Krippe

Am Sonntag, dem vierten Advent herrschte draußen Eises-kälte. Nur drinnen im Schafstall war die Hölle los. Die Schaf-herde probte für den großen Auftritt in der Krippe unten im Dorf. Die älteren Schafe kämmten sich gegenseitig den Pelz und fragten sich ihren Text ab. Die Lämmchen hatten eine Babypuppe in die Futterkrippe gelegt. Nun sprangen sie der Reihe nach von einem Heuballen zur Puppe in die Krippe und blökten: „Wärmt Jesus!"

Hornreich, der alte Widder, fand den Lärm unerträglich. Mit diesem Weihnachtsgewu-sel hatte er nichts am Hut. Verzweifelt legte er sich die Hufe auf die Ohren.

„Geht endlich zu eurer Krippenprobe! Dieses Geschrei ist zum Aus-der-Wolle-Fahren!", brüllte er. „Ich brauche Ruhe! Und zwar sofort!"

„Ist ja gut, du sturer alter Bock", sagte Gerlinde, eines der älteren Schafe. „Wir sind sofort weg!" Dann wandte sie sich an die Herde: „Mädels und Jungs, schwingt die Hufe. Wir sind spät dran. Wir wollen das Jesuskind doch nicht warten lassen!" Sofort stellten sich alle in Zweierreihen auf und trappelten aus dem Stall.

Hornreich stellte sich ans Fenster. Dicke, schwere Flocken schwebten wie Wollflusen vom Himmel.

„Im Himmel scheren sie wieder ein Schaf", brummte er.

Das hatte seine Mutter immer gesagt, wenn es geschneit hatte. Zufrieden schaute er sich im leeren Stall um. Dann schubberte er genüsslich seinen Rücken an der rauen Stallwand.

„Ich will mal gucken,
ob die Alarmanlage gegen Wölfe
noch geht", sagte Hornreich.

Vorsichtig drückte er mit seinen Hörnern die Stalltür auf. Vom Bauernhaus her fiel Licht ins dichte Schneegestöber. An den Fenstern des Hauses klebten bunte Papiersterne. Und auf dem Tisch sah Hornreich einen Adventskranz mit roten Kugeln stehen. Alle vier Kerzen brannten. Es sah gemütlich aus. Und fühlte sich wohlig an. Hornreich schüttelte sich kräftig, drehte sich weg und brummte:

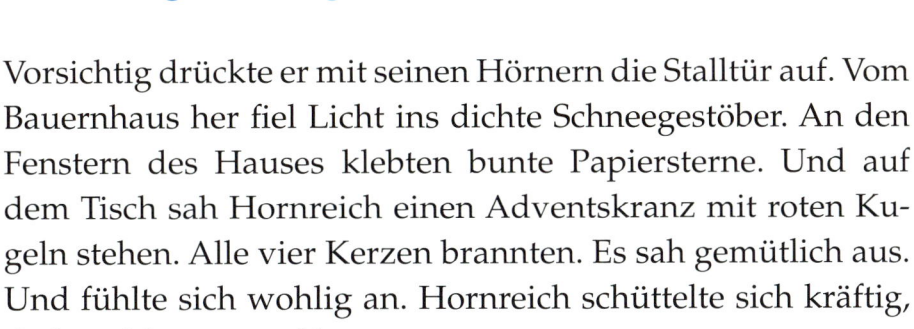

„Nein, nein, nein ...
Ich kann Advent nicht leiden!
Wollen doch mal lieber sehen,
ob die Schnüre noch gespannt sind."

Am Waldrand hatte Hornreich eine Wolfalarmanlage gebaut. Unten waren zwischen den Bäumen dünne Schnüre gespannt. Wenn ein Wolf gegen sie lief, kippte oben im Baum ein Eimer mit rostigen Nägeln. Die fielen dann mit einem Riesenradau zu Boden und weckten die Schafe. Einfach und doch genial, fand Hornreich.

Er schnupperte an den Schnüren, die alle eine dicke Schneehaube trugen. Dann stellte er seinen Vorderhuf darauf und wippte prüfend.

„Ist in Ordnung",
stellte er zufrieden fest.
Dann blökte er laut:
„Alle Wölfe mal herkommen.
Alle, die sich trauen!"

„Hilfe!", quiekte es jämmerlich aus dem Wald zurück. „Ist da wer?"

Hornreich blickte sich um, hielt seine Nase in die Luft und horchte.

„Nanu. Hat da jemand gerufen? –

Nee, wohl nicht. Das ist nur der Wind

in meinen Ohren.

Ich gehe wieder ins Warme."

Hornreich kehrte um. Die Schneeflocken wirbelten so heftig, dass er kaum etwas sah. Langsam kämpfte er sich im tiefen Schnee voran.

„Hilfe", piepste es wieder. Da war doch etwas! Hornreich hatte es nun ganz deutlich gehört. Ein Tier war in Not! Er musste in den Wald und nach dem Rechten sehen. Nach ein paar Schritten erstarrte er. Das Tier rief immer noch jämmerlich, aber jetzt vermischte sich das Weinen mit einer rauen Stimme: „Ja, wen haben wir denn da? Ein kleines, leckeres Lämmchen. Ganz allein? Und verletzt? Umso besser, dann kannst du mir nicht mehr davonspringen …"

Hornreich schluckte.
Eindeutig. Ein Wolf!
Er musste das kleine Lämmchen
erreichen, bevor es zu spät war.

Er nahm all seine Kraft zusammen, senkte den Kopf und stürmte los. Seine Hörner benutzte er dabei wie einen Schneepflug. Links und rechts türmte sich der Schnee. Immer wieder hielt er kurz inne. Ja, das Weinen kam näher. Er war auf dem richtigen Weg …

Plötzlich ging es nicht mehr weiter. Seine Hörner stießen an etwas Pelziges. Hornreich stolperte und fiel darüber. Zusammen mit dem Etwas rutschte er einen Abhang hinunter.

„Was zum alten Wollpullover ist das denn?", schimpfte Hornreich.

Als er genauer hinsah, wusste er, wen er umgerannt hatte. Den Wolf! Anders als Hornreich hatte der komplett die Orientierung verloren. Der Wolf drehte sich schnell im Kreis und jaulte: „Hilfe! Eine Lawine! Eine Lawine hat mich begraben! Nichts wie weg." Er blickte gehetzt um sich. Dann floh er blitzschnell in den Wald hinein.

„Hau du nur ab.
Und komm ja nie wieder",
knurrte Hornreich.

Er sah sich nach dem Lämmchen um. Frierend und
weinend lag es in einer
großen Baumwurzel ein-
gerollt. Es war Martha.
Das jüngste Lämmchen
im Stall. Schnell ging
Hornreich zu ihr.

„Keine Angst, Martha",
sagte er.
„Der Wolf ist weg!" Er strich ihr
eine Locke aus dem Gesicht.

„Du hast mir das Leben gerettet", sagte Martha erschöpft. „In
letzter Sekunde. Der Wolf wollte mich gerade schnappen und
fortschleppen." Sie zitterte.

„Klettere mir auf den Rücken.
Da hast du es schön warm",
sagte Hornreich sanft.

„Kannst du mir hochhelfen? Ich habe mir das rechte Hinter-
bein verstaucht", flüsterte Martha.

„Klar, halt dich an den Hörnern fest",
schlug Hornreich vor.

Hornreich hob das Lämmchen vorsichtig
mit seinen Hörnern auf und ließ es langsam auf seinen Rücken gleiten. Sofort
kuschelte es sich in seinen dicken Pelz
und zitterte nicht mehr.

„Warum bist du allein im Wald
und nicht auf der Probe?",
fragte der Widder besorgt.

Martha antwortete nicht. Sie verkroch sich nur
ein wenig tiefer in Hornreichs Wolle. Eine Weile
stapfte Hornreich mit dem Lämmchen auf dem
Rücken schweigend durch den Schnee.
Dann hörte er Marthas zarte Stimme:
„Ich wollte so gerne das Lämmchen
sein, das Jesus die Myrrhe bringt.
Und ich habe gedacht, dass sie im
Wald wächst. Deswegen bin ich
allein losgegangen."

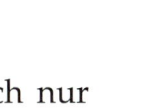

„Aber die bringen doch
die Heiligen Drei Könige,
oder täusche ich mich da?",
warf Hornreich ein.

„Mmmm, ja schon", sagte Martha. „Aber die anderen drängeln mich immer weg von der Krippe. Und die Myrrhe ist ein *richtiges* Geschenk für das Jesuskind. Sie hätten mich nach vorne lassen *müssen*."

„Im Wald gibt es keine Myrrhe.
Und schon gar nicht im Winter.
Ich bringe dich in den Stall zurück",
antwortete der Widder.

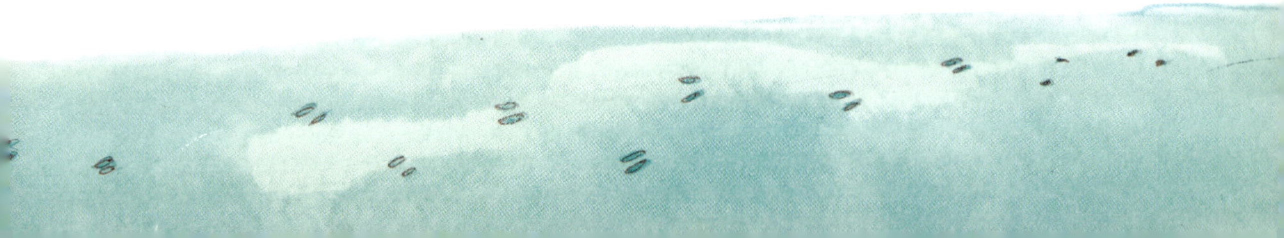

„Nein, bitte nicht! Nicht in den Stall!", rief Martha und kämpfte sich aus dem Haardickicht ein wenig nach oben. „Ich muss zur Krippe. Auch wenn ich nicht mehr mitmachen kann. Bitte! Heute dürfen alle Tiere ihren Heiligenschein anprobieren. Wir haben sie doch selbst gebastelt … Alles wird golden leuchten. Es wird so wunderbar weihnachtlich sein … Oh, das würde ich so gerne sehen. Bitte. Bitte. Biiitte!"

„Keine fünf Schäferhunde
bringen mich zur Weihnachtskrippe.
Wir gehen nach Hause! Basta!",
schnappte Hornreich zurück.

Langsam wurde er ungeduldig. Er hatte Martha vor dem Wolf gerettet, schön und gut. Aber er hatte wirklich Besseres zu tun, als seinen Sonntagnachmittag inmitten einer Horde Lämmer zu verbringen, denen der Heiligenschein vor Aufregung schief auf den Ohren saß …

Da platschte ihm ein dicker Tropfen von der Spitze seines Horns auf die Nase.

„Oh nein. Nicht auch noch das …",
knurrte Hornreich.

Martha weinte. Und schluchzte dabei herzzerreißend. Weinende Lämmchen – die waren noch schlimmer als aufgeregte! Weinenden Lämmchen konnte er einfach nichts abschlagen.

„Na gut. Wir gehen ins Dorf hinunter
und sehen uns die Sache an",
gab Hornreich nach.

Sofort hörten das Schluchzen und die tropfenden Tränen auf. Und als sie am Ortsschild des Dorfes ankamen, begann Martha zu singen! „Süßer die Schafe nie blöken als zu der Weihei-nachtszeit", tönte ihre helle Stimme durch die mit leuchtenden Sternen geschmückte Hauptstraße.

53

„Klingt gar nicht schlecht",
gab der alte Widder zu.

Er fühlte dieselbe Wärme, die er vorhin beim Anblick des Adventskranzes im Fenster gespürt hatte. Und es war nicht nur die Wärme allein. Er war plötzlich irgendwie … Wie sollte er das nur beschreiben? Glücklich? Ja, genau das war es. Er war glücklich!

„Ist, als ob Engelein singen,
stehn bei der Krippe bereit",
brummte er leise mit.

„Wie sie gesungen in seliger Nacht, wie sie gesungen in seliger Nacht. Lämmer mit heiligem Sa-ang, klingen die Wiese entlang", sang Martha aus vollem Hals, als sie den Dorfplatz erreichten. Genau in der Mitte des Platzes war ein Stall aufgebaut. Esel, Schafe, Pferde und Ochsen scharten sich geduldig um die kleine Krippe, die darin stand. Auf dem Dach des Stalls war ein prächtiger Stern angebracht, dessen goldenes Licht in die Dämmerung strahlte. Andächtig blieb Hornreich stehen.

„Tatsächlich, sie haben alle einen Heiligenschein auf dem Kopf", staunte er.

„Nein, die Heiligenscheine sind noch nicht verteilt. Das ist nur das Licht des Sterns", kicherte Martha. „Martha, da bist du ja. Wir haben uns Sorgen gemacht!", rief Gerlinde, die bei der Krippe stand. Dann galoppierte sie auf Hornreich und Martha zu.

„Martha hat sich am Bein verletzt",

antwortete Hornreich.

„Das ist ja furchtbar! Aber gut, dass du sie hergebracht hast", meinte Gerlinde. „Henriette ist nämlich krank geworden. Und wer soll nun das Jesuskind wärmen? Niemand hat so einen dicken Pelz wie sie. Niemand – außer dir …", fuhr sie fort und blinzelte Hornreich an.

„Du meinst, *ich* soll mich

an die Krippe stellen

und das Jesuskind wärmen?

Niemals! – Es sei denn …"

„Es sei denn was?", drängelte Gerlinde.

„Es sei denn …", fuhr Hornreich fort,
„Martha darf auf meinem Rücken
auch neben der Krippe stehen
und das Jesuskind wärmen."

„Gebongt", antwortete Gerlinde.

„Und es sei denn …", ergriff Martha die Gelegenheit, „ich darf in diesem Jahr dem Jesuskind die Myrrhe schenken."

Gerlinde kicherte. „Ich bin mir sicher, dass die Heiligen Drei Könige unter diesen Umständen eine Ausnahme machen werden."

„Dann werden Martha und ich
in diesem Jahr die Wärmflasche
für Jesus sein",
willigte Hornreich ein.

Zufrieden stolzierte er mit Martha auf dem Rücken zur
Krippe.
    Die Probe für den Heiligen Abend konnte beginnen.

Ann-Katrin Heger arbeitete viele Jahre als Redakteurin in verschiedenen Kinder- und Jugendbuchverlagen, bevor sie sich als Autorin selbstständig machte. Sie lebt mit ihrer Familie und vielen, vielen Büchern in Fürth.

Betina Gotzen-Beek wurde 1965 in Mönchengladbach geboren. Nach vielen Reisen durch Europa studierte sie Malerei und Grafikdesign. Seit 1996 illustriert sie Kinderbücher, und sie lebt heute mit ihrer Familie in Freiburg. Mehr über die Illustratorin erfahrt ihr unter www.gotzen-beek.de.

ISBN 978-3-7855-7974-9

„Zuerst lese ich für dich, dann liest du für mich." –
Wer mit seinem Kind gemeinsam eine Geschichte liest,
wird schnell merken, wie viel Spaß das macht und
wie leicht dem Nachwuchs das Lesen plötzlich fällt. Die
Reihe *Ich für dich, du für mich* verfolgt genau diesen
Ansatz. Kinder schlüpfen in die Rolle einer sympa-
thischen Figur und lesen kurze, einfache Textpassagen,
während die Erwachsenen die längeren Abschnitte
der Geschichte übernehmen. Gemeinsam geht eben
vieles leichter, auch das Lesen!

Erlebe weitere Abenteuer zum Vor- und Selbstlesen!

ISBN 978-3-7855-7975-6

ISBN 978-3-7855-7827-8

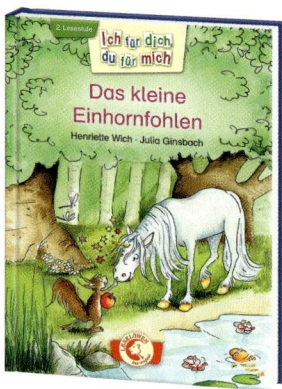

ISBN 978-3-7855-7582-6

ISBN 978-3-7855-7847-6

ISBN 978-3-7855-7718-9

ISBN 978-3-7855-7579-6